全国高职高专教育精品规划教材

运输管理与信息化技术

主　编　吴玉贤　房红霞
副主编　付宏华　张　莉　彭　沂

北京交通大学出版社

·北京·

内 容 简 介

本教材共包括 8 个项目：运输管理与信息化技术前导知识、铁路货物运输与信息化技术、水路货物运输与信息化技术、公路货物运输与信息化技术、航空货物运输与信息化技术、管道运输管理认知、运输业务绩效优化与车辆管理调度信息化、运输纠纷的产生及其解决。通过项目式教学，讲授不同运输方式的比较与选择、运输作业管理、运输线路的优化、集装箱运输管理、运输车辆管理、运输计划与排程管理、运输安全管理、运输合同、运输成本核算与控制、运输价格制定、运输相关法律与法规的应用等。

本书适合作为高职高专院校培养技术应用型物流从业人员及其他相关专业从业人员的教学用书，也可作为物流从业人员的培训、自学用书和参考资料。

图书在版编目（CIP）数据

运输管理与信息化技术／吴玉贤，房红霞主编. — 北京：北京交通大学出版社，2013.8
（全国高职高专教育精品规划教材）
ISBN 978 – 7 – 5121 – 1562 – 0

Ⅰ. ① 运… Ⅱ. ① 吴…②房… Ⅲ. ① 计算机应用 – 物流 – 货物运输 – 管理 – 高等职业教育 – 教材 Ⅳ. ① F253.9

中国版本图书馆 CIP 数据核字（2013）第 181925 号

责任编辑：熊 壮
出版发行：北京交通大学出版社 电话：010 – 51686414
 北京市海淀区高梁桥斜街 44 号 邮编：100044
印 刷 者：北京时代华都印刷有限公司
经 销：全国新华书店
开 本：185 × 260 印张：15 字数：365 千字
版 次：2013 年 8 月第 1 版 2013 年 8 月第 1 次印刷
书 号：ISBN 978 – 7 – 5121 – 1562 – 0/F·1225
印 数：1～4 000 册 定价：32.00 元

本书如有质量问题，请向北京交通大学出版社质监组反映。对您的意见和批评，我们表示欢迎和感谢。
投诉电话：010 – 51686043，51686008；传真：010 – 62225406；E-mail：press@bjtu.edu.cn。

全国高职高专教育精品
规划教材丛书编委会

出 版 说 明

　　高职高专教育是我国高等教育的重要组成部分，其根本任务是培养生产、建设、管理和服务第一线需要的德、智、体、美全面发展的应用型专门人才，所培养的学生在掌握必要的基础理论和专业知识的基础上，应重点掌握从事本专业领域实际工作的基础知识和职业技能，因此与其对应的教材也必须有自己的体系和特点。

　　为了适应我国高职高专教育发展及其对教育改革和教材建设的需要，在教育部的指导下，我们在全国范围内组织并成立了"全国高职高专教育精品规划教材研究与编审委员会"（以下简称"教材研究与编审委员会"）。"教材研究与编审委员会"的成员所在单位皆为教学改革成效较大、办学实力强、办学特色鲜明的高等专科学校、成人高等学校、高等职业学校及高等院校主办的二级职业技术学院，其中一些学校是国家重点建设的示范性职业技术学院。

　　为了保证精品规划教材的出版质量，"教材研究与编审委员会"在全国范围内选聘"全国高职高专教育精品规划教材编审委员会"（以下简称"教材编审委员会"）成员和征集教材，并要求"教材编审委员会"成员和规划教材的编著者必须是从事高职高专教学第一线的优秀教师和专家。此外，"教材编审委员会"还组织各专业的专家、教授对所征集的教材进行评选，对所列选教材进行审定。

　　此次精品规划教材按照教育部制定的"高职高专教育基础课程教学基本要求"而编写。此次规划教材按照突出应用性、针对性和实践性的原则编写，并重组系列课程教材结构，力求反映高职高专课程和教学内容体系改革方向；反映当前教学的新内容，突出基础理论知识的应用和实践技能的培养；在兼顾理论和实践内容的同时，避免"全"而"深"的面面俱到，基础理论以应用为目的，以必要、够用为尺度；尽量体现新知识和新方法，以利于学生综合素质的形成和科学思维方式与创新能力的培养。

　　此外，为了使规划教材更具广泛性、科学性、先进性和代表性，我们真心希望全国从事高职高专教育的院校能够积极参与到"教材研究与编审委员会"中来，推荐有特色、有创新的教材。同时，希望将教学实践的意见和建议及时反馈给我们，以便对出版的教材不断修订、完善，不断提高教材质量，完善教材体系，为社会奉献更多更新的与高职高专教育配套的高质量教材。

　　此次所有精品规划教材由全国重点大学出版社——北京交通大学出版社出版。适合于各类高等专科学校、成人高等学校、高等职业学校及高等院校主办的二级技术学院使用。

全国高职高专教育精品规划教材研究与编审委员会

2013 年 8 月

总　序

历史的年轮已经跨入了公元 2013 年，我国高等教育的规模已经是世界之最，2010 年毛入学率达到 26.5%，属于高等教育大众化教育阶段。根据教育部 2006 年第 16 号《关于全面提高高等职业教育教学质量的若干意见》等文件精神，高职高专院校要积极构建与生产劳动和社会实践相结合的学习模式，把工学结合作为高等职业教育人才培养模式改革的重要切入点，带动专业调整与建设，引导课程设置、教学内容和教学方法改革。由此，高职高专教学改革进入了一个崭新阶段。

新设高职类型的院校是一种新型的专科教育模式，高职高专院校培养的人才应当是应用型、操作型人才，是高级蓝领。新型的教育模式需要我们改变原有的教育模式和教育方法，改变没有相应的专用教材和相应的新型师资力量的现状。

为了使高职院校的办学有特色，毕业生有专长，需要建立"以就业为导向"的新型人才培养模式。为了达到这样的目标，我们提出"以就业为导向，要从教材差异化开始"的改革思路，打破高职高专院校使用教材的统一性，根据各高职高专院校专业和生源的差异性，因材施教。从高职高专教学最基本的基础课程，到各个专业的专业课程，着重编写出实用、适用高职高专不同类型人才培养的教材，同时根据院校所在地经济条件的不同和学生兴趣的差异，编写出形式活泼、授课方式灵活、满足社会需求的教材。

培养的差异性是高等教育进入大众化教育阶段的客观规律，也是高等教育发展与社会发展相适应的必然结果。只有使在校学生接受差异性的教育，才能充分调动学生浓厚的学习兴趣，才能保证不同层次的学生掌握不同的技能专长，避免毕业生被用人单位打上"批量产品"的标签。只有高等学校的培养有差异性，其毕业生才能有特色，才会在就业市场具有竞争力，从而使高职高专的就业率大幅度提高。

北京交通大学出版社出版的这套高职高专教材，是在教育部"十一五规划教材"所倡导的"创新独特"四字方针下产生的。教材本身融入了很多较新的理念，出现了一批独具匠心的教材，其中，扬州环境资源职业技术学院的李德才教授所编写的《分层数学》，教材立意新颖，独具一格，提出以生源的质量决定教授数学课程的层次和级别。还有无锡南洋职业技术学院的杨鑫教授编写的一套《经营学概论》系列教材，将管理学、经济学等不同学科知识融为一体，具有很强的实用性。

此套系列教材是由长期工作在第一线、具有丰富教学经验的老师编写的，具有很好的指导作用，达到了我们所提倡的"以就业为导向培养高职高专学生"和因材施教的目标要求。

教育部全国高等学校学生信息咨询与就业指导中心择业指导处处长
中国高等教育学会毕业生就业指导分会秘书长
曹　殊　研究员

前　言

　　本书是根据《教育部办公厅、劳动和社会保障部办公厅、中国物流与采购联合会关于开展职业院校物流专业紧缺人才培养培训工作的通知》的附件二中"高等职业教育物流管理专业紧缺人才培养指导方案"而编写。本书适合作为高职高专院校培养技术应用型物流从业人员及其他相关专业从业人员的教学用书，也可作为物流从业人员的培训、自学用书和参考资料。

　　随着现代物流产业的快速发展以及物流信息技术的广泛应用，技术应用型人才成为物流产业的紧缺人才之一，为了加快对该类人才的培养，编写一套适时、实用，符合物流产业人才需求的适用教材是形势所需，院校所求。本书在内容的选择和安排上，既考虑到学历教学的要求，又融入了职业所需的技能知识。本书采用项目式的教学内容安排，对各种运输方式管理业务和信息化技术的教学做了有益的尝试。

　　本书由无锡职业技术学院吴玉贤、山东交通职业技术学院房红霞担任主编，由山东英才职业学院付宏华、硅湖职业技术学院张莉、济南职业学院彭沂担任副主编，由山东交通职业技术学院张广辉担任主审。参编本书的还有青岛港湾职业技术学院王海蛟，山东交通职业技术学院李海民，山东英才职业学院周静、曹俊生。本书编写分工如下：吴玉贤负责编写项目一和项目六，房红霞负责编写项目四，付宏华、周静、曹俊生负责编写项目七，张莉负责编写项目二，彭沂负责编写项目五，王海蛟负责编写项目八，李海民负责编写项目三。吴玉贤负责对全书框架结构进行安排并统稿。

　　在本教材的编写过程中，我们参阅了大量专家的有关著作、案例及教材和文章，书名及作者已尽可能地列入我们的参考文献中，在此，本书的全体编写者向这些专家和作者表示由衷的谢意。由于编者水平有限，书中难免有疏漏与不足之处，恳请读者、同仁批评指正。

编　者

2013 年 5 月

目　　录

项目一

运输管理与信息化技术前导知识

教学目标

1. 知识目标

(1) 掌握运输系统的功能、构成要素和特征。

(2) 掌握物流运输与物流其他环节的关系。

(3) 初步掌握运价的制定方法。

(4) 了解货物运输跟踪系统。

2. 技能目标

(1) 能够对5种运输方式特点进行比较分析和选择。

(2) 能够识别不合理运输方式并选择合理化的运输方式、方案。

(3) 能够从成本的角度分析和确定运输方案。

案例

1. 案例介绍

某公司揽到的集装箱运输业务该采取什么解决方案

某公司首次承揽到三个集装箱运输业务，时间较紧，从上海到大连铁路 1 200 km，公路 1 500 km，水路 1 000 km。该公司自有 10 辆 10 吨普通卡车和一个自动化立体仓库，经联系附近一家联运公司虽无集装箱卡车，但却有专业人才和货代经验，只是要价比较高，至于零星集装箱安排落实车皮和船舱，实在心中无底。

2. 案例分析

这个案例提示人们，对于每一项运输业务的完成，必须考虑各种运输方式的运输成本、运输效率、运输时间和服务质量，以最大限度地满足客户的要求。

3. 思考·讨论·训练

对上述案例，你认为采取什么措施比较妥当？为什么？

(1) 自己购买若干辆集装箱卡车然后组织运输。

(2) 水路路程最短，请航运公司来解决运输。

(3) 想请铁路部门安排运输但心中无底。

（4）联运公司虽无集卡，但可让其租车完成此项运输。

（5）没有合适的运输工具，辞掉该项业务。

教学内容

在所有的物流功能中，运输是一个最基本的功能，也是物流的核心功能。运输具有扩大市场、稳定价格、促进社会分工、扩大流通范围等社会经济功能。运输产业是生产在流通中的继续（产品转变为商品）。运输产业是国民经济的重要组成部分，是国民经济发展的"先锋队"和强大支柱，在国民经济中居重要地位。

我国物流运输在物资流通经济活动中可分为两个基本方面：一是经营，以满足客户需求为目标，在此基础上，追求效率更高、成本最低和服务质量好，实现货物空间效用和时间效用，这是运输经济活动的中心；二是管理，在一定技术水平下，为实现运输经营目标提供技术保障，即根据运输经营目标使运输各功能要素形成高效运输系统、并使各功能活动遵照一定的作业标准。因此，物流运输管理是指在一定的环境下，按照现代化的管理思想，运用科学方法，对物流运输活动进行计划、组织、领导、控制，实现运输经营目标的过程。

学习和掌握物流运输管理，对认识现代物流运输管理问题，探索物流运输管理活动的规律以及应用管理原理来指导运输实践具有重要的现实意义。

工作任务一　运输系统认知

一、运输和运输系统

1. 运输的定义和功能

1）运输的定义

中国国家标准《物流术语》对运输的定义是："用专用运输设备将物品从一地点向另一地点运送。其中包括集货、分配、搬运、中转、装入、卸下、分散等一系列操作。"

2）运输的功能

运输的功能主要是创造物品的空间效用和时间效用，此外还有一定的存储功能。

（1）运输的空间效用。空间效用又称场所效用，是指通过运输活动，实现物品远距离的位置移动。一般来说，商品的生产与消费的位置是不一致的，即存在位置背离。只有消除这种背离，商品的使用价值才能实现，这就需要运输。另外，物品在不同的位置，其使用价值实现的程度是不同的，即效用价值是不同的。通过运输活动，将物品从效用价值低的地方转移到效用价值高的地方，使物品的使用价值得到更好的实现，即创造物品的最佳效用价值。

（2）运输的时间效用。时间效用是指物品处在不同的时刻，其效用价值是不一样的，通过储存保管，将物品从效用价值低的时刻延迟到效用价值高的时刻再进入消费，使物品的使用价值得到更好的实现。

（3）运输的存储功能。因为运输货物需要时间，在这个过程中货物实际是储存在运输工具内，为避免物品损坏或丢失，还要为运输工具内的货物储存创造一定的条件，这在客观上创造了物品的时间效用。在中转供货系统中，物品经过运输节点（如车站、码头）时，有时需要短时间的停留（一天或几天），这时利用运载工具作为临时仓库进行短时间的储存也是合理的。

2. 运输系统概述

运输系统作为物流系统的最基本系统，是指由与运输活动相关的各种因素（如运输方式及其组合）组成的一个整体。

1）运输系统的构成要素

（1）运输线路。运输线路是运输的基础设施，是构成运输系统最重要的要素。虽然近20年来我国运输线路长度持续快速增长，特别是公路和民用航空里程增长速度最快，但是，相对于我国的国土面积和人口数量来说，运输线路的密度不仅远远落后于经济发达的欧美国家，甚至与印度、巴西等发展中国家相比也有较大的差距。

（2）运输工具。运输工具是运输的主要手段。最新统计数据说明，我国民用运输工具的增长速度也是很快的，其中公路机动车辆增长的速度最快，这为发展短途运输特别是配送业务提供了重要的物质条件。

（3）物主与运输参与者。

① 物主。物主是货物的所有者，包括托运人（或称委托人）和收货人，有时托运人与收货人是同一主体。托运人和收货人的共同目的是要在规定的时间内以最低的成本将物品从起始地转移到目的地，他们一般对收发货时间、地点、转移时间、无丢失、损坏和有关信息等方面都有要求。

② 承运人。承运人是运输活动的承担者（可能是运输公司、储运公司、物流公司以及个体运输业者）。承运人是受托运人或收货人的委托，按委托人的意愿来完成运输任务的，同时获得运输收入。承运人根据委托人的要求或在不影响委托人要求的前提下合理地组织运输和配送，包括选择运输方式、确定运输线路、进行配货配载等，以降低运输成本，尽可能多地获得利润。承运人属于作业型中间商。

③ 货运代理人。货运代理人与承运人不同。首先，他把从各种顾客手中揽取的小批量货物装运整合成大批量装载，利用专业承运人运输到目的地；然后，再把大批量装载的货物拆成原来较小的装运量，送往收货人。货运代理人的主要优势在于因大批量装运可以实现较低的费率，可从中获取利润。

④ 运输经纪人。运输经纪人实际上是运输代办。他是以收取服务费为目的，替托运人、收货人和承运人协调运输安排。协调的内容包括装运配载、费用谈判、结账和跟踪管理等。运输经纪人和货运代理人是社会分工的产物，都属于非作业型中间商。

⑤ 政府。由于运输是国民经济的基础性行业，所以政府期望形成稳定而有效率的运输环境，促使经济持续增长，使产品有效地转移到全国各市场中去，并以合理的成本获得产品。为此，政府往往采取规章管制、政策促进、拥有承运人（如铁路运输等国有运输组织）等形式干预承运人的活动。例如，政府通过限制承运人所能服务的市场或确定他们所能收取的价格来规范他们的行为。再如，通过支持研究开发或制定诸如公路或航空交通控制系统之类的行业进入壁垒来促进承运人的发展。在英国、德国等国家，某些承运人为政府所拥有，政府对市场、服务和费用保持绝对的控制。这种控制权使政府对地区、行业或厂商的经济成功具有举足轻重的影响。

⑥ 公众。公众是最后的运输参与者。一方面，公众按合理的价格产生购买商品的需求

并最终确定运输需求；另一方面，公众关注运输的可达性、费用和效果以及环境和安全上的标准，并对政府的决策产生影响。

　　显然，各方面的参与使运输关系变得很复杂，这种复杂性要求运输管理需要考虑多方面的因素，顾及各个方面的利益。物主与运输参与者之间的关系如图 1-1 所示。

```
          ┌────────┐
          │  公 众  │
          └────────┘        ──────→  物流
              ↕
          ┌────────┐
          │  政 府  │        ←┄┄┄→   信息流
          └────────┘
          ╱    ↕    ╲
   ┌──────┐ ┌──────┐ ┌──────┐
   │ 托运人 │→│ 承运人 │→│ 收货人 │
   └──────┘ └──────┘ └──────┘
```

货运代理人、运输经纪人

图 1-1　物主与运输参与者之间的关系

2）运输系统的分类

　　一般情况下，可以把运输系统分为生产领域的运输系统和流通领域的运输系统两类。

　　（1）生产领域的运输系统。它一般是在生产企业内部进行，因而称为厂内运输。它是作为生产过程中的一个组成部分，直接为物质产品的生产服务。其内容包括原材料、在制品、半成品和产成品的运输，这种厂内运输又称为物料搬运。

　　（2）流通领域的运输系统。它作为流通领域里的一个环节，是生产过程在流通领域的继续。其主要内容是对物质产品的运输，是完成物品从生产领域向消费领域在空间位置上的物理性的转移过程。它既包括物品从生产所在地直接向消费者（用户）所在地移动，又包括从配送中心向中间商的物品移动。最常见的运输体系可分为自营运输体系、营业运输体系、公共运输体系以及第三方物流运输体系。

二、运输系统的特征

　　尽管运输及运输系统的方法、形态、体系十分复杂多样，运输具体方法和措施千变万化，但是，运输及运输系统也具有一定的共性。这主要表现为以下特征。

1. 运输服务可以通过多种运输方式实现

　　各种运输方式对应于各自的技术特性，有不同的运输单位、运输时间和运输成本，并由此形成了不同的服务质量。运输服务的利用者，可以根据货物的性质、大小、所要求的运输时间、所能负担的运输成本等条件来选择相应的运输方式，或者合理运用多种运输方式，实行联合运输。

2. 运输服务可分成自用（营）型和营业型两种形态

　　自用型运输是指企业自己拥有运输工具，并且自己承担运输责任，从事货物的运输活动。自用型运输多限于货车运输，水路运输中也有部分这种情况，但数量很少。与自用型运输相对的是营业型运输，即以运输服务作为经营对象，为他人提供运输服务。营业型运输在汽车、铁路、水路、航空等运输业中广泛开展。

3. 不同运输手段、不同运输业之间存在着相互竞争关系

运输业者不仅在各自的行业内开展相互竞争，而且还与运输方式相异的其他运输行业的企业开展竞争。

运输服务作为商品在市场交换过程中，存在着实际运输和利用运输两种形式。实际运输是指实际利用运输手段进行运输，完成商品在空间上的移动。利用运输是指自己不直接从事商品运输活动，而是把运输服务再委托给实际运输商进行。也就是说，运输业者即使自己不拥有运输工具也能开展运输业务，他们一般通过协调、结合多种不同的运输机构来提供运输服务。

三、物流运输与物流各环节的关系

1. 运输与装卸的关系

运输活动必然伴随着装卸活动。一般来说，运输发生一次，往往伴有两次装卸活动，即运输前、后的装卸作业，货物在运输前的装车、装船等活动是完成运输的先决条件，此时，装卸质量的好坏，将对运输产生巨大的影响。装卸工作组织得力，装卸活动开展顺利，都可以使运输工作顺利进行。当货物通过运输到达所应到达的地点后，装卸为最终完成运输任务作补充的活动，使运输的目的最终完成。除此之外，装卸又是各种运输方式的衔接环节，当一种运输方式与另一种运输方式进行必要的变更时，如铁路运输变为公路运输、水路运输变为铁路运输等，都必须依靠装卸作为运输方式变更的必要衔接手段。

2. 运输与储存的关系

储存保管是货物暂时停滞的状态，是货物投入消费前的准备，可实现货物的时间价值。货物的储存量虽取决于库存管理水平，但货物的运输对储存也会带来重大影响。当仓库中储存一定数量的货物而消费领域又对其急需时，运输就成了关键。如果运输活动组织不善或运输工具不得力，那么就会延长货物在仓库中的储存时间，除阻碍货物流通、增加库存成本外，还会增加货物的机会成本。

3. 运输与配送的关系

在现代物流活动中，将货物大批量、长距离地从生产工厂直接送达客户或配送中心称为运输（干线运输）。货物再从配送中心就近发送到地区内各客户手中称为配送（物流活动中的末端运输）。关于二者的区别可以概括为以下几个方面，如表1－1所示。

表1－1   物流运输和配送的区别

运　输	配　送
长距离、大量货物的移动	短距离、少量货物的移动
据点间的移动	送交客户
地区间货物的移动	地区内部货物的移动
一次向一地单独运送	一次向多处运送，每处只获得少量货物

4. 运输与包装的关系

货物包装的材料、规格、方法等都不同程度地影响着运输。作为包装的外廓尺寸应该充分与运输车辆的内廓尺寸相吻合，这对于提高货物的装载率有重要意义，将对提高物流水平产生巨大影响。

工作任务二　各种运输方式及其特点认知

一、按运输工具不同的分类及其特点

不同运输方式适合于不同的运输情况。合理地选择运输方式不仅能提高运输效率，降低运输成本，而且还会对整个物流系统的合理化产生有效的影响。因此，了解各种运输方式及其特点，掌握运输方式选择的原则，对优化物流系统和合理组织物流活动是十分重要的。

1. 公路运输

公路运输是主要使用汽车或其他车辆（如人、畜力车等）在公路上进行货客运输的一种方式。

公路运输主要承担近距离、小批量的货运和水路运输、铁路运输难以到达地区的长途、大批量货运，以及铁路运输、水路运输难以发挥优势的短途运输。由于公路运输具有灵活性，近年来，在有铁路、水运的地区，长途大批量运输也开始用公路运输，尤其是高速公路和载重汽车的快速发展，促使了公路运输快速发展。

公路运输的主要优点是灵活性强。公路建设期短，投资较低，易于因地制宜，对货运站设施要求不高，可采取"门到门"运输形式，即从发货者门口直到收货者门口，而不需转运或反复装卸搬运。公路运输也可作为其他运输方式的衔接手段。公路运输的经济里程，一般在 200 km 以内。

2. 铁路运输

铁路运输是使用铁路列车运送客货的一种运输方式。

铁路运输主要承担长距离、大数量的货运。在没有水运条件的地区，几乎所有大批量货物都是依靠铁路运输，它是在干线运输中起主力运输作用的运输形式。

铁路运输的优点是速度快，运输不大受自然条件限制，载运量大，运输成本较低。主要缺点是灵活性差，只能在固定线路上实现运输，需要以其他运输手段配合和衔接。铁路运输的经济里程一般在 200 km 以上。

3. 水路运输

水路运输是使用船舶运送客货的一种运输方式。

水路运输主要承担大数量、长距离的运输，也是在干线运输中起主力作用的运输方式。在内河及沿海，水路运输也常作为小型运输工具使用，担任补充及衔接大批量干线运输的任务。

水路运输的主要优点是成本低，能进行低成本、大批量、远距离的运输，但是水路运输也有显而易见的缺点，主要是运输速度慢，受港口、水位、季节、气候影响较大，因而一年中中断运输的时间较长。水路运输有以下 4 种形式。

（1）沿海运输。是使用船舶通过大陆附近沿海航道运送客货的一种方式，一般使用中、小型船舶。

（2）近海运输。是使用船舶通过大陆邻近国家海上航道运送客货的一种运输形式，视航程可使用中型船舶，也可使用小型船舶。

（3）远洋运输。是使用船舶跨大洋的长途运输形式，主要依靠运量大的大型船舶。

（4）内河运输。是使用船舶在陆地内的江、河、湖泊等水道进行运输的一种方式，主要是使用中、小型船舶。

4. 航空运输

航空运输是使用飞机或其他航空器进行运输的一种方式。航空运输的单位成本很高，因此，主要适合运载的货物有两类：一类是价值高、运费承担能力很强的货物，如贵重设备的零部件、高档产品、高附加值商品等；另一类是紧急需要的物资，如救灾抢险物资等。

航空运输的主要优点是速度快，不受地形的限制。在火车、汽车、船舶都到达不了的地区也可依靠航空运输，因而有其重要意义。

5. 管道运输

管道运输是利用管道输送气体、液体和粉状固体的一种运输方式。其运输形式是靠物体在管道内顺着压力方向顺序移动实现的。和其他运输方式的重要区别在于，管道设备是静止不动的。

管道运输的主要优点是，由于采用密封设备，在运输过程中可避免散失、灭失等损失，也不存在其他运输设备本身在运输过程中消耗动力所形成的无效运输问题。另外，由于运输量大，适合于批量大且连续不断运送的物资，如自来水、煤气和原油等。

二、按运输路线不同的分类及其特点

1. 干线运输

干线运输是利用铁路、公路的干线，大型船舶、货运飞机的固定航线，进行的长距离、大批量的运输。它是进行远距离空间位置转移的重要运输形式。干线运输一般速度较同种工具的其他运输要快，成本也较低。干线运输是运输的主体。

2. 支线运输

支线运输是与干线运输相接的分支线路上的运输。支线运输是干线运输与收、发货地点之间的补充性运输形式，路程较短，运输量相对较小。支线的建设水平往往低于干线，运输工具水平也往往低于干线，因而速度较慢。

3. 城市内运输

城市内运输是一种补充性的运输形式，路程较短。是指干线、支线运输到站后，站与用户仓库或指定接货地点之间的运输。由于单个单位的需要，所以运量也较小。

4. 厂内运输

厂内运输是指在工业企业范围内直接为生产过程服务的运输。一般在车间与车间之间、车间与仓库之间进行。在小企业或大企业车间内部、仓库内部通常不称"运输"，而称"搬运"。

三、按对干线运输的补充形式的分类及其特点

1. 集货运输

集货运输是一种将分散的货物汇集集中的运输形式。一般短距离、小批量的运输，货物集中后才能利用干线运输方式进行远距离及大批量运输，因此，集货运输是干线运输的一种补充形式。

2. 配送运输

配送运输是指将据点中心按用户要求配好的货分送到各个用户的运输。一般是短距离、小批量的运输。从运输的角度讲，它是对干线运输的一种补充和完善。

四、按运输协作程度的分类及其特点

1. 一般运输

孤立地采用不同运输工具或同类运输工具，而没有形成有机协作关系的运输为一般运输，如汽车运输、火车运输等。

2. 联合运输

联合运输简称联运，是使用同一运送凭证，由不同运输方式或不同运输企业进行有机衔接来接运货物，利用每种运输手段的优势，充分发挥不同运输工具效率的一种运输形式。采用联合运输，对用户来讲，可以简化托运手续，方便用户。同时可以加速运输速度，也有利于节省运费。经常采用的联合运输形式有铁海联运、公铁联运、公海联运等。

3. 多式联运

多式联运是联合运输的一种现代形式。一般的联合运输，规模较小，在国内大范围物流和国际物流领域，往往需要反复地使用多种运输手段进行运输。现代运输的 5 种基本方式在运输工具、线路设施、营运方式及技术经济特征等方面各不相同，因而各有优势，各有其不同的适用范围。在这种情况下，进行复杂的运输方式衔接，并且具有联合运输优势的运输称作多式联运。

工作任务三　运输系统的合理化和现代化认知

作为物流系统优化的关键环节，实现运输资源价值最大化、运输合理化一直被人们所广泛关注。因此，在进行物流系统设计和组织物流活动时，一项最基本的任务就是实现合理化运输。

一、影响运输合理化的主要因素

1. 影响运输合理化的外部因素

1）政府

稳定而有效率的商品经济，需要有竞争力的运输服务向市场充分提供商品。因此，与其他商品企业相比，许多政府更多地干预了运输活动。在我国，政府主要在客观上对运输活动进行调节和干预，以保证运输市场协调稳定发展。

2）资源分布状况

资源的分布状况也对运输活动产生较大的影响。我国地大物博，资源丰富，但分布不平衡。例如，能源中的煤炭和石油，目前探明储量都集中于北方各省区和西南、西北地区，而我国东部的省区储量很小，但工业用量却很大，这在很大程度上影响了运输布局的合理性，形成了我国"北煤南运"、"西煤东运"、"北油南运"、"西气东输"的运输格局。

3）国民经济结构的变化

运输的对象是工农业产品，因此工农业生产结构的变动必然会引起运输分布的变化。不仅工农业产品的增长速度成正比例地影响着货运量及其增长速度，而且工农业生产结构的变动也会引起货物运输结构及其增长速度的变化。例如，当运输系数较大的产品比重提高时，运输量也会以较快的速度增长；反之，亦然。

4）运输网布局的变化

交通运输网络的线路及其运输能力、港站的地区分布，直接影响运输网络的货物吸引范围，从而影响货运量在地区上的分布与变化。例如，某地铁路网布局高于公路网分布密度，则铁路运量就大于公路运量。运输网布局的合理化，直接影响着企业运输的合理化。运输网布局的合理化，将促进货运量的均衡分布。

5）运输决策的参与者

运输决策的参与者主要有托运人、收货人、承运人及公众，他们的活动及决策直接影响着某一具体运输作业的合理性。

2. 影响运输合理化的内部因素

1）运输距离

在运输过程中，运输时间、运量、运费、车辆或船舶周转等运输的若干技术经济指标，都与运输距离有一定的比例关系。因此，运距长短是运输是否合理的一个最基本因素。缩短运距既具有宏观的社会效益，也具有微观的企业效益。

2）运输环节

每增加一次运输，不但会增加起运的运费和总运费，而且必然要增加与运输相关的其他物流活动，如装卸、包装等，各项技术经济指标也会因此下降。所以，减少运输环节，尤其是同类运输工具的环节，对合理运输有促进作用。

3）运输工具

各种运输工具都有使用的优势领域，对运输工具进行优化选择，按运输工具特点进行装卸运输作业，最大限度地发挥所用运输工具的作用，是运输合理化的重要一环。

4）运输时间

运输是物流过程中需要花费较多时间的环节。尤其是远程运输，在全部物流时间中，运输时间占绝大部分，因而运输时间的缩短对整个流通时间的缩短有决定性的作用。此外，运输时间短，有利于运输工具的加速周转，可充分发挥运力的作用；有利于货主资金的周转；有利于运输线路通过能力的提高，对运输合理化有很大贡献。

5）运输费用

运输费用在全部物流成本中占很大比例，运输费用高低很大程度上决定了整个物流系统的竞争能力。实际上，运输费用的降低，无论对货主企业来讲，还是对物流经营企业来讲，都是运输合理化的一个重要目标。运输费用的判断，也是各种合理化实施是否行之有效的最终判断依据之一。

3. 影响运输方式选择的关键因素

运输成本、运输速度和运输的可靠性，是影响运输方式选择的关键因素。从物流系统的观点来看，这三个因素对物流运输是十分重要的。

1）运输成本

运输成本是指为两个地理位置间的运输所支付的款项以及与行政管理和维持运输中的存货有关的费用。物流系统的设计应该利用能把系统总成本降到最低限度的运输，这意味着最低费用的运输并不总是导致最低的运输总成本。

2）运输速度

运输速度是指完成特定的运输所需的时间。运输速度和运输成本的关系，主要表现在以下两个方面：一是能够提供更快速服务的运输商往往要收取更高的运费；二是运输服务越快，运输中的存货越少，无法利用的运输间隔时间就越短。因此，选择最期望的运输方式时，如何平衡运输服务的速度与成本是至关重要的。

3）运输的可靠性

运输的可靠性是指在若干次运输活动中履行某一特定的运输所需的时间与原定时间或与前几次运输所需时间的一致性。这种一致性影响着买卖双方承担的存货义务和有关风险。例如，当运输缺乏可靠性时，就需要安全库存，增加库存成本，以防预料不到的服务故障。因此，多年来，运输的可靠性被看做是高质量运输的最重要的特征。

二、不合理运输的表现形式

运输的合理与不合理是在满足客户需求的基础上，站在社会运输资源能否发挥最大作用的角度来分析问题的，它可以帮助人们建立理性决策框架。不合理运输是指在现有条件下可以达到的运输水平而未达到，从而造成了运力浪费、运输时间增加、运费超支等问题的运输。目前，我国存在的不合理运输形式主要有以下几种。

1. 返程或起程空驶

空车无货载行驶，可以说是不合理运输的最严重的形式。造成空驶的不合理运输主要有以下几种原因。

（1）能利用社会化的运输体系而不利用，却依靠自备车送货提货，这往往会出现单程重车、单程空驶的不合理运输。

（2）由于工作失误或计划不周，造成货源不实，车辆空去空回，形成双程空驶。

（3）由于车辆过分专用，无法搭运回程货，只能单程实车、单程回空周转。

2. 对流运输

对流运输亦称相向运输、交错运输，是指同类的或可以互相代替的货物的相向运输。它是不合理运输中最突出、最普遍的一种，但不同品牌或具有差异性的产品除外。它有以下两种表现形式。

（1）明显对流运输。是指同类的（或可以互相代替的）货物沿着同一线路相向运输。

（2）隐藏对流运输。是指同类的（或可以互相代替的）货物在不同运输方式的平行路线上或不同时间进行相反方向的运输。倒流运输是隐藏对流运输派生出的一种特殊形式，是指同一批货物或同批中的一部分货物，由发运站至目的站后，又从目的站往发运站方向运输。

3. 迂回运输

由于物流网的纵横交错及车辆的机动、灵活性，在同一发站和到站之间，往往有不同的运输路径可供选择。凡不经过最短路径的绕道运输，皆称为迂回运输，既平常所说的"近路不走走远路"。只有当计划不周、地理不熟、组织不当而发生的迂回，才属于不合理运输。如果最短距离有交通阻塞，道路情况不好，或有对噪声、排气等特殊限制而不能使用时发生的迂回，不能称为不合理运输。

4. 重复运输

重复运输是指同一批货物由产地运抵目的地，没经任何加工和必要的作业，也不是为联运及中转需要，又重新装运到别处的现象。它是物资流通过程中多余的中转、倒装，虚耗装卸费用，造成车船非生产性停留，增加车船、货物的作业量，延缓了流通速度，增大了货损，也增加了费用。

5. 过远运输

这是一种舍近求远的商品运输。它不是就地或就近获取某种物资，而是舍近求远从外地或远处运来同种物资，从而拉长了运输距离，造成运力浪费。

6. 无效运输

无效运输是指被运输的货物杂质（如煤炭中的矿石、原油中的水分等）或边角废料较多，使运力浪费于不必要的物资运输。

7. 运力选择不当

由于没有利用各种运输工具的优势，选择不恰当的运输工具而造成的不合理的现象，称为运力选择不当。常见的有以下若干形式。

（1）弃水走陆。在同时可以利用水运及陆运时，不利用成本较低的水运或水陆联运，而选择成本较高的铁路运输或汽车运输，使水运优势不能发挥。

（2）铁路、大型船舶的过近运输。是指不是铁路及大型船舶的经济运行里程，却利用这些运力进行近距离运输的不合理做法。主要不合理之处在于火车及大型船舶起运及到达目的地的准备、装卸时间长，且机动灵活性不足，在过近距离中利用，发挥不了运速快的优势。相反，由于装卸时间长，反而会延长运输时间。另外，和小型运输设备比较，火车及大型船舶装卸难度大、费用也较高。

（3）运输工具承载能力选择不当。不根据承运货物数量及重量选择，而盲目决定运输工具，造成过分超载、损坏车辆及货物不满载、浪费运力的现象。尤其是"大马拉小车"的现象发生较多。由于装货量小，单位货物运输成本必然增加。

8. 托运方式选择不当

对于货主而言，可以选择最好的托运方式而未选择，最终造成运力浪费及费用支出加大的不合理运输即为托运方式选择不当。例如，应选择整车运输而未选择，反而采取零担托运；应当选择直达运输而选择了中转运输；应当选择中转运输而选择了直达运输等，都属于这一类型的不合理运输。

值得注意的是，上述的各种不合理运输形式都是在特定条件下表现出来的，在进行判断时必须从系统角度来考虑。例如，如果发生对流的同一种产品，尽管商标不同，价格不同，但由于市场机制引导的竞争结果，就不能看成不合理。

三、运输合理化的有效措施

1. 提高运输工具实载率

实载率有以下两个含义。一是单车实际载重与运距之乘积和标定载重与行驶里程之乘积的比率。这在安排单车、单船运输时，是作为判断装载合理与否的重要指标。二是车船的统计指标，即一定时期内车船实际完成的货物周转量（以吨公里计）占车船载重吨位与行驶公里之乘积的百分比。在计算时，车船行驶的公里数不但包括载货行驶，也包括空驶。

提高运输工具实载率是指充分利用运输工具的额定能力，减少车船空驶和不满载行驶的状况，减少浪费，从而实现运输合理化。具体措施如下。

1）"满载超轴"

我国曾在铁路运输上提倡"满载超轴"。其中，"满载"的含义就是利用货车的容积和载重量，多载货，不空驶；"超轴"的含义就是在机车能力允许的情况下，加长列车或多加挂货车，在不增加机车的情况下增加运输量。

2）车挂车

汽车挂车的原理与火车加挂基本相同，都是在充分利用动力能力的基础上，增加运输能力。但反对超载，因为超载易引发交通事故，降低运输资源利用率。

3）配载运输

配载运输也是提高运输工具实载率的一种有效形式。配载运输往往是在载重量和容积允许的情况下，轻、重质商品的混合配载，以重质货物运输为主的情况下，搭载一些轻质货物。例如，海运矿石、黄沙等重质货物时，配载木材、毛竹等轻质货物；铁路运矿石、钢材等重物时，可在上面搭运轻质农、副产品等。当前，国内外开展的配送运输，优势之一就是将多家需要的物品和一家需要的多种物品实行配装，以达到容积和载重的充分合理运用。在铁路运输中，采用整车运输、整车拼装、整车分卸等具体措施，都是提高实载率的有效途径。

2. 减少动力投入，增加运输能力，实现运输合理化

这种合理化的要点是：在设施建设已定型和完成的情况下，尽量减少能源投入，节约运费，降低单位物品的运输成本，达到合理化的目的。国内外在这方面的有效措施有以下几种。

1）水运拖排和拖带法

竹、木等物资的运输，可利用竹、木本身的浮力，不用运输工具载运，而直接采取拖带法运输，可省去运输工具本身的动力消耗，从而求得合理化。还可将无动力驳船编成一定队形，一般是"纵列"，用拖轮拖带行驶，可发挥比船舶载乘运输运量大的优点，求得合理化。

2）顶推法

它是我国内河货运采取的一种有效的航行方法。它将内河驳船编成一定队形，然后由机动船顶推前进。其优点是航行阻力小，顶推量大，速度较快，运输成本很低。

3. 发展社会化的运输体系

实行运输社会化，可以统一安排运输工具，避免一家一户的小生产运输产生的对流、倒流、空驶、运力不当等多种不合理形式，不但可以追求组织效益，而且可以追求规模效益。所以，发展社会化的运输体系是运输合理化的非常重要的措施。

当前，火车运输的社会化运输体系已经较完善，而在公路运输中小生产运输方式还非常普遍，是建立社会化运输体系的重点。

4. 开展中短距离铁路公路分流，实行中短距离"以公代铁"的运输

这种运输的合理性主要表现为两点：一是对于比较紧张的铁路运输，用公路分流后，可以得到一定程度的缓解，从而加大这一区段的运输通过能力；二是充分利用公路从"门到门"和在中途运输中速度快且灵活、机动的优势，实现铁路运输服务难以达到的水平。

我国"以公代铁"，目前在杂货、日用百货运输及煤炭运输中较为普遍。一般控制在200 km 以内，有时可达700～1 000 km。

5. 发展直达运输

直达运输的要点是：通过减少中转换载，提高运输速度，省却装卸费用，降低中转货损。

如同其他合理化措施一样，直达运输的合理性也是在一定条件下才会有所表现。实践中要根据用户的要求，从物流总体出发作综合判断。

6. "四就"直拨运输

一般批量到站或到港的货物，首先要进分配部门或批发部门的仓库，然后再按程序分拨或销售给用户。这样一来，往往出现不合理运输。"四就"直拨，首先是由管理机构预先筹划，然后就厂或就站（码头）、就库、就车（船）将货物分送给用户，而无须再入库。

7. 技术和运输工具科技进步

依靠科技进步是运输合理化的重要途径。例如，专用散装、罐车解决了粉状、液体物运输损耗大、安全性差等问题；专用运输车辆解决了大型设备整体运输问题；"滚装船"解决了载货车的运输问题；集装箱船比一般船能容纳更多的箱体；集装箱高速直达车船加快了运输速度等。

8. 通过流通加工，使运输合理化

有不少产品，由于产品本身形态及特性的问题，很难实现运输的合理化，如果进行适当加工，就能够有效地解决合理化运输问题。例如，将造纸材料在产地预先加工成干纸浆，然后压缩体积运输，就能解决造纸材料运输不满载的问题；轻泡产品预先捆紧包装成规定尺寸，装车就容易提高装载量；水产品及肉类预先冷冻，就可提高车辆装载率并降低运输损耗。

四、运输系统的现代化

运输系统的现代化，是采用当代先进适用的科学技术和运输设备及设施，运用现代管理科学成就，组织、协调运输系统各组成要素之间的关系，达到充分发挥物流运输的功能的目的。运输系统现代化的内容如图 1－2 所示。

图 1－2   运输系统现代化的内容

工作任务四　运输成本控制与运输价格认知

在运输服务产品的市场中，运输成本控制是供需双方共同努力的结果，最终通过市场价格表现出来。

一、运输成本控制要点

1. 运输成本的构成

运输成本是物流运作中的主要成本之一，其构成如下。

1）变动成本

变动成本是指在一段时间内所发生的费用，通常以一种可预计的、与某种层次的运输活动直接有关的形式而变化。因此，变动成本只有在运输工具未投入营运时才有可能避免。除例外的情况，运输费率至少必须弥补变动成本。变动成本中包括与承运人运输每一批货物有关的直接费用，这类费用通常按照每公里/海里或每单位重量多少成本来衡量。在这类成本构成中还包括劳动成本、燃料费用和维修保养费用等。要求承运人按低于其变动成本来收取运费而又期望它能维持营运，那是不可能的。

2）固定成本

固定成本是指在短期内虽不发生变化，但又必须得到补偿的那些费用。哪怕是公司关闭（如休假或罢工）也是如此，固定成本不受运量的影响。对于运输公司来说，固定成本构成中包括端点站、通道、信息系统和运输工具等费用。在短期内，与固定资产有关的费用必须由上述按每批货运量的价格减去变动成本的剩余（贡献）来弥补；从长期看，多少可以通过固定资产的买卖来降低固定成本的负担。

3）机会成本

机会成本（联合成本）是指提供某种特定的运输服务而产生的不可避免的费用。机会成本对于运输收费有很大的影响，因为承运人索要的运价中必须包括特定运输设备空返对承运人造成的损失，它的确定要考虑托运人的回程货，否则由托运人来弥补。

4）公共成本

公共成本是指承运人代表所有的托运人或某个分市场的托运人支付的费用。它具有企业一般管理费用的特征，通常是按照运输活动水平分摊给托运人来承担，如运输企业的各种税收和保险等。

2. 影响运输成本的因素

一般常见的影响运输成本的因素有输送距离、载货量、货物的疏密度、装载能力、装卸搬运、运输供需因素等。

3. 运输成本控制要点

为了使运输合理化，合理地控制运输成本也是一个方法。在运输成本的控制中，合理选择运输工具，适当拥有车辆，优化仓库布局，开展集运方式，推行直运战略，是经常需要充分考虑的。

其中，对于合理选择运输工具，可提供一种常见的方法以供参考。

首先，将运输工具的评价尺度定为以下4项性能指标：经济性，F_1；迅速性，F_2；安全性，F_3；便利性，F_4。

然后，根据每种运输工具的特点，给其性能指标赋予权重。

最后，求出运输工具综合评价值，选择评价值最好者。

运输工具综合评价值的计算公式为：

$$F = F_1 + F_2 + F_3 + F_4$$

另外，由于货物形状、价格、交货时间、运输批量和收货单位的不同，每种运输工具的各项性能指标权重也不同。假设权值分别为 W_1、W_2、W_3、W_4，则运输工具的综合评价值可表示为：

$$F = W_1 F_1 + W_2 F_2 + W_3 F_3 + W_4 F_4$$

二、运输价格

运输价格（简称运价）是由运输成本、税金和利润构成的。

1. 运价形成的主要因素

形成运价的因素除运输成本外，主要有运输市场的供求关系、运输市场的结构模式、国家有关经济政策等。

1）运输市场的供求关系

运输供给和需求对运输市场价格的调节，通常是由于供求量不同程度的增长或减少引起的。为分析方便，以假定其中一个量不变为前提来讨论其对运输市场价格的影响。

（1）运输需求不变，供给发生变化而对运输市场价格的影响。在图 1-3 中，S 为运输供给曲线，D 为需求曲线。当 D 不变时，由于运输供给下降，曲线 S 向左上移到 S_1，市场供给量从 Q_0 减少到 Q_1，市场平衡点从 A_0 变至 A_1，运输市场价格由 P_0 上升至 P_1。相反，若运输供给增长，曲线 S 向右下移至 S_2，市场供给量从 Q_0 增加到 Q_2，市场平衡点由 A_0 变至 A_2，运输市场价格由 P_0 降至 P_2。

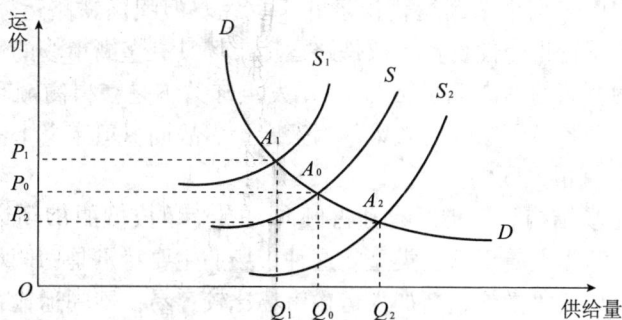

图 1-3 运输需求不变，供给发生变化对运输市场价格的影响

（2）运输供给不变，需求发生变化而对运输市场价格的影响。在图 1-4 中，由于运输需求的增长，曲线 D 向右上移至 D_1，市场平衡点由 A_0 移至 A_1，市场需求量从 Q_0 上升至 Q_1，运输市场价格随之由 P_0 上升至 P_1。相反，若运输需求降低，曲线 D 向左下移至 D_2，市场平衡点由 A_0 降至 A_2，市场需求量从 Q_0 降至 Q_2，运输市场价格随之由 P_0 下降至 P_2。

从以上分析可以看出，运输需求或运输供给的变化都会引起运输价格的改变。

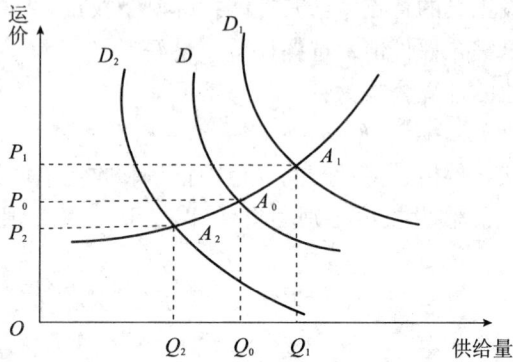

图1-4　运输供给不变，需求发生变化对运输市场价格的影响

2）运输市场的结构模式

根据运输市场的竞争程度，运输市场结构可分为4种类型，即完全竞争市场结构、完全垄断市场结构、垄断竞争市场结构和寡头垄断市场结构。运输组织在不同的市场结构下具有不同的行为，对运输价格会产生重大影响。

（1）完全竞争市场结构。是指运输组织和购买者都很多、运输产品都是同质的、任何组织都可以自由进入运输行业、运输产品的提供者和购买者市场信息对称，运输组织和购买者对运输市场价格均不能产生任何影响的市场结构。在此种市场上，运输企业和货主都只能是运输价格的接受者，故运输价格完全由供求关系决定。在现实中，虽然并不存在这种市场结构，但基本具备该市场条件的则为海运中的不定期船市场或某区域物流运输市场。

（2）完全垄断市场结构。是指某一运输市场完全被一个或少数几个运输企业垄断和控制的市场结构。在这种市场上，垄断企业有完全自由的定价权，它们可以通过垄断价格，获得垄断利润。在现实中，完全垄断运输市场并不存在。但我国铁路运输，因由国家独立经营，对铁路运输货物实行指令性价格，故铁路运输市场具有垄断市场的性质。然而，我国对铁路运输货物实行的所谓的"垄断价格"，其出发点却并不是获得高额利润，而主要是根据运输成本、运输供求关系、国家经济政策等因素定价。故同一般定义上的以获取最大利润为目的的"垄断价格"有很大区别。

（3）垄断竞争市场结构。是指既有独占倾向又有竞争成分的市场结构。我国沿海、内河以及公路运输市场基本上属于这一类型。这种市场的主要特点是：同类运输产品在市场上有较多的生产者，市场竞争激烈；新加入运输市场比较容易；不同运输企业生产的运输产品在质量上（如快速性、货物完好程度等）有较大差异，而某些运输组织由于存在优势而产生了一定的垄断性。在这种情况下，运输组织已不是一个消极的运输价格的接受者，而是具有一定程度决策权的决策者。

（4）寡头垄断市场结构。是指某种运输产品的绝大部分由少数几家运输企业垄断的市场结构。在这种市场中，运输价格主要不是由市场供求关系决定，而是由这几家大企业通过协议或某种默契规定的。海运中的班轮运输市场是较为典型的寡头垄断市场。

3）国家有关经济政策

国家对运输业实行的税收政策、信贷政策、投放政策等均会直接或间接对运输价格产生影响。目前国家对运输业所征营业税是第三产业中最低的，其税率仅为3%。从运输价格的理论构成看，包括运输成本，运输价格可随之降低。因此，目前国家对运输业实行的优惠税率政策有利于稳定运输价格并促进运输业的发展。

2. 货物运价的分类

由于物资运输采用的运输工具，运输范围、运输距离、货物品种等因素的不同，货物运价可按不同的分类方法进行划分。

1）按适用的范围划分

按适用的范围划分，可将货物运价分为普通运价、特定运价、地方运价和国际联运运价4类。

（1）普通运价。适用一般货物的正常运输，是货物运价的基本形式。例如，铁路运价适用于全国正式营业铁路，是全国各地统一的铁路运价。

（2）特定运价。是运价的一种辅助形式，以补充普通运价。它是指对某种货物、某种流向、某一段路规定的特殊运价。特定运价是根据运价政策考虑制定的，比普通运价水平升高或降低一定的数量，或改用较低的、较高的运价标准，在某一时间内对某种货物的运输予以鼓励或限制。有时也可以单独制定特定运价。

（3）地方运价。适用于某地区、某一条线路的运价。

（4）国际联运运价。就是国际联运出口、进口或过境货物，国内区段按有关规定办理，过境运价根据国际间的有关规定办理。

2）按货物发送批量、使用的容器划分

按货物发送批量、使用的容器划分，可将货物运价分为整车（批）运价、零担运价和集装箱运价。

（1）整车（批）运价。按整车运送办理的运输货物，按整车运价规定的运价率计算费用。满一定重量作为一批托运的货物按整批运价计算。

（2）零担运价。不满整车、整批吨位以下托运的零担货物，按零担运价规定的运价率计算收费，货物按实际重量计算。

（3）集装箱运价。是指以集装箱运送货物规定的运价。

3）按计算方式不同划分

按计算方式不同划分，可将货物运价分为分段里程运价、单一里程运价和航线里程运价三类。

（1）分段里程运价。是指把里程分为若干区段，在不同区段使用不同的运价率。铁路和交通部直属运输企业的现行运价就是采用这种计算方式。

（2）单一里程运价。是指每一公里的运价率不变，在运输全程用一个单一的运价率。运价的增加是与运输距离成正比的。

（3）航线里程运价。是指在同一航线上使用同一基本运价。航空运输的现行运价就是采用这种形式。

3. 货物运价的定价规则

为了根据按货种别、距离别、批量别以及要求不同运输条件的货物计算运费，各种运输方式均制定了简单易行、合理的有关货物运价问题的各种规定，如《铁路货物运价规则》、《水路货物运价规则》、《汽车货物运输规则》、《中国民航国内货物运输规则》等。各个规则对运费的计算都作了具体规定，主要内容要有货物运价号、货物运价率表、货物装卸费率以及有关问题的说明等。

1）货物运价号

由于货物的种类繁多，运输条件和运输成本各有不同，不可能为每一种货物确定一个运价率。为了明确对各种货物应该收取的运费，对有相同性质、特点的货物进行分类，然后把运输条件和运输成本大致相等的划分为一级，构成货物运价分号表。铁路运输称运价号，水路运输称运价等级。运价号和运价等级没有什么本质的不同，都是为了说明运价率的差别。货物的运价号就是将拟采用同一运价率的各种货物品名划归为一个运价号，划分的数量不能太多，也不宜太少。

2）货物运价率表

货物运价率是确定运价水平的关键，关系到运输企业的收入及发货单位运输费用的支出，影响到国家的积累和企业的利润。货物运价率是由运价基数、各运价号或等级间的增减比例，按距离区段的划分数量及其递增递减的比例，整车、零担、集装箱运价的比例等确定的。运价基数是指最低运价号的起码计算里程运价率，它是制定货种别、距离别各种不同运价率的基础。运价基数确定，首先是确定货物起码计算里程，起码计算里程是根据各种运输方式间运量的分配情况，促进各种运输的合理分工，有利于发展合理运输确定的。在运价基数、运价率的基础上，按照运输距离递增递减率求出各区段的递差率，然后计算出各运价号、各里程区段的每吨货物运价率，编制成货物运价率表。

3）货物运价里程表

货物运价里程表是计算货物运费的重要依据，是说明运送距离的文件，即货物从发站至到站间的距离。铁路运价制定规定是按最短线路考虑的，所以，铁路货物运价里程表中各站之间的距离是按最短线路的原则制定的。

4. 运费的计算

在对铁路、水路、公路货物运价规则有了一定的认识后，就可以根据托运的货物品种、数量、发到站计算运费了。计算的步骤大致如下。

1）根据托运货物的发到站，按货物运价里程表确定运价里程

铁路运价里程是根据《铁路货物运价里程表》按照发站至到站间最短线路计算。在《铁路货物运价里程表》内规定有计费线路的，按规定的计费线路计算运价里程。运价里程不包括专用线、货物支线的里程。

水运运价里程按公布的《运价里程表》计算；未规定里程的地点按实际里程计算；实际里程当时难以确定时，按里程表中距离起运或到站地点邻近的地点里程计算。

公路汽车货物运输计算里程根据《汽车运价规则》规定计算，里程包括运输里程和装卸里程。

2）根据货物名称，查找货物运价分号表，确定适用的运价号

铁路货物运价分类表中划分为煤焦、石油及其制品、矿石等二三十类。水运货物运价采用十级运价值，每类中分若干项。公路货物运价分为普通货物和特种货物分类表。

3）根据货物的运价里程及运价号，在货物运价率表中查出适用的运价号

铁路货物运价号分为三部分：整车货物运价号、零担货物运价号和集装箱货物运价号。其中，整车货物的运价号为1～7号（另机械保温车一运价号）；零担货物的运价号为21～

22 号；集装箱货物的运价号分 20 ft 和 40 ft 两种箱型的运价号。

水运分北方、沿海、闽浙、华南沿海 4 种运价率表。长江又有干线、下游、上游三种运价率表。内河由各省、市、自治区自行制定运价率表。

公路与铁路、水运不同，只分整车和零担，运价率水平由地方根据公路状况等具体情况制定。

铁路与水运运价率查找的方法是根据不同的发运方式（零担和整车）、不同运价等级和运输里程，在货物运价率表中通过纵横交叉的一格上，此交叉格的数字就是适用的运价率。在查水运运价率时，首先要在不同的水运运价率表中确定适用的运价率。

例如，60 吨的铁路货车按 60 吨计算运费，4 吨的汽车按 4 吨计算运费。水运货物计算吨分重量吨（W）和体积吨（M）。重量吨按货物的毛重，以 1 000 kg 为 1 重量吨；体积吨按货物"满尺丈量"的体积，以 1 m^3 为 1 体积吨。货物运价分级表中，按货物的重量吨和体积吨二者择大计费。换算重量的货物，按换算重量计算。铁路、公路、航空零担运输一般按实际重量计算。

4）确定计费重量后进行运费计算

运费的计算方法在相关项目中介绍。

工作任务五　货物运输跟踪系统认知

货物运输跟踪系统主要采用 GPS（全球定位系统）技术对货物的移动进行实时监控。

1. 货物运输跟踪系统的组成

货物运输跟踪系统主要涉及定位设备、通信设备及技术、车载终端以及监控调度中心管理系统。定位设备能够提供车辆的三维位置、三维速度和系统时间。通信设备能够将车辆的定位信息传输给监控调度指挥中心，或者接收监控调度指挥中心发送的指令。车载终端可以实现定位信息和调度指令的显示等。监控调度中心管理系统主要实现对车辆监控的管理、车辆位置的集中显示等。

2. 货物运输跟踪系统的主要功能

（1）实时监视功能。在任一时刻可监视货运车辆所在的地理位置（如经度、纬度、速度等信息），在电子地图上直观地显示出来。

（2）双向通信功能。借助于通信设备和车载终端，货运司机和监控调度中心可进行实时双向通信。

（3）动态调度功能。调度人员可根据车辆反馈信息和当前任务，对车辆进行实时调度和运能管理，以减少空车时间和空车距离，提高车辆的运能。

（4）数据存储、分析功能。可对车辆的服务区域、维护和保养、购置等进行分析决策。在 GSM（全球移动通信系统，俗称"全球通"）业务中，短消息服务是在物流系统中最常用的。它不需要建立信道连接，可以利用终端设备直接将需要发送的信息加上目的地址直接发送到短消息服务中心，再由短消息服务中心发送给终端用户。短消息服务每次限定的通信字节长在 160 个字节以内，虽然长度有限，但对于传送一般的定位信息、交通信息，能够满足要求，而且短消息服务收费低廉，目前在很多调度系统和监控系统中都普遍采用了短消息服务方式作为通信手段。但由于短消息具有一定的不确定性，同时在通信繁忙时不能保证及时到达，所以作为物流监控中信息实时传输的手段，存在一定的隐患。

GPRS（通用分组无线服务技术）系统具有实时在线、按量计费、快速登录、高速传输等特点，可以克服 GSM 短消息的缺点，适用于间断的、突发性的或频繁的、少量的数据传输，也适用于偶尔的大数据量传输，在物流的实时跟踪方面应用越来越广泛。

CDMA（码分多址，是在无线通信上使用的技术）具有专门的移动定位技术，可以准确测定移动台的地理位置，提供城市地图、导航、紧急救助、紧急警报、移动黄页等多种服务，能够满足物流中移动定位、远程控制和数据采集传输等方面的信息通信需求。随着终端设备的丰富，在物流行业中的应用空间会更加广泛。

小结

（1）运输的定义是："用设备和工具，将物品从一地点向另一地点运送的物流活动。其中包括集货、搬运、中转、装入、卸下、分散等一系列操作。"

（2）运输的功能主要是创造物品的空间效用和时间效用，此外还有一定的存储功能。

（3）运输系统的构成要素包括运输线路、运输工具和物主及运输参与者。

（4）不同运输方式适合于不同的运输情况。合理地选择运输方式不仅能提高运输效率，降低运输成本，而且还会对整个物流系统的合理化产生有效的影响。因此，了解各种运输方式及其特点，掌握运输方式选择的原则，对优化物流系统和合理组织物流活动是十分重要的。

（5）各种运输方式都有其自身的优缺点，在选择运输方式时应认真对各种运输方式的技术经济特征进行分析比较，才能选择到运输成本最低、运输速度最快、运输可靠性最佳的运输方式。

（6）不合理运输的表现形式如下：返程或起程空驶、对流运输、迂回运输、重复运输、过远运输、无效运输、运力选择不当和托运方式选择不当。

复习思考题

（1）运输系统的功能、构成要素、特征分别是什么？
（2）铁路和公路的技术经济特征有何不同？
（3）促进物流运输合理化的措施有哪些？

实训

1. 案例分析

金鑫电器有限公司应该选择何种运输方案

金鑫电器有限公司要从位于 S 市的工厂直接装运 500 台电视机送往位于 T 市的一个批发中心。这批货物价值为 150 万元。T 市的批发中心确定这批货物的标准运输时间为 2.5 天，如果超过标准时间，电视机的机会成本为 30 元/台。金鑫电器有限公司的物流经理设计了下述三个运输方案。

（1）A公司是一家长途货运公司，可以按优惠运费率0.05元／（千米·台）来承运这批电视机，装卸费为0.10元/台。S市到T市的公路运价里程为1 100 km，估计需要3天能运到，因为装卸货物会占用较长时间。

（2）B公司是一家水运公司，可以提供水陆联运服务。即先用汽车从电视机工厂的仓库将货物运至S市码头（20 km），装船运至T市码头（1 200 km），再用汽车运至批发中心（17 km）。由于中转多次，估计需要5天才能运到。询价后得知，陆运运费率为0.05元／（千米·台），装卸费为0.10元/台，水运运费率为0.006元／（千米·台）。

（3）C公司是一家物流公司，可以提供全方位的物流服务，报价为22 800元。他承诺在标准时间内运到，但是准点的概率为80%。

2. 技能训练

以小组为单位，从成本控制的角度评价这些运输方案的优劣；与其他小组成员进行交流并确定最终的运输方案。

3. 运输软件仿真实训

项目二

铁路货物运输与信息化技术

教学目标

1. 知识目标

（1）掌握铁路货物运输的基本条件。

（2）掌握铁路货物运输业务流程。

（3）掌握铁路集装箱、易腐货物、危险货物、超限货物运输管理的基本知识。

（4）了解铁路货物的保价运输与运输保险。

（5）了解铁路货物运输信息化的应用原理。

2. 技能目标

（1）能够分析铁路运输方式的技术经济特征。

（2）能够确定铁路运输方式及其托运条件。

（3）能够确定一批货物办理的条件与运到期限并确认逾期违约。

（4）能够正确填写铁路货物运输服务订单和货物运单。

（5）能够正确计算铁路货物运输基本运价。

案例

1. 案例介绍

承运人未按规定把货物发送至货主指定到站

1994 年×月，发货人（同时又是收货人）在陕西西安某供应商处订购一批教学模拟设备，准备通过铁路整车将该批设备以棚车装运至山东。发货人填写在货物运单"到站"栏内的到站名称是济南铁路局"黄台"站，发货人在办理完托运手续，并在发站交付完一切费用后，带上"领货凭证"返回原单位，等待催领通知。×日，当收货人在运到期限过后还没有接到催领通知时，便打电话询问黄台火车站货运室，在得知黄台火车站根本没有该批货物的情况下，收货人便又打电话给该批货物的发站进行查询。通过发站和收货人的共同努力，终于查到了这批货物的下落。原来，这批货物被发送到了湖北黄石火车站。在收货人的催促下，被运送到湖北黄石火车站的这批货物，最后终于到达了其该到的黄台火车站。收货人在经历了一场虚惊后最终收到了这批价值几十万元人民币的货物。但货物的运到期限比正常运到期限延长了很多天。让收货人感到纳闷的是该批货物怎么会被发送到方向完全不同的湖北黄石火车站的？设西安至黄台运价里程为 840 km。

2. 案例分析

这个案例提示人们，对于每一项铁路运输业务，必须严格作业流程，按作业要求和相关规定去完成。

3. 思考·讨论·训练

针对上述案例，谈谈你对下列问题的看法。

（1）该批货物被错发到站的可能原因有哪些？

（2）该批货物的运到期限是多少天？

（3）该批货物的基本运费是多少？

（4）如收货人追究逾期违约，应如何计算逾期违约金？

教学内容

工作任务一　分析铁路运输方式的技术经济特征

铁路运输在我国国民经济发展中占有重要的地位。经铁路运输的货运量占到全部货物运量的 70% 左右。国家的重要物资、关系到国民经济发展的战略物资、关系到国计民生的农用物资、军用物资以及进出口贸易物资等的陆地运输大部分是由铁路来承运的。

铁路货物运输主要是以牵引机车为动力，编挂一定数量的符合列车编组计划、列车运行图、铁路技术管理规程等规定要求的车组，并挂有列车标志的这种单元货物列车来完成运输任务的。目前，随着青藏铁路在 2006 年 8 月的开通，全国各省、市、自治区已全部开通了铁路，并结束了西藏自治区没有铁路的历史。

铁路是国民经济的大动脉。在国内，铁路运输网络业已形成，连贯东西南北的繁忙干线和主要干线基本上是电气化线路。至 2006 年年底，我国电气化铁路线路已达 2.4 万余千米，占全部营业里程 7.5 万余千米铁路线路的 32% 左右。随着国民经济的快速发展，铁路运输的先进技术装备和运输组织也在不断地应用和变化，铁路信息化系统的不断完善以及与市场经济相适应的运输组织的变革，使铁路的货物运输能力不断得到提高。随着高速铁路和客运专线建设的不断发展，铁路快运货物业务也将得到快速发展。

铁路运输方式具有以下特征。

1. 运输能力大

铁路运输能力远远超过公路运输，仅次于水运。一般铁路每列货车可装载 3 000 ～ 4 000 吨、重载列车可装载约 5 000 吨以上的货物；单向单线年最大货物运输能力达 1 800 万吨，复线达 5 500 万吨。所以，铁路运输承担着陆地运输中大量物资的大规模运送。

2. 运行速度快

铁路列车运行时速一般在 80 ～ 120 千米，高速铁路运行时速可达 210 ～ 350 千米。运送速度除运行时间外，还包括途中的停留时间和两端的作业时间。铁路列车在运输过程中需要编组、解体和中转改编等作业环节，在长途运输条件下，铁路的送达速度高于水路运输与公路运输，但在短途运输上则低于公路运输。

3. 运输成本低

一般来说，铁路运输的单位成本比公路运输、航空运输要低许多，有时甚至低于内河运输。因此，铁路运输常常承担一些低价值货物（如粮食、矿石及木头等）在陆地上的大规模运输，也是邮政运输的重要组成部分。

4. 运输经常性好

铁路运输不易受大雨、大雾、台风等气象和自然环境的影响，能保证客货的运送时间，且到发时间准确性较高，有相对较为严格与准确的时间表，场站建设也较好，因此铁路运输是 5 种主要运输方式中受天气影响最小的一种运输方式。

5. 能耗低

铁路运输每千吨公里消耗标准燃料为汽车运输的 1/15 ～ 1/11，为航空运输的 1/174，但是高于沿海运输和内河运输。随着动力系统的升级改造，铁路运输的能源消耗在不断降低，并且造成的环境污染也在不断降低。

6. 通用性好

铁路能运输各类不同的货物，并可实现驮背运输、集装箱等多种运输。由于铁路运输可以将不同类型的车厢连接起来组成列车车组，所以能够满足各种不同的货物进行组合运输，具有极强的通用性。

7. 机动性差

铁路运输只能在固定线路上实现运输，较难实现"门到门"运输，需要汽车等运输方式的配合和衔接。铁路运输只能够沿着固定的铁轨线路进行，而客户通常情况下都没有专用的铁路运输线路，只能在固定的场站中通过汽车运输来进行集散，中间环节增多，机动性较差。

8. 投资大，建设周期长

铁路线路、机车车辆、车站等技术设备需要投入大量的人力、物力，投资额大，建设周期长。例如，单线铁路造价均为 100 万元/公里～ 300 万元/公里，复线造价在 400 万元/公里～ 500 万元/公里，一条铁路干线的建设时间一般需要 3 ～ 5 年。相比公路运输而言，铁路运输的装备设施的维护成本也相对较高，技术要求高。铁路线路的建设因受到固定线路的影响，所以线路铺设的难度较大，与公路相比，在线路选择上更为复杂。

9. 占地多

新建一公里的复线铁路占地需要 30 ～ 40 亩，随着人口的增长，将给社会带来更大的负担。铁路线路建设的难度大，线路建设和场站建设对土地资源的占用相对要求都较高，因而占用土地资源更多。

铁路运输适于大宗低值货物的中、长距离运输，如散装的煤炭、金属、矿石、谷物及罐装货物（如化工产品、石油产品等）运输，也适合于大批量、实践性强、可靠性要求较高的一般货物和特种货物的运输。

工作任务二 确定铁路运输方式及其托运条件和运到期限

工作任务：

（1）确定以下货物按什么运输方式办理并简要说明理由。

① 服装：389 箱，40 千克/箱，0.80 m×0.60 m×0.45 m。

② 蜜蜂：80 箱，35 千克/箱。

③ 冻鸡：3 箱，30 千克/箱。

④ 电动机：1 箱，500 千克/箱。

⑤ 钢柱：1 件，600 千克/件，长 20 m。

⑥ 铣床：1 箱，2 200 千克/箱。

（2）甲站在 7 月 8 日收到到站为丁站的集装箱 4 箱（其中 5 吨箱 2 个，10 吨箱 2 个）的运费，该 4 箱集装箱于 7 月 10 日 18：00 前已装车完毕。已知甲到丁的运价里程为 961 km。请确定：

① 该 4 箱货物是否可按一批托运，为什么？

② 该 4 箱货物应在同年哪月哪日前必须卸完才没逾期？

（3）8 月 15 日甲站承运发至庚站的普通整车货物和危零货物各一批，运价里程为 2 510 km。请确定：

① 两批货物的运到期限各为多少天？

② 如整车和危零货物分别于 8 月 28 日和 8 月 31 日到站卸完，是否逾期违约？

（4）由甲站发往戊站按快运办理的易腐货物一批，运价里程为 1 782 km，运行途中经过两次补冰盐作业，则运到期限应是多少天？

一、铁路货物运输种类

铁路货物运输按照一批货物的重量、体积、性质或形状分为整车货物运输、零担货物运输以及集装箱货物运输三种类型。

1. 整车货物运输

凡是一批货物的重量、体积、性质或形状需要一辆或一辆以上铁路货车装运的，均为整车货物，简称整车。应按整车办理托运手续。

我国铁路现有的货车以大量的敞车为主，另外主要的货车还有棚车、平车、罐车、冷藏车以及专用货车。目前在国有铁路上，所有的敞车、棚车、平车、罐车、冷藏车其标记载重大多为 60 吨，棚车的容积在 117 m³ 左右。对于在地方铁路和支线上运行的货车和专用货车按地方铁路及支线上运行的货车和专用货车的标记重量、容积确定整车货物的重量和体积标准。按整车货物运输办理的货物，如重量或体积不足一辆货车的标记载重，则按所使用的货车标记载重计费。

2. 零担货物运输

对于不够按整车条件办理托运手续的货物，即其重量、体积、性质或形状都不需要单独使用一辆货车装运的一批货物（可使用集装箱运输的除外），称为零担货物，简称零担。应按零担货物办理托运手续。

作为零担货物的条件是，一件货物的体积最小不得小于 $0.02 \, m^3$（一件货物重量在 10 kg 以上的除外），每批托运（每张运单）件数不得超过 300 件。

1）不得按零担办理的货物

（1）需要冷藏、保温或加温运输的货物。

（2）规定限按整车办理的危险货物。

（3）易于污染其他货物的污秽品，如未经消毒处理的或未使用密封不漏的牲畜骨、湿毛皮、粪便、炭黑等。

（4）蜜蜂。

（5）不易计件的货物，如散、堆装货物。

（6）未装容器的活动物。但下列情况可按零担货物办理。

① 发到站在同一铁路局管辖内，并且该铁路局规定有未装容器的活动物办理零担运输的办法。

② 发站把多批同一到站的未装容器的活动物，组织成整装零担车装运。

（7）一件货物重量超过 2 吨，体积超过 $3 \, m^3$ 或长度超过 9 m 的货物（经发站确认不影响中转站和到站装卸作业的除外）。

2）零担货物的种类

根据零担货物性质和作业特点，其可分为以下几种类型。

（1）普通零担货物。简称普零货物，即按零担办理的普通货物，使用棚车装运。

（2）危险零担货物。简称危零货物，即按零担办理的危险货物，使用棚车装运。

（3）笨重零担货物。简称笨零货物，即一件重量在 1 吨以上，体积在 $2 \, m^3$ 以上或长度在 5 m 以上，需要以敞车装运的货物，以及货物的性质适宜敞车装运和吊装吊卸的货物。

3）整零车种类及其组织条件

（1）整零车种类。装运零担货物的车辆称为零担货物车，简称为零担车。零担车的到站必须是两个（普零）或三个（危零或笨零）以内的，称为整装零担车，简称为整零车。整零车按车内所装货物是否需要中转，分为直达整零车和中转整零车两种；按其到站个数，分为一站整零车、两站整零车和三站整零车三种；由上述两种方法组合，则有一站、两站、三站直达整零车和一站、两站、三站中转整零车 6 种。

直达整零车是指车内所装货物都是直接运至货物到站的整零车。中转整零车是指车内所装货物需要中转站中转才能运至货物到站的整零车。

（2）整零车组织条件。

① 一站整零车。车内所装货物不得少于货车标记载重量（简称标重）的 50% 或容积的 90%。

② 两站整零车。第一到站的货物不得少于货车标重的 20% 或容积的 30%；第二到站的货物不得少于货车标重的 40% 或容积的 60%。两个到站必须在同一最短径路上，且距离不得超过 250 km。但符合下列条件之一时，可不受距离限制。

● 第二到站货物的重量达到货车标重的 50% 或容积的 70%。

● 两个到站为相邻中转站。

● 第一到站是中转站，装至第二到站的货物符合第一到站的自然中转范围。

③ 三站整零车。危零、笨零货物不够条件组织一站或两站整零车时，可以组织同一最短径路上三个到站的整零车，但第一与第三到站间的距离不得超过 500 km。

4）零担运输组织原则

零担货物的运输组织工作应贯彻"多装直达、合理中转、巧装满载、安全迅速"的原则。从这一原则出发，凡具备直达整零车条件的货物，应组织直达整零车装运，绝不组织去某一中转站中转；不够组织直达整零车条件的，则组织中转整零车装运，且应将货物装运至《全路零担车组织计划》规定的中转站进行中转。

3. 集装箱货物运输

对于符合集装箱运输条件的所有适箱货物，也即可使用集装箱进行装载运输的货物按集装箱运输方式办理托运手续（详见工作任务六：完成铁路集装箱运输业务流程）。

二、一批货物办理条件与运到期限

1. 一批及一批货物的办理条件

"一批"是铁路运输货物的计量单位，铁路承运货物和计算运费等均以批为单位。"一批"货物代表了一份铁路货物运输合同。按一批托运的货物，其托运人、收货人、发站、到站和装卸点必须相同（整车分卸货物除外）。整车货物每车为一批。跨装、爬装及使用游车的货物，每一车组为一批。零担货物或集装箱货物，以每张货物运单为一批。采用集装箱装运的货物，必须使用同一箱型并且每批不得超过铁路一辆货车所能装运的箱数。由于运输的方法、条件或货物性质及其运输要求的不同，下列货物不能作为一批托运。

（1）易腐货物和非易腐货物（如水果与日用百货）。

（2）危险货物与非危险货物（另有规定者除外）。

（3）根据货物的性质不能混装运输的货物。

（4）投保运输险的货物与未投保运输险的货物。

（5）按保价运输的货物与不按保价运输的货物。

（6）运输条件不同的货物。

以上所述 6 种不能按一批托运的货物，在特殊情况下，如能做到保证货物安全，不影响运输组织工作和赔偿责任的确定，经铁路局承认也可按一批货物托运。

2. 整车分卸

整车分卸是为解决托运人的货物数量不够一车而又不符合按零担办理条件的货物运输。整车分卸应符合以下条件。

（1）托运的货物必须是除蜜蜂、使用冷藏车装运需要制冷或保温的货物和不易计件的货物以外的不得按零担货物托运的货物。

（2）到达分卸站的货物数量不够一车。

（3）到站必须是同一径路上两个或三个到站。

（4）必须在站内卸车。

（5）在发站装车必须装在同一货车内作为一批托运。

按整车分卸办理的货物，除派有押运人外，托运人必须在每件货物上拴挂标记，分卸站卸车后，对车内货物必须进行整理。

3. 途中装卸以及站内搬运

途中装卸是指在两个货运营业站之间的区间或不办理货运营业的车站所进行的装车或卸车作业。途中装卸货物的发站或到站，是按托运人指定的途中装卸地点的后方或前方办理货运营业的车站作为发站或到站。

货物的装卸作业均在同一车站内进行的运输，称为站内搬运。

途中装卸以及站内搬运应符合以下条件。

（1）按整车运输的货物。

（2）必须经货运计划核准。

（3）只限在铁路局管内办理。

（4）危险货物不得办理。

4. 准、米轨直通运输

准、米轨直通运输是指使用一份运输票据，跨及准轨（标准轨距 1 435 mm）与米轨铁路，将货物从发站直接运至到站的运输。

（1）下列货物不办理准、米轨间的直通运输：

① 鲜活货物及需要冷藏、保温或加温运输的货物；

② 罐车运输的货物；

③ 每件重量超过 5 吨（经商定者除外）、长度超过 16 m 或体积超过米轨装卸载限界的货物。

（2）准、米轨直通运输一批货物的重量或体积，具体规定如下：

① 重质货物重量为 30 吨、50 吨、60 吨（不符合货车增载的规定）；

② 轻浮货物体积为 60 m^3、95 m^3、115 m^3。

对于国有铁路与地方铁路实行一票直通运输时，由于二者管理体制以及收费标准不同，所以必须按《国家铁路与地方铁路货物直通运输规则》办理，实行分段计费、一次核收的办法。

5. 快运货物运输

为了适应新形势下市场经济环境变化的需要，加速铁路货物运输速度，提高货物运输质量，铁路开办了快运货物运输业务（简称快运），在全路的繁忙和主要干线上开行了快运货物列车。

1）办理快运货物运输的类型

除了不宜按快运办理的煤、焦炭、矿石等品类的货物外，按整车运输、零担运输、集装箱运输办理托运的货物，托运人都可以要求铁路按快运办理，经发送铁路局同意并切实做好快运安排，即可按快运货物办理运输。

2）按快运办理的货物必须具备的条件

（1）发站是《快运货物运输办法》中规定的郑州、上海、南昌铁路局与广铁（集团）公司所辖的有关车站。

（2）到站是深圳北站。

（3）办理的货物是整车鲜活货物。

托运人向车站托运快运货物时，必须提出快运货物运单，经批准后，车站填写快运货票。按快运办理的货物应在月度"铁路货物运输服务订单"内用红色戳记或红笔注明"快运"字样。

6. 货物运到期限

货物运到期限是指铁路将货物由发站运送至到站的最长时间天数，是根据铁路现有技术设备条件（如线路、机车、信号设备等）和运输工作组织水平来确定的。

货物运到期限由以下三部分组成。

（1）发送期间（$T_发$）为 1 d。

（2）运输期间（$T_运$）。每 250 运价公里或其未满 1 d；按快运办理的整车货物每 500 运价公里或其未满为 1 d。

（3）特殊作业时间（$T_特$）。特殊作业时间是指为某些货物在运输途中进行某种特定作业所规定需要的时间。

① 需要中途加冰的货物，每加一次加 1 d。

② 整车分卸货物，每增加一个分卸站加 1 d。

③ 准、米轨间直通运输的货物另加 1 d。

④ 运价里程超过 250 km 的零担货物和 1 吨、5 吨、6 吨型集装箱加 2 d，超过 1 000 km 加 3 d。

⑤ 一件货物重量超过 2 吨、体积超过 3 m³ 或长度超 9 m 的零担货物及危险零担货物，另加 2 d。

对于上款 5 项特殊作业时间分别计算，当一批货物同时具备几项内容或作业时，应累计相加计算。此外对《铁路运价里程表》中规定需要另加运到期限的，也应加入其内，如运到期限用 T 表示，则：

$$T = T_发 + T_运 + T_特 \qquad (2-1)$$

注意，运到期限按日计算，起码日数为 3d。

【例 2-1】 济南站承运到青岛站零担货物一件，重 2 200 kg，计算运到期限。已知运价里程为 393 km。

解：
$$T_发 = 1 \ （d）$$
$$T_运 = 393/250 = 1.572 \approx 2 \ （d）$$

运价里程超过 250 km 的零担货物另加 2 d，一件货物重量超过 2 吨的零担货物另加 2 d，故：

$$T_特 = 2 + 2 = 4 \ （d）$$

所以这批货物的运到期限为：

$$T = T_发 + T_运 + T_特$$
$$= 1 + 2 + 4 = 7 \ （d）$$

7. 铁路运送货物逾期到达有关违约金的计算

铁路运送货物的实际运到日数（用 $T_实$ 来表示）超过规定的运到期限时，即为运到逾期。运到逾期的起算时间为：从承运人（铁路车站）承运货物的次日（如指定装车日期的，则是指定装车日的次日）算起。终止时间为：货物到站后如由承运人（铁路车站）组织卸车的货物，则至卸车完了时为止；货物到站后如由收货人组织卸车的货物，则至铁路货车调送到卸车地点或交接地点时止。

逾期日数（$T_逾$）的计算公式为：

$$T_逾 = T_实 - T \qquad (2-2)$$

货物发生运到逾期，承运人应向收货人支付违约金。违约金根据逾期日数和运到期限天数，按承运人所收运费的百分比进行计算。

（1）普通货物运输逾期违约金。普通货物运输逾期违约金具体支付的百分比按表 2 - 1 和表 2 - 2 进行计算。

表 2 - 1　运到逾期 10 日及其之内违约金计算比例

违约金 运到期限 ＼ 逾期总天数（d）	1	2	3	4	5	6
3	15%	20%				
4	10%	15%	20%			
5	10%	15%	20%			
6	10%	15%	15%	20%		
7	10%	10%	15%	20%		
8	10%	10%	15%	15%	20%	
9	10%	10%	15%	15%	20%	
10	5%	10%	10%	15%	15%	20%

表 2 - 2　运到逾期 11 日及其以上违约金计算比例

逾期总日数占运到期限天数	违约金
不超过 1/10 时	为运费的 5%
超过 1/10，但不超过 3/10 时	为运费的 10%
超过 3/10，但不超过 5/10 时	为运费的 15%
超过 5/10 时	为运费的 20%

（2）快运货物运输逾期违约金。快运货物运输逾期违约金按《快运货物运输办法》规定计算，如表 2 - 3 所示。

表 2 - 3　快运货物运输逾期违约金计算比例

运价里程	逾期天数（d）	违约金计算
1 801 km 及以上	1	退还快运费的 30%
	2	退还快运费的 60%
	3	退还快运费的 100%
1 201 ～ 1 800 km	1	退还快运费的 50%
	2	退还快运费的 100%
1 200 km 及以下	1	退还快运费的 100%

注：办理快运的铁路货物应在原运费的基础上增加 30% 作为快运费。逾期的天数如按普通货物计算仍然超过规定的运到期限，则再按表 2 - 1 和表 2 - 3 计算违约金。

（3）特别规定事项。超限货物、限速运行的货物、免费运输的货物以及货物全部灭失时，若运到逾期承运人不支付违约金。从承运人发出催领通知的次日起（不能实行催领通知或会同收货人卸车的货物为卸车的次日起），如收货人于 2 d 内未将货物搬出，即失去要求承运人支付违约金的权利。

货物在运输过程中，由于下列原因之一造成的滞留时间，应从实际运到日数中扣除。

① 因不可抗力的原因引起的。

② 由于托运人的责任致使货物在途中发生换装、整理所产生的。

③ 因托运人或收货人要求运输变更所产生的。

④ 运输活动物，由于途中上水所产生的。

⑤ 其他非承运人的责任发生的。

以上 5 种情况均非承运人原因造成的滞留，发生货物滞留的车站，应在货物运单"承运人记载事项"栏内记明滞留时间和原因。到站应将各种情况所发生的滞留时间加总，加总后不足 1 d 的尾数进整为 1 d。

工作任务三　正确签订铁路货运合同

一、铁路货物运输服务订单

铁路货运合同是铁路（承运人）将货物从发站运送至到站，托运人或收货人支付运输费用的合同。托运人通过铁路运送货物时，应与铁路（即承运人）签订货物运输合同。

铁路货运合同有预约合同和承运合同两种，都属于格式条款的书面合同。在铁路运输企业办理货物运输和运输服务时使用预约合同，即"铁路货物运输服务订单"。"铁路货物运输服务订单"是铁路货物运输合同的组成部分，分为整车货物运输和零担、集装箱、班列运输两种（如表 2-4a 和表 2-4b 所示），与铁路货物承运合同，即"货物运单"，共同使用作为合同文件。"铁路货物运输服务订单"具有运输服务项目选择、报价和运力安排的功能。

托运人要求货物运输和货物运输服务时，填写"铁路货物运输服务订单"一式二份。车站对内容进行审核，按订单所提要求计算各项收费并填写报价金额。托运人对报价无异议的，对整车货物的"铁路货物运输服务订单"按铁路货运计划管理有关规定办理；对零担、集装箱、班列货物，车站根据货场能力、运力安排和班列开行日期随时受理，自主决定是否承运，在零担、集装箱、班列货物的"铁路货物运输服务订单"上加盖车站日期戳，交与托运人一份，留存一份。在实施铁路货物运输时，托运人还应按批向铁路车站递交"货物运单"。托运人填写订单或通过网络提报预约合同，一旦被批准，预约合同则成立，合同的当事人必须履行预约合同的义务和责任。

二、铁路货物运单

整车货物、零担货物和集装箱货物经铁路运输时，托运人需按要求填写货物运单一份并提交给承运人（铁路车站），经承运人审核同意并承运后承运合同即告成立，在货物交付给收货人前，承运人对货物的不完整应负赔偿责任，免责范围除外。

表2-4a 铁路货物运输服务订单（整车格式）

铁路货物运输服务订单

___年___月份

××铁路局 编号：

	发 站		名 称	略 号
提表时间：___年___月___日 要求运输时间：___日至___日 受理号码：	发货单位 盖章	省/部名称_____ 代号_____ 发货单位名称_____ 代号_____ 地址 电话		

顺号	到局： 代号：		收货单位				货物		车种代号	车数	特征代号	换装港	终到港	报价 (元/吨) (元/车)	备注
	到站	到站电报略号	专用线名称	省/部		名称	代号	品名	吨数							
				名称	代号			名称	代号							
1															
2															
3															
4															
5															
6															
7															
8															
9															

供托运人自愿选择的服务项目（由托运人填写，需要的项目打"√"） □1. 发送综合服务 □5. 清运、消纳垃圾 □2. 到达综合服务 □6. 代购、代加工装载加固材料 □3. 仓储保管 □7. 代对货物进行包装 □4. 篷布服务 □8. 代办一关三检手续	说明或其他要求事项： □保价运输	承运人签章 年 月 日

说明：1. 涉及承运人与托运人、收货人的责任和权利，按《铁路货物运输规程》办理。

2. 实施货物运输，托运人还应递交货物运单，承运人应按报价核收费用。装卸等需发生后确定的费用，应先列出费目，金额按实际发生核收。

3. 用户发现有超出国家计委、铁道部、省级物价部门公告的铁路货运价格及收费项目、标准收费的行为和强制服务、强行收费的行为，有权举报。

举报电话： 物价部门 铁路部门

表2-4b 铁路货物运输服务订单（零担、集装箱、班列格式）

铁路货物运输服务订单

🚉

_____ 年 _____ 月份

××铁路局 编号：

托运人		收货人	
地址		地址	
电话 邮码		电话 邮编	

发站		到站（局）		车种/箱型		车数/箱数	
装货地点				卸货地点			

货物品名	品名代码	货物价值	件 数	货物重量	体 积

要求发站装车期限 月 日前或班列车次 日期 月 日	付款方式

供托运人/收货人自愿选择的服务项目（由托运人/收货人填写，需要的项目打"√"）

□1. 发送综合服务	□5. 清运、消纳垃圾	□9. 海关监管货物服务
□2. 到达综合服务	□6. 代购、代加工装载加固材料	□10. 货物包装、集装
□3. 货物仓储保管	□7. 代对货物进行包装	□11. 速递到货通知上门
□4. 篷布服务	□8. 代办一关三检手续	□12. 接取送达、"门到门"运输

说明或其他要求事项：	□保价运输

承运人报价 元，具体项目，金额列后：

序号	项目名称	单位	数量	收费标准	金额（元）	序号	项目名称	单位	数量	收费标准	金额（元）

托运人/收货人签章	承运人签章	车站指定装车日期及货位：
年 月 日	年 月 日	

说明：1. 涉及承运人与托运人、收货人的责任和权利，按《铁路货物运输规程》办理。

2. 实施货物运输，托运人还应递交货物运单，承运人应按报价核收费用。装卸等需发生后确定的费用，应先列出费目，金额按实际发生核收。

3. 用户发现有超出国家计委、铁道部、省级物价部门公告的铁路货运价格及收费项目、标准收费的行为和强制服务、强行收费的行为，有权举报。

举报电话： 物价部门 铁路部门

1. 铁路货物运单的作用

铁路货物运单（如表2-5所示）是托运人与承运人之间具有运输契约性质的一种运送单据。它是为运输货物而签订的一种货运合同或货运合同的组成部分。它是确定托运人、承运人、收货人之间在运输过程中的权利、义务和责任的原始资料。铁路货物运单既是托运人向承运人托运货物的申请书，也是承运人承运货物和核收运费、填制货票以及编制记录和备查的依据。

表2-5 货物运单格式

××铁路局

货物运单

| 铁路/发货人装车 |
| 铁路/发货人施封 |

货物指定于 月 日搬入
货位：

发货人→发站→到站→收货人

领货凭证

计划号码或运输号码：

车种 车号

运到期限 日

货票第 号

货票第 号

运到期限 日

托运人填写					承运人填写						发站		
发站			到站（局）		车种车号				货车标重		到站		
到站所属省（市）自治区					施封号码						托运人		
托运人	名称			邮编	经由	铁路货车篷布号码					收货人		
	住址			电话							货物名称	件数	重量
收货人	名称			邮编	运价里程	集装箱号码							
	住址			电话									
货物名称	件数	包装	货物价格	托运人确定重量（kg）	承运人确定重量（kg）	计费重量	运价号	运价率	运费				
										托运人盖章或签字			
合计													
托运人记载事项				承运人记载事项						发站承运日期戳			

注：本单不作为收款凭证；托运人签约须知见背面

托运人盖章或签字
年 月 日

到站交付日期戳

发站承运日期戳

注：收货人领货须知见背面

2. 铁路货物运单的组成、种类

铁路货物运单由两部分组成，即货物运单和领货凭证。货物运单分为黑色印刷的现付运单和红色印刷的到付或后付运单。快运货物运单也为黑色印刷，仅将票据名称的"货物运单"改印为"快运货物运单"字样。

3. 铁路货物运单的填写

铁路货物运单的填写，分为托运人和承运人填写两部分。在运单中"托运人填写"（粗线的左侧）、"领货凭证"有关各栏及"托运人盖章或签字"栏由托运人填写，其他各栏由承运人填写。承、托双方在填记时均应对货物运单所填记的内容负责。铁路货物运单的填写要按《铁路货物运输规程》中《货物运单和货票填制方法》填写，要做到正确、完备、真实、详细、清楚、更改盖章。

（1）完整、完备。填记的事项，必须填写齐全，不得遗漏。如危险货物不但要填写货物的名称，而且还要填写其编号。

（2）正确、准确。要求所填记的内容和方法符合相关规定，如到站的站名必须填写全称。对字形类似的站名要引起特别注意，并与所属省、市、自治区相符。

（3）清晰。填写的字迹要清晰，文字要规范。应使用钢笔、毛笔、圆珠笔填写，或用加盖戳记、打字机打印或印刷等方法填写，不能用红色墨水笔填写。

（4）翔实。填写的品名应具体，有具体名称的物品不应填写概括名称。如冰箱、计算机、电视机不能填写为家电。

（5）真实。如实地填写相关内容，不得有虚假隐瞒，如货物品名不能错报、匿报。

（6）更改处理。货物运单内填写的各栏有更改时，在更改处，对属于托运人填记的事项，应由托运人在更改处盖章确认；属于承运人的记载事项的更改，应由车站在更改处加盖站名戳记确认。承运人对托运人填记的事项一般不得更改。

三、铁路货物保价运输与运输保险

1. 货物保价运输

托运人托运的货物，分为保价运输和不保价运输两种，按哪种方式运输，由托运人确定。如托运人要求按保价运输货物时，应在货物运单"托运人记载事项"栏内注明"保价运输"字样，并在"货物价格"栏内以"元"为单位，填写货物的实际价格以及全批货物的实际价格即为货物的保价金额。货物的实际价格以托运人提出的价格为准，包括税款、包装费用和已发生的运输费用。

1）货物保价费的计算确定

货物保价费按保价运输货物的保价金额，乘以适用的货物保价费率进行计算。货物保价费率采用以《铁路货物运输规程》附件"铁路货物运输品名分类与代码表"所进行的分类，将所有通过铁路运输的货物的保价费率分为5个基本等级和2个特定等级，如表2-6所示。

表2-6　保价运输货物保价费率等级

等级	一级	二级	三级	四级	五级	特六级	特七级
保价费率	1‰	2‰	3‰	4‰	6‰	10‰	15‰

货物保价费尾数不足0.1元时，按四舍五入处理，货物保价费每批起码费额零担、集装箱为0.5元，整车为2元。

2）办理货物保价运输的方法

按保价运输办理的货物，应全批保价，不得只保其中一部分。保价费率不同的货物按一批托运时，应分项填记品名及保价金额，保价费分别计算；合并填记时，适用其中最高保价费率。

车站受理一批保价金额在 50 万元及以上的整车货物、大型集装箱货物，一批保价金额在 20 万元及以上的零担货物，应在货物运单、货运票据封套或货物装载清单上加盖"⚠"戳记（或用红色书写），并在"列车编组顺序表"记事栏内注明"⚠"字样。

对⚠货物，车站应及时组织装车和挂运，运送途中严格交接检查。

对装有贵重、易盗的整车货物，各铁路局根据需要组织武装押运。押运区段由铁路局决定。

保价运输货物变更到站后，保价运输继续有效。承运后发送前取消托运时，保价费应全部退还托运人。

3）保价运输货物责任赔偿

承运人从承运货物时起至将货物交付收货人时止，对保价货物发生的丢失、短少、变质、污染、损坏承担赔偿责任。但由于不可抗力，货物本身的自然属性或合理损耗以及由托运人、收货人或押运人的过错行为造成的，承运人不承担赔偿责任。

保价运输的货物发生损失时，按照实际损失赔偿，但最高不超过保价金额。一部分损失时，按损失货物占全批货物的比例乘以保价金额赔偿；如果保额不足，则获得的赔偿金额要小于实际发生的损失。

逾期未能赔付时，处理站应向赔偿要求人支付违约金。托运人、收货人要求赔偿的有效期限为 180 d。

2. 货物运输保险

托运人可依据《保险法》和《铁路法》向保险公司办理货物运输保险。

投保运输险的货物发生事故损失时，按以下规定计算赔偿。

1）足额保险

在足额保险的情况下，保险人按实际损失赔偿，以保险金额为限。

（1）按起运地发货票或调拨单金额投保的，根据实际损失，按发货票或调拨单价格计算。

（2）按发货票或调拨单金额加运杂费投保的，根据实际损失，按发货票或调拨单价格并加运费计算。

（3）按起运地货物价值估计投保的，依定值保险按实际损失程度计算。

2）不足额保险

如果保险金额低于发货票或按调拨单价格确定的，或低于起运地实际价值而估价的，则属于不足额保险。不足额保险的货物，只能根据实际比例赔偿，所发生的施救费用也按比例赔偿。

托运人托运货物，应在货物运单的"货物价格"栏内，准确填写该批货物的总价格，根据总价格确定保险总金额，进而投保货物运输险。

承运人对投保货物运输险的货物，应在货物运单以及货票的"托运人记载事项"栏内加盖"已投保运输险，保险凭证×××号"戳记。

工作任务四　计算铁路货物运输费用

工作任务：

（1）山海关站发乌海站桥梁架一件长 16.3 m，重 39 吨，使用一辆 60 吨平车一端突出装运，另用一辆 60 吨平车做游车，请计算其运费。已知，山海关站至乌海站货物运价里程为 1 569 km，运价号为 5 号。

（2）某托运人从西安西站发往锦州站暖水瓶 5 件，搪瓷杯 10 件，共重 364 kg，总体积 1.21 m³，按总重量托运，请计算其运费。已知，西安西站至锦州站货物运价里程为 1 698 km，暖水瓶运价号为 22 号，搪瓷杯运价号为 21 号。

（3）长沙北站发往大同站一批测量仪器 7 620 kg，使用 1 个 20 ft 集装箱装运，请计算其运费。已知，长沙北站至大同站货物运价里程为 1 925 km。

铁路货物运输费用是对铁路运输企业所提供的各项生产服务消耗的补偿，也是铁路运输生产过程中所消耗的社会必要劳动量，即运输价值的体现。由于铁路运价对国家国民经济发展的影响较大，不可能在短期内完全按运输成本制定价格，目前铁路运价实际实行的是一种国家政策性价格，这是不利于铁路持续发展的特殊现象，随着市场经济和国民经济的不断发展，铁路货物运价会根据市场的要求不断进行必要的调整。

1. 货物运价的基本内容

铁路货物运价的基本内容主要由普通运价、特定运价、铁路建设基金和货物运杂费四大部分组成。

1）普通运价

（1）按货物运输种类别和货物品类别确定的运价。

① 整车货物运价。将整车货物按品类分为 1～7 个运价号，运价由按货种别（机械冷藏车货物）的每吨的发到基价和每吨公里的运行基价组成，7 号运价是由每轴公里的运行基价组成。

② 零担货物运价。将零担货物按品类分为 21～22 两个级别的运价号，运价由按货种别的每 10 kg 的发到基价和每 10 kg 乘以公里数的运行基价组成。

③ 集装箱货物运价。集装箱货物不论货物品类，只按 20 ft 箱、40 ft 箱两种箱型确定运价，由每箱的发到基价和每箱公里的运行基价组成。

（2）按运输距离远近确定的运价。铁路运输货物的运价采用的是递远递减的方法。因为，铁路运输的运输成本与运输距离的远近并非成正比关系。因此，铁路把运价拆分为发到基价和运行基价两部分。

（3）按货物运输条件不同确定的运价。由于货物性质、形状、大小等在运输要求上的不同，对铁路货物运输的组织、设备和能力的充分的利用都会产生一定的影响，故需对一批或一项货物的运输进行运价的加成或减成，采用加成率或减成率构成铁路货物运输运价的一部分。

2）特定运价

特定运价是铁路运输企业为适应交通运输市场的竞争和对国家在一定时期有关方针政策的正确贯彻和实施，而对一些特定的货物以及对某些特定的铁路企业所制定的运价。如回送货主自备货车上的装备物品、自备集装箱等以及对某些特定的铁路企业的货物运价在统一运价基础上给予一定比例的加成。

3）铁路建设基金

鉴于中国铁路运输企业的发展已严重滞后于国民经济的发展，自 1991 年起，国家决定对通过铁路运输的货物征收铁路建设基金。故加收的这部分基金实际上已成为运输费用中的一部分。

4）货物运杂费

货物运杂费是指铁路运输企业在向托运人或收货人提供辅助服务和托运人或收货人额外占用铁路设施、设备、用具、备品等所收取的补偿费用。

铁路货物运杂费应按实际发生的项目核收，不得乱收取。铁路货物运价率如表2-7所示。

表2-7　铁路货物运价率表

运输类别	运价号	发到基价		运行基价	
		单位	标准	单位	标准
整车	1	元/t	7.40	元/（t·km）	0.056 5
	2	元/t	7.90	元/（t·km）	0.065 1
	3	元/t	10.50	元/（t·km）	0.070 0
	4	元/t	13.80	元/（t·km）	0.075 3
	5	元/t	15.40	元/（t·km）	0.084 9
	6	元/t	22.20	元/（t·km）	0.114 6
	7			元/（轴·km）	0.402 5
	机冷	元/t	16.70	元/（t·km）	0.113 4
零担	21	元/10 kg	0.168	元/（10 kg·km）	0.000 86
	22	元/10 kg	0.235	元/（10 kg·km）	0.001 20
集装箱	20 ft箱	元/箱	387.50	元/（箱·km）	1.732 5
	40 ft箱	元/箱	527.00	元/（箱·km）	2.356 2

2. 货物运费的计算

根据货物运费计算步骤，可计算出国有铁路营业线上的整车货物运费、零担货物运费及集装箱运费。

1）运费计算步骤

第一，根据货物运单中的发、到站，在"货物运价里程表"中确定发、到站间的最短运价里程。

第二，根据所发送货物的名称在"铁路货物运输品名分类与代码表"中确定该批发送的货物所适用的运价号。

第三，根据发送货物所适用的运价号在"铁路货物运价率表"中确定所适用的发到基价和运行基价，并按规定确定货物的加（减）成率。

第四，根据铁道部颁发的《铁路运价规则》的规定确定计费重量、轴数或集装箱数。

第五，根据计算公式（2-3）、（2-4）和（2-5）计算出整车货物、零担货物及集装箱的运费。

运费计算公式：

$$整车货物运费 = （发到基价 + 运行基价 \times 运价里程） \times [1 \pm 加（减）成率] \times 货车标重 \tag{2-3}$$

$$零担货物运费 = （发到基价 + 运行基价 \times 运价里程） \times 计费重量 \div 10 \tag{2-4}$$

$$集装箱运费 = （发到基价 + 运行基价 \times 运价里程） \times 箱数 \tag{2-5}$$

注：

① 一批或一项货物，运价率适用两种以上减成率计算运费时，只适用其中较大的一种减成率。

② 一批或一项货物，运价率适用两种以上加成率时，应将不同的加成率相加之和作为适用的加成率。

③ 一批或一项货物，运价率同时适用加成率和减成率时，应以加成率和减成率相抵后的差额作为适用的加（减）成率。

④ 整车货物以货车标重为计费重量，单位为吨；零担货物计费重量以 10 kg 为单位，不足 10 kg 按 10 kg 计；体积折合重量时，折合重量（kg）等于 $300 \times$ 体积（m^3）；零担货物每批的起码运费为 2 元。

⑤ 计算出的运费尾数不足 1 角时，按四舍五入处理。

2）其他费用计算确定

其他费用包括铁路建设基金、新路新价均摊运费、电气化附加费、京九分流费、经过南昌铁路局管辖的新建京九铁路的京九代收费、印花税（按运费的万分之五计收）。其他费用费率如表 2 - 8 所示。

表 2 - 8　其他费用费率表

项目 / 种类	计费单位	铁路建设基金费率			新路新价均摊运费费率	电气化附加费费率	京九分流费费率	京九线代收费费率
		农药	磷矿石棉花	其他货物				
整车货物	元/（t·km）	0.019	0.028	0.033	0.011	0.012	0.006	0.039
零担货物	元/（10kg·km）	0.000 19	0.000 33		0.000 011	0.000 12	0.000 06	0.000 39
自轮运转货物	元/（轴·km）	0.099			0.003 3	0.036	0.018	0.117
集装箱 1 t 箱	元/（箱·km）	0.019 8			0.000 66	0.007 2	0.003 6	0.023 4
集装箱 5t、6 t 箱	元/（箱·km）	0.165 0			0.005 5	0.06	0.03	0.195
集装箱 10 t 箱	元/（箱·km）	0.277 2			0.009 24	0.100 8	0.050 4	0.327 6
集装箱 20 ft 箱	元/（箱·km）	0.528 0			0.017 6	0.192	0.096	0.624
集装箱 40 ft 箱	元/（箱·km）	1.122 0			0.037 4	0.408	0.204	1.326
自备箱 1 t 箱	元/（箱·km）	0.009 9			0.000 33	0.003 6	按重箱的 50% 计费	
自备箱 5t、6 t 箱	元/（箱·km）	0.082 5			0.002 75	0.03		
自备箱 10 t 箱	元/（箱·km）	0.138 6			0.004 62	0.050 4		
自备箱 20 ft 箱	元/（箱·km）	0.264 0			0.008 8	0.096		
自备箱 40 ft 箱	元/（箱·km）	0.561 0			0.018 7	0.204		

注：1. 化肥、黄磷免征铁路建设基金；棉花仅指籽棉、皮棉。

2. 整车货物中，化肥、磷矿石、棉花（籽棉、皮棉）的新路新价均摊运费费率为 0.002 1 元/（t·km）。

【例 2 - 2】某站发送 1 台总重为 21 吨的锅炉到甲站，以一辆标记载重为 60 t 的平车装运，该批货物运价号为 8 号，运价里程 1 005 km，装车后经测算为一级超限，需限速运行，运价率加成 150%，试计算该批货物运费。

解：（10.7 + 0.049 0 × 1 005）×（1 + 150%）× 60 = 8 991.75（元）

其他费用和实际发生的运杂费另计。

工作任务五　完成铁路货物运输业务流程

工作任务：

上海某制衣企业准备从上海北郊站发往广州 1 080 箱服装（40 kg/箱，0.80 m ×
0.60 m×0.45 m）。如果你是上海某制衣企业物流部业务员，请与车站相关工作人员共同操
作这批货物的托运。

铁路货物运输业务管理包括铁路货物发送作业、货物的途中作业和货物在终到站的到达
作业管理三大部分。

一、铁路货物发送作业

铁路货物发送作业包括货物的托运、货物的受理、进货和验收、承运前的保管、装车作
业、制票与承运、送票等。

1. 货物的托运

托运人向承运人提出铁路货物运输服务订单、货物运单和运输要求，称为货物的托运。

托运人向承运人托运货物，应向车站按批提出铁路货物运输服务订单两份和运单一份。
使用机械冷藏车运输的货物，同一到站、同一收货人可以数批合提一份运单。整车分卸货
物，除提出基本运单一份外，每一分卸站应另增加分卸运单两份（分卸站、收货人各一
份），作为分卸站卸车作业和交付货物的凭证。但按一批托运的货物品名过多不能在运单内
逐一填记、托运搬家货物、同一包装内有两种以上的货物以及以概括名称托运品名、规格、
包装不同又不能在运单内填记的保价货物时，还应同时提出物品清单一式三份（一份由发
站存查，一份随同运输票据递交到站，一份退还托运人）。托运人对其在运单和物品清单内
所填记的事项负责，匿报、错报货物品名、重量时应按照规定支付违约金。

2. 货物的受理

托运人提出货物运输服务订单及货物运单后，经承运人审查符合铁路运输条件和要求
时，承运人在货物运单上签订货物搬入车站日期或装车日期的业务过程即为货物的受理。

1）车站审查托运人提出的货物运单时的主要内容

（1）货物运单内填记的事项是否符合铁路运输条件；货物运单各栏填写是否齐全、正
确、清楚；领货凭证与货物运单的相关栏内容是否一致。

（2）整车货物有无批准的计划号码，计划外运输有无批准命令；按承运日期表运输的
零担货物和集装箱货物是否符合日期表所规定的去向；货物（集装箱）到站的营业办理有
无限制，包括有无临时停限装命令，有关车站的起重能力是否足够；到站、到局和到站所属
省、市、自治区是否相符；货物名称是否正确；有无违反一批托运的限制；托运易腐货物和
"短寿命"放射性货物时，其容许运输期限是否符合要求；需要声明事项是否在"托运人记
载事项"栏内注明，如派有押运人的货物，托运人应在"托运人记载事项"栏内注明押运
人姓名、证明文件名称和号码；需要的证明文件是否齐全有效。根据中央或省、市、自治区
法令需要证明文件运输的货物，托运人应将证明文件与货物运单同时提出并在货物运单

"托运人记载事项"栏注明文件名称和号码。

（3）承运人在证明文件背面应注明托运数量并加盖车站日期戳后，退还托运人或按规定留发站存查。

2）托运人须出具证明文件的情况

托运人须出具证明文件的情况包括以下几点。

（1）管制物资，如麻醉品、枪支、民用爆炸品等货物必须提出药政管理或公安部门的证明文件。

（2）卫生检疫，如种子、苗木、动物和动物产品，应提出动植物检疫部门的证明文件。

（3）运输归口管理物资，如烟草、酒类应提出有关物资管理部门的证明文件。

（4）进出口货物，需要提供进出口许可证。

托运人在向车站提交货物运单时如提不出这类证明文件时，铁路可拒绝受理。托运人对其上述托运货物所提出的证明文件的真实性应负责。

3）车站签证的方法

经车站审查符合铁路运输条件和要求后，车站便可进行签证，方法如下。

整车货物：如在车站内装车，则在货物运单上签订计划号码、货物搬入日期以及地点，将货物运单交还托运人，托运人凭此搬入货物；如在专用线装车，则在货物运单上签订计划号码以及装车日期，将货物运单交给指定的包线货运员，按时到装车地点检查货物。

零担货物和集装箱货物：在货物运单上签订运输号码、搬入日期以及地点，将货物运单交还托运人，托运人凭此搬入货物。车站加盖受理章以及经办人的名章。

对危险货物、易腐货物、超限货物，车站应加盖有关表示该货物性质或运输要求及注意事项的戳记。

对办理海关、检疫手续及其他特殊情况的证明文件以及有关该批货物数量、质量、规格等方面的一些单据，托运人可委托承运人代递至到站交给收货人。托运人对委托承运人代递的有关文件或单据，应牢固地附在货物运单上，并在货物运单"托运人记载事项"栏内记明代递文件或单据的名称和页数。

3. 进货和验收

托运人根据车站签订的货物运单，按指定日期将货物搬入车站整齐堆放在指定的货位上，称作进货。

托运人进货时，车站货场有关人员应根据托运人携带的货物运单核对搬入的货物是否符合签订的搬入日期以及货物品名与现货是否相符等，经检查无误后，方准搬入货场。

车站货运员按照货物运单的记载，进行现货检查，确认托运人的货物符合运输条件和要求并同意托运人将货物搬入货场指定地点的作业过程，称作验收。

车站在验收货物过程中，应检查货物的名称、件数是否与运单的记载相符；货物的状态是否良好，是否影响货物安全，若货物的状态对货物安全不会产生影响，可请托运人在货物运单内具体注明后再接收；货物的运输包装是否符合规定，在货物包装上是否做好包装储运图示标志和其他标志，如货物的包装不符合运输要求，应请托运人处理后再接收；货物的标签、标志是否齐全、正确。

车站在验收托运人托运的零担货物时，应检查每件货物的明显处是否设置了标记；对托运的行李、搬家货物除使用布质、木质、金属等坚韧材料的标记或书写标记外，是否在货物包装内部也放置了标记标签；现货与物品清单是否相符。

车站在验收按件数承运的货物时，应对照货物运单清点件数。集装箱货物还要核对箱号、封号，检查施封是否正确、有效。

车站在验收需要使用装载加固装置或加固材料的货物时，应按规定检查装载加固装置和加固材料的数量、质量、规格。对超限、超长、集重货物，应按托运人提供的技术资料复测尺寸。装载加固装置（如禽畜架、篷布支架、粮谷挡板、饲料用具、防寒棉被、苫盖物品等）和货物加固材料（如垫木、挡木、三角挡等）均由托运人准备，并应在货物运单"托运人记载事项"栏内记明其名称和数量，在到站连同货物一并交付收货人。

4. 承运前的保管

经车站验收完毕的货物，由于有一个按装车计划调运适货空货车到装车点进行装车的过程，一般情况下不能立即装车，需要在车站场库内存放一段时间，车站在这段时间内对货物的保管称为承运前的保管。

对于整车货物，如发站实行承运前的保管责任，则从收货完毕并填发收货单证时起，即承担货物承运前的保管责任，铁路对货物的运输也从此时开始负责。如发站不实行承运前的保管责任，则车站可通知托运人对货物进行自行看管。

对于零担货物和集装箱运输的货物，车站从收货完毕时起即担负保管责任。

5. 装车作业

在铁路货物发送作业中，装车是一个重要环节。其对提高货物运输质量、提高货车利用率、提高运输途中作业和到达作业效率具有重要作用。

1）装（卸）车作业责任的划分

货物装车或卸车的组织工作，在车站公共装（卸）场所之内进行货物的装（卸）作业，由于承运人有较好的装卸装备和完善的作业制度，一般由承运人负责；对于在车站公共装（卸）场所之外进行货物的装（卸）作业，装车由托运人、卸车由收货人负责。若一些货物的装（卸）作业需要用特种用具或技术，即使货物的装（卸）作业在车站公共装（卸）场所之内进行，仍然由托运人或收货人负责。例如，罐车运输的货物，冻结的易腐货物，未装容器的活动物、蜜蜂、鱼苗等，一件重量超过1吨的放射性同位素及用人力装卸带有动力的机械和车辆。此外，其他由于货物性质特殊，如托运人或收货人提出要求，经承运人同意，也可由托运人或收货人组织装（卸）车，如气体放射性物品、尖端保密物资、特别贵重的展览品、工艺品等。

由托运人或收货人组织装（卸）车的货车，车站应在货车调到装（卸）车地点前，将调到的时间通知托运人或收货人。托运人或收货人应在装（卸）作业完了后，及时将装（卸）车完了的时间通知车站。

托运人、收货人负责组织装（卸）的货车，如果超过规定的装（卸）车时间标准或停留时间标准，承运人应按规定向托运人或收货人核收货车延期使用费。

2）货车的调配使用

在货车的调配使用中，车种适合货种是必须遵守的原则，并应注意做好以下几项工作。

（1）货车的使用应符合《铁路货物装载加固规则》中"货车使用限制表"的规定。

（2）承运人按货运合同约定的车种拨配适当的车辆供托运人装运货物。托运人在向承运人提出的铁路货物服务订单内已根据货物的性质注明了需用的车种和标记载重量。货物服务订单一经批准，表内所列车种和标记载重量即为双方约定的车种。托运人在向车站提交货物运单托运货物时，还需将所要求的车种、吨位在货物运单"托运人记载事项"栏内再次注明。承运人根据当时车源情况，按照月计划所约定的车种，调配容积、载重量大体相当的货车供托运人装运货物。

（3）货车的代用规定。如果承运人没有适当的货车调配，应在征得托运人同意，并能保证货物安全和装卸作业方便的条件下才可以代用。对保密物资、涉外物资、精密仪器、展览品、怕湿和易盗、丢失的货物根据其性质能使用棚车装运的，必须使用棚车，不得代用。但由于其形状、体积等条件不能装入棚车的，也可用托运人所要求的车种装运。

（4）毒品专用车和危险品专用车不能用于装运普通货物。

3）装车前的检查

装车前应对货物运单、待装货物、调配货车的技术状态、卫生、清洁状况进行检查。

装车前应再次检查运单所填记的内容是否符合运输要求，有无漏填和错填的内容；根据货物运单所填记的内容核对待装货物品名、件数、包装，检查标志、标签和货物状态是否符合要求，对于集装箱还需检查箱体、箱号和封印是否完整；检查货车是否符合使用条件，货运状态是否良好。主要检查车体、车门、车窗、盖、阀是否完整良好，车内是否干净，车内有无恶臭、异味；检查货车定检是否过期，有无扣修通知、色票、货车洗刷回送标签或通行限制。通过检查，若发现不符合使用的情况时，应采取适当措施，必要时予以更换。

4）装车作业的基本要求

装车作业不论由谁组织，其基本要求都是要充分利用货车的载重量，提高货车的净载重，以提高货车的利用率，缩短货车的周转时间。

装车前，货运员应随时与车站值班员联系，了解送车时间，做好装车准备。装车作业前，货运员应根据货运调度员下达的装车计划向全体装卸人员介绍装车计划内容，包括货物性质、堆放货位、货物件数和装车时应注意的事项，并共同研究装载方法，保证货物及人身安全。

装车作业时，要求安全、迅速、满载，装车作业中无论谁负责装车都应遵照装载加固技术条件进行装载。

5）装车后作业

装车后作业主要是指货车和集装箱的施封、苫盖篷布、插挂车辆表示牌、装车后检查及运输票据的填写等。

（1）货车和集装箱的施封。使用棚车、冷藏车、罐车、集装箱运输的货物都应施封，但派有押运人的货物、需要通风运输的货物以及组织装车单位认为不需施封的货物（集装箱运输的货物除外）和托运的空集装箱可以不施封。

施封人，原则上是由组织装车（或装箱）单位在车（或集装箱）上施封。托运人委托承运人代封时，托运人应在运单上注明"委托承运人施封"字样，并由承运人以托运人责任施封，并核收施封费。

采用的施封器具有铅封、施封环、施封锁三种。对车门门鼻插销孔小于施封环环带宽度的货车暂准继续使用铅封施封。5吨以上集装箱必须使用施封锁施封。

需要施封的货车应用10号铁线将两侧车门上部门扣和门鼻拧紧，在每一车门下部门扣处各施封施封器一个。罐车应在灌油口和排油口施封，并用铁线拧紧。集装箱在右侧箱门把手锁件施封孔施施封锁（环）一个。

施封后，应在相应的运单、货票、票据封套和货车装载清单上记明，且记明施封号码。

施封及拆封的技术要求，应按《货车和集装箱施封拆封的规定》办理。

（2）苫盖篷布。使用敞、平车装运易燃、怕湿货物，使用篷布时应使用质量、状态良好的篷布，要苫盖严密、捆绑牢固。绳索余尾长度不超过 300 mm。两块篷布的接缝要顺向（按运行方向）压紧，且注意不能遮盖车号、车牌和手闸。使用篷布的货车，应将篷布号码记入运单内。到达专用线或专用铁路的铁路货车篷布，收货人应于货车送到卸车地点或交接地点的次日起 2 d 内送回车站。超过规定时间，核收篷布延期使用费。

（3）插挂车辆表示牌。装车完毕后，按货物性质规定需要插挂表示牌的车辆，应在货车两侧插挂相关表示牌。表示牌对车站调车作业人员具有提示性的作用，以保证车内所装货物在运输途中和在始发及终到站的调车作业中的安全。

（4）装车后检查。为保证正确运输货物和行车安全，货运员还需进行装车后的检查工作，此项工作是装车作业的最后工作。具体检查内容如下。

检查车辆装载。主要检查有无货物超重、偏重、超限现象，装载是否稳妥，货物捆绑是否牢固，施封是否符合要求，表示牌插挂是否正确；对装载货物的敞车，要检查车门插销、底开门搭扣是否扣上，篷布苫盖、捆绑情况是否完好；对装载超限、超长、集重货物还要检查是否按预定的装载加固方案进行装载加固，对超限货物还应按装载方案测量装车后的尺寸，以保证运行途中的安全。

此外，还需检查车辆的门、窗、盖、阀、端侧板是否关闭严密；对需要停止车辆制动机作用的货物是否通知有关人员关闭了制动支管上的截断塞门。

检查货物运单和货位。检查有无误填和漏填，车种、车号和货物运单、货运票据封套记载是否相符；检查货位有无误装或漏装的情况。

经检查符合要求后，即可将票据移交货运室，同时将装车完了时间通知车站值班员室或货运调度员，以便取车、挂运。

（5）填写运输票据。为便于交接和保持运输票据的完整性，下列货物的运输票据使用货运票据封套（简称为封套），封固后随车递送：国际联运货物和以车辆寄送单回送的外国铁路货车，整车分卸货物，一辆货车内装有两批以上的货物，以货运记录补送的货物，附有证明文件或代递单据较多的货物。

封套上各栏应按实际情况填写并加盖车站站名戳记和带站名的经办人章。一车有两个以上到站的封套，"货物到站"栏应按到站顺序填写站名，并应写明顺序号码。途中各到站卸车后抹去本站站名和与前方卸车站无关的事项，填写需要增加的内容，并在更改处加盖带有站名的经办人章。整零车封套的"运单号码"栏只填写"内装票据×××份"，"货物品名"栏填记"整零"。

国际联运进口（或过境）货车封套的"发站"栏填记进口国境站名，出口（或过境）货车封套的"货物到站"栏填写出口国境站名，并均应在站名下标一"⑩"字。

装运鲜活货物时，应在封套的"记事"栏内注明"活动物"和"易腐货物"字样，易腐货物还应填记标记。装运危险货物和其他指定急需挂运的货车，应在"记事"栏内加盖红色"急运"戳记。装运属于⚠的保价货物，应在"记事"栏内填记⚠标志。有关货车编组、解体、挂运时应注意的其他事项，包括规定的标记、符号，也应在"记事"栏内注明。

封套内运输票据的正确完整由封固单位负责。除卸车站或出口国境站外，不得拆开封套。当运输途中发生特殊情况必须拆开封套时，由拆封套的单位编制普通记录证明（附入封套内），并再进行封固，在封口处加盖有单位名称的经办人名章。

货车装载清单是装车货运员对同一车内装载货物的完整而真实的记录。需填写货车装载清单的货物有：整车国际联运出口货物和过境货物，发站（进口国境站）应填制货车装载清单一份，随同货车送至到站（或出口国境站）；水陆联运货物；整零车和集装箱运输的货物。

6. 制票与承运

制票是指根据货物运单由车站货运室填制的货票。

整车货物在装车后，零担货物在过秤验收完后，集装箱货物在装箱后或接收重箱后，货运员将签收的运单移交给货运室填制货票，核收运输费用。

1）货票的性质、作用、种类和组成

货票，是铁路运输货物的凭证，也是一种财务性质的票据。货票在铁路运输过程中是清算运输费用、确定货运进款、确定货物运到期限、统计铁路所完成的工作量以及计算有关货运工作指标的依据，也是承运货物的依据和交接运输凭证，托运人支付运输费用的收据。

货票一式四联。甲联为发站存查联，如表 2-9 所示，每日按顺序订好，作为承运货物的依据。乙、丙联样式与甲联相同。乙联为报告联，由发站报发后，每日按顺序订好，作为审查统计的原始资料，也是铁路局间经济核算的依据；丙联为报销联，托运人交纳运输费用后，由发站交给托运人，作为报销的依据。丁联为运输凭证，由发站随货物递交到站，到站由收货人签章交付，作为完成货运合同的唯一依据；到站于交付货物后，按日装订存查，作为卸货和 18 点卸车数统计依据之一。

表 2-9　货票甲联格式

计划号码或运输号码

×× 铁 路 局

货物运到期限　日　　货　票　　甲联　发站存查　No

发站		到站（局）		车种车号		货车标重		承运人/托运人　装车	
托运人	名称			施封号码				承运人/托运人　施封	
	住址		电话	铁路货车篷布号码					
收货人	名称			集装箱号码					
	住址		电话	经　由			运价里程		
货物名称	件数	包装	货物重量（kg）		计费重量（kg）	运价号	运价率	现　付	
			托运人确定	承运人确定				费别	金额
合计									
记事项							合计		
车站承运日期戳						经办人盖章			

货票也分为现付和到付（或后付）两种，其印刷颜色也分别为黑色和红色。到付（或后付）货票的甲、乙、丁三联的用途和现付货票的甲、乙、丁三联相同，丙联却不同。到

付货票的丙联，随货物送至到站，到站收完运输费用后，报主管财务部门。后付货票的丙联则随货票乙联直接寄至财务处。

现付的运输费用，托运人应在发站承运货物当日支付，对 18：00—24：00 间装车的货物，考虑到银行和各企业单位的办公时间，可以在次日支付，但应在货票承运日期戳下注明"翌"字。由于临时发生抢险救灾、防疫等情况，在发站承运时支付确有困难的，经发送铁路局承认后，可以后付或在到站由收货人支付。

2）填制货票

填制货票由货运室内勤核算货运员和制票货运员共同进行办理，可手工也可进行微机制票。零担货物和集装箱货物是先制票后装车，整车货物是先装车后制票或平行作业。

内勤核算货运员根据外勤货运员交来的运单进行检查，确认无误后，计算运输费用，然后交制票货运员制票。手工制票时，运单内所记各栏应认真抄于货票相应栏内，不得简略、遗漏。

填制货票后，应向托运人收款并在运单、领货凭证、运单与领货凭证接缝处和货票上加盖车站日期戳，然后分别处理运单和货票。

零担货物和集装箱货物，由发站接收完毕，整车货物装车完毕发站在货物运单上加盖车站日期戳时起，即称为承运。承运标志着运输合同成立，标志着托运人的货物进入了铁路运输过程，铁路开始承担运输义务并承担运输上的一切责任。

7. 货物的押运

由于有些货物的性质特殊，在运输过程中需要加以特殊防护和照料，因而需派押运人押运。需派人押运的货物有以下几种。

（1）活动物（包括活鱼、鱼苗、蜜蜂、家禽等）。

（2）需要浇水运输的鲜活植物。

（3）需要生火加温运输的货物。

（4）挂运的机车和轨道起重机。

（5）特殊规定应派押运人的货物，如军火、尖端保密物资及《铁路危险货物运输规则》规定需要押运的危险货物、外形尺寸比较复杂的超级超限货物等。

押运人数，除特定者外每一批货物不应超过 2 人。托运人要求增派押运人或对上述以外的货物要求派人押运时，须经承运人承认。

派有押运人的货物，应由托运人在运单内注明押运人姓名和证明文件名称及号码，经发站审核后发给押运人须知，并在货票甲联注明，由托运人签收，对押运人核收押运人乘车费。

二、铁路货物发送作业流程

铁路货物发送作业包括货物的托运、货物的受理、进货和验收、承运前的保管、装车作业、制票及承运、货物的押运等。各作业的顺序、项目、作业内容构成了货物发送作业流程。包括整车货物、零担货物和集装箱货物发送作业流程。

1. 整车货物发送作业流程

整车货物发送作业流程如表 2-10 所示。

表 2 - 10　整车货物发送作业流程

顺序	项目	作 业 内 容
1	货物的托运	发货人向车站货运营业室提出已审定的货物运输服务订单、提交货物运单
2	货物的受理	货运营业室根据批准的月度运输计划核对运单填写是否正确并符合有关规定，如确认可以承运，即予签证，并指定货物搬入日期、地点
3	进货和验收	发货人将货物搬入车站，货运员按照运单验收货物并发收货证给发货人
4	保管	货物在装车前的保管
5	装车作业	货物的装车及对需要施封的货物进行施封
6	制票及承运	制票核算货运员填制货运票据，核收运输费用，在运单上加盖站名日期戳，承运开始
7	送票	货运营业室整理货运票据并送达车站运转室

2. 零担货物发送作业流程

零担货物发送作业流程如表 2 - 11 所示。

表 2 - 11　零担货物发送作业流程

顺序	项目	作 业 内 容
1	货物的托运	发货人向车站货运营业室提出已审定的货物运输服务订单、提交货物运单
2	货物的受理	货运营业室核对运单填写是否正确并符合有关规定，如确认可以承运，即予签证，并指定货物搬入日期、地点
3	进货和验收	发货人将货物搬入车站，货运员按照运单验收货物并在运单上签字交发货人，对需要检斤的货物应进行检斤，并在货物运单上填记货物重量
4	制票及承运	制票核算货运员填制货运票据、核收运杂费，在运单上加盖站名日期戳，承运开始
5	保管	货物在装车前的保管
6	装车作业	货物的装车及对需要施封的货物进行施封
7	送票	货运营业室整理货运票据并送达车站运转室

3. 集装箱货物发送作业流程

见工作任务六：完成铁路集装箱运输业务流程。

三、货物的途中作业

货物从铁路车站发出后，在运输途中的铁路车站上需要进行的各项货运作业，称为货物的途中作业。货物的途中作业主要包括货物的途中交接和检查、货物的换装整理、货运合同的变更或解除、运输阻碍的处理等。

为保证货物安全和行车作业安全，对运输途中的货物及车辆和运输票据，列车乘务人员与车站间、列车乘务人员间都应在铁路局指定的地点和时间进行交接和检查，以分清运输责任，并按规定处理。

1. 运输途中货物的交接、检查

运输途中货物交接、检查的内容包括：列车中货物的装载、加固状态；车辆篷布苫盖状态；施封及门、窗、盖、阀关闭情况；票据及车辆的完整情况。

对于罐车和集装箱封印、苫盖货物篷布顶部、集装箱顶部、敞车装载的不超出端侧板货物的装载状态，在途中不进行交接检查，如接方发现有异状，由交方编制记录后接收。

发现重罐车盖开启，车站负责关好，并由交方编制记录证明。在发站和中途站发现空罐车、加冰冷藏车冰箱盖上盖张开，要及时关闭。

运单、封套上的到站、车号、封印号码各栏，不得任意涂改。在装车站（含分卸站）、换装站、变更处理站因作业需要或填写错误时，应按规定更改。

整车货物变更到站时，处理站应对该车的装载加固情况进行检查，对施封货车应检查封印是否完好，站名、号码是否与票据相符。

如在运输途中发生运输票据丢失时，丢失单位或处理站应编制普通货运记录，继续运行至到站并及时拍发电报向有关车站查询。如全列车运输票据丢失时，还应于当日上报主管铁路局。被查询的车站接电后，均应于48h内电复或继续查询。发站接到查询电报后，48h内应按货票内容拍发电报并将货票抄件寄送至到站进行处理。

货物在运输途中，由于货物本身、车辆技术状态或自然灾害等原因发生货车滞留，在站滞留时间达到48h应拍发电报，通知发到站；必要时，应抄送有关铁路局。

2. 货物的换装整理

装载货物的车辆在运送过程中发生可能危及行车安全和货物完整情况时所进行的更换货车或货物整理作业，称为货物的换装整理。

当发现货车偏载、超载、货物撒漏、因车辆技术状态不良不能继续运行、或货物装载有异状、加固材料及状态不良、车辆篷布苫盖状态存在隐患、列车通行区段有限制等情况时，发现站（或指定站）应及时换装或整理，并在货票丁联背面记明有关事项。

换装时应选用与原车种和标重相同的货车，并按照货票核对货物现有数量及状态，如数量不符或状态有异，应编制货运记录。换装后，应将运单、货票、封套上的车种、车号等有关各栏，予以订正。

换装或整理的费用，属于铁路责任的，由铁路内部清算；属于托运人责任的，处理站应填发垫款通知单，随同运输单据递送至到站，向收货人核收。

换装整理的时间一般不应超过48h，48h内未能换装整理完毕时，换装站应及时通知到站，以便收货人查询。

编组站、区段站对扣留的换装整理的货车应进行登记，按月汇总报主管铁路局，同时通知有关铁路局。货物换装整理所需要的加固材料由车站购置，以成本列支并保证满足使用需要。

3. 货运合同的变更或解除

铁路已承运的货物，托运人在发送前向铁路提出取消托运，或托运人、收货人提出变更到站或变更收货人的书面要求，称为货运合同的变更或解除。

1）货运合同的变更

托运人或收货人由于特殊原因对承运后的货运合同提出变更要求，称为货运合同的变更。货运合同可变更收货人、变更到站。

（1）变更收货人。货物已经装车挂运，托运人或收货人可按批向货物所在的中途站或到站提出变更收货人。

（2）变更到站。货物已经装车挂运，托运人或收货人可按批向货物所在的中途站或到站提出变更到站。

由于货运合同的变更将打乱正常的运输秩序，降低货物运输计划的质量，还会产生增加货车停留时间，增加作业成本和费用，延迟货物的到达等不良情况，故货运合同的变更应加以限制。对违反国家法律、行政法规；违反物资流向；违反运输限制；蜜蜂运输；变更到站后的货物运到期限大于容许运输期限；变更一批货物中的一部分；第二次变更到站，这些情况的货运合同的变更，铁路不予办理。

托运人或收货人要求变更货运合同时，应提出领货凭证和货物运输变更要求书，提不出领货凭证时，应提出其他有效证明文件，并在货物运输变更要求书内注明。

货运合同变更由到站或货物运送途中的中途站受理。受理站应报主管铁路局同意。在办理变更手续时车站必须认真检查变更内容、原票据记载事项以及货物运到期限等，确认无误后再予变更。

车站在处理变更时，应在货票记事栏内记明变更的根据，改正运输票据、标记等有关记载事项，并加盖车站日期戳或站名章。变更到站时，并应电知新到站及其主管铁路局收入检查室及发站。

2）货运合同的解除

整车货物和大型集装箱货物在承运后挂运前，零担货物及其他型集装箱货物在承运后装车前，托运人可向发站提出取消托运，经承运人同意，货运合同即告解除。解除合同，发站退还全部运费与押运人乘车费，托运人按规定支付保管费等费用。

4. 运输阻碍的处理

因不可抗力的原因致使行车中断，货物运输发生阻碍时，铁路局对已承运的货物，可指示绕路运输；或者在必要时先将货物卸下，妥善保管，待恢复运输时再行装车继续运输，对所需装卸费用，由装卸作业的铁路局负担。因货物性质特殊（如活动物、易腐货物、危险货物等）绕路运输或卸下再装，如造成货物损失时，车站应联系托运人或收货人，请其在要求的时间内提出处理办法；超过要求时间未接到答复或因等候答复使货物造成损失时，可比照国家颁发的《关于港口、车站无法交付货物处理办法》进行处理，所得剩余货款（在缴纳装卸、保管、运输、清扫、洗刷除污费后）通知托运人领取。

四、货物的到达作业

随同货物列车到达车站的货车，在到达站的到发线上进行完有关技术作业后，将被送到作业地点，进行装卸作业。货物在到站所进行的各项货运作业，称为货物的到达作业。

1. 车辆和票据的交接

到达到站卸车的重车，在到达站的到发线上，车站有关人员应及时进行现车的核对、货运检查、与列车乘务员（司机）办理车辆和票据的交接。交接完毕后，车站调度室或车号室应及时将到达本站卸车的重车票据资料整理、分类并登记后移交给车站货运营业室，由货运营业室根据货物到达票据，核算出货物在途和在到站发生的有关费用，在货物交付前，向收货人结算。

2. 货物的卸车作业

1）卸车前检查

为保证卸车作业的顺利进行，防止误卸，并确认货物在运输过程中的完整状态，卸车货运员应在卸车前认真做好以下三方面的检查，以分清货运责任。

（1）货位的检查。主要检查货位能否容纳下待卸的货物、货位的清洁状况、相邻货位上的货物与卸下货物性质有无抵触，以确定卸车地点和调送车顺序。

（2）运输票据的检查。主要检查运输票据记载的到站与货物实际到站是否相符，与卸车计划是否相符。

（3）现车的检查。主要检查车辆技术状态、篷布苫盖、货物装载状态有无异状，施封是否完好；车辆与运输票据是否相符，如有不符或异状，应先编制记录并进行处理，然后卸车。

2）卸车作业

卸车作业时，必须保证运单、货票、实际货物"三统一"。货运员要对施封的货车正确拆封，并会同装卸工组正确开启车门或取下苫盖的篷布；要根据运单清点件数，核对标记，检查货物状态，对集装箱货物应检查箱体，核对箱号和封印；要严格按照《铁路装卸作业技术管理规则》及有关规定进行作业，合理使用货位，按规定堆码货物；要轻拿轻放，注意包装储运图示标志；堆码要整齐牢固，防止倒塌；要将一批货物堆放在一起，计件货物做到层次分明；对堆放在场地上的怕湿货物，应垫防湿枕木，码垛成屋脊形，并苫盖好篷布；对堆放在装卸场所内的货物，应距离货物线钢轨外侧 1.5 m 以上；对于事故货物要编制记录；要注意作业安全，加快卸车速度。

3）卸车后检查

（1）运输票据的检查。主要检查票据上记载的货位与实际堆放货位是否相符；货票丁联上的卸车日期是否填写；随票据一同递交到站的垫款通知书等单据是否完整。

（2）货物检查。主要检查货物件数与运单记载是否相符；堆码、防火及防湿措施是否符合要求；卸后货物安全距离是否符合规定；取下的篷布是否整理并送往规定地点；货物装车用的加固材料、装置是否已整理好并存放在规定地点。

（3）卸后空车检查。主要检查车内货物是否卸净和是否清扫干净；门、窗、端侧板是否关闭严密；失效的表示牌是否撤除等。

3. 货物的催领、暂存、交付和搬出

1）货物的催领通知

为了加速货位周转，提高货位利用率，提高货场、仓库作业能力，货物到达后，承运人应向收货人发出催领通知。发出催领通知的时间应尽可能早。承运人组织卸车的货物，到站应不迟于卸车完了的次日内，向收货人发出催领通知并在货票内记明通知的方法和时间，以凭其计算货物免费保管期间。

收货人在到站查询所领取的货物未到时，到站应在领货凭证背面加盖车站日期戳证明货物未到。

货物运抵到站，收货人应及时领取。拒绝领取时，应出具书面说明，自拒领之日起，3 d 内到站应及时通知托运人和发站，征求处理意见。托运人自接到通知次日起，30 d 内提出处理意见答复到站。

2）货物的暂存

对到达的货物，铁路义务提供一定的免费保管期间。免费保管期间规定为：承运人组织卸车的货物，收货人应于承运人发出催领通知的次日（不能实行催领通知或会同收货人卸车的货物为卸车的次日）起算，两日（铁路局规定一日的为一日）内将货物搬出，不收取保管费。超过此期限未将货物搬出，对其超过的时间核收货物暂存费。

根据各地具体情况，铁路局可以缩短免费保管期间 1 d，也可自收该费的第 4 日起上浮货物暂存费率，但上浮幅度最大不得超过规定费率的 2 倍，并报铁道部备案。车站站长可以适当延长货物免费暂存期限。

3）货物的交付

货物交付包括票据交付和现货交付。

收货人持领货凭证和规定的证件到货运营业室办理货物领取手续，在支付费用和在货票丁联盖章或签字后，留下领货凭证，在运单和货票上加盖到站交付日期戳，然后将运单交给收货人，凭此领取货物。如收货人在办理取货手续，而领货凭证未到或丢失时，机关、企业、团体应提出本单位的证明文件；个人应提出本人居民身份证、工作证或户口簿或服务所在单位（或居住单位）出示的证明文件。用本人的居民身份证、工作证或户口簿作证件时，车站应将姓名、工作单位名称、住址及证件号码详细记载在货票丁联上；用证明文件时，应将领取货物的证明文件粘贴在货票丁联上。

货物在运输途中发生的费用（如包装整修费、托运人责任的整理或换装费、货物变更手续等）和到站发生的杂费，在到站应由收货人支付。

现货交付即承运人向收货人点交货物。收货人持货运营业室交回的运单到货物存放地点领取货物，货运员向收货人点交货物完毕后，在运单上加盖交付戳记，并记明交付完毕的时间，然后将运单交还给收货人，凭此将货物搬出货场。

交付完毕的时间规定为：承运人组织卸车的货物，向收货人点交货物后即表明交付完毕；收货人组织卸车的货物，在货车交接地点交接完毕，即为交付完毕。

4）货物的搬出

收货人持加盖货物已交付戳记的运单将货物搬出货场，门卫对搬出的货物应认真检查品名、件数、交付日期与运单记载是否相符，经确认无误后放行。

4. 无法交付的货物及其处理

1）无法交付货物

经铁路承运后，由于各种原因，虽经承运人多方寻找，仍未能交给正当收货人或未能退还托运人的货物称为无法交付货物。

无法交付货物包括以下几种。

（1）超过规定期限无人领取的货物。即从承运人发出催领通知次日起（不能实行催领通知时，从卸车完了的次日起）经过查找，满30 d（搬家货物满60 d）仍无人领取的货物或收货人拒领，托运人又未按规定期限提出处理意见的货物。

（2）车站发现的无票货物。运单上的收货人、托运人姓名不清、地址不详，经查询仍无法查明的货物。

（3）运输途中拾得无标记的货物。

（4）公安部门破获盗窃案件中收回的找不到货主的运输物资。

（5）车站清理场库时收集整理的货底。

（6）进口货物在口岸站按提货单向收货人或其代理人交清运出后，经过核实多出的无法查明收货人或无人领取的货物。

（7）根据规定按无法交付货物处理的货物。

2）无法交付货物的处理

对无法交付货物应坚持"妥善保管、物归原主、合法移交"的处理原则，并认真做好以下工作。

（1）应建立台账，在发生或发现无法交付货物的当日，进行登记，编制货运记录，妥善保管，不得乱动。

（2）在保管期间要千方百计寻找线索，采取互通情报、交换资料等方法，努力使其物归原主。

（3）对无法交付货物中的鲜活、易爆、易燃、剧毒、放射性等货物，车站应单独开列清单，立即报当地县（含县）以上发改委批准处理，在当地发改委作出处理决定前，车站如发现货物有变质、燃烧、爆炸和泄漏等危险时，可先行处理，事后报告。

（4）各站对上述以外的其他无法交付货物也应及时开列清单，按事故货件回送铁路局指定的集中处理站。由铁路局批准后，报地（市）以上（含地、市）发改委有关部门（交委、交办）审核批准处理。

（5）无法交付货物由车站向有关物资单位移交，但进口货物要先有偿交给外贸部门。军事物资、历史文物、珍贵图书、重要资料和违禁物品等，应分别向省（军）级的军事、公安、文化等主管部门无价移交，不得交给其他单位。

物资主管部门接到移交通知后，一个月内完成接收工作。过期不接收时，经县（含县）以上发改委批准，由车站负责处理。

（6）无法交付货物由当地发改委有关部门本着按质论价原则进行处理。对价格有不同意见时由当地物价部门裁决。

（7）处理无法交付货物所得货款应先扣除该货物的运输、装卸、储存、清扫、洗刷、广告及其他劳务费用；对处理或销毁无法交付的危险货物和变质货物所发生的入不敷出的金额，可在处理无法交付货物总收入中扣除，扣除各项费用外，剩余部分可提取不超过 3% 的专项奖励基金（由铁路局集中掌握）奖励有关人员，其余款项就地交入金库。

工作任务六　完成铁路集装箱运输业务流程

工作任务：

北京某电子器材公司准备从丰台车站发往上海一批电子器件，用铁路集装箱发运。使用 1 个 20 ft 箱。请北京某电子器材公司物流部门的相关人员与铁路相关工作人员具体操作。

一、集装箱运输基本条件

1. 集装箱运输按一批办理的条件

（1）集装箱运输每批必须是同一箱型、同一箱主、同一箱态、同一吨位的集装箱。铁路集装箱与自备集装箱一般不能按一批办理，但使用承运人提供的回空自备集装箱装运货物时，按铁路集装箱办理。

（2）集装箱运输每批至少一箱，最多不得超过一辆铁路货车所能装运的箱数，集装箱总重之和不得超过货车的容许载重量。

2. 集装箱办理站规定

集装箱应在集装箱办理站间进行运输。

铁路集装箱办理车站在《货物运价里程表》中公布，作为车站办理集装箱运输的依据。目前铁路办理集装箱运输业务的车站已发展到 400 多个，遍及全路各个铁路局（集团公司）。其中有些车站办理所有箱型的集装箱运输业务，有的车站只办理某几种箱型集装箱的运输业务。

自备集装箱可以在经铁路局批准的专用线发送和到达；铁路集装箱不在专用线办理运输，特殊情况需要办理时，集装箱办理站的专用线应经铁路局批准，非办理站的专用线应经铁道部批准。

3. 铁路通用集装箱货物办理规定

铁路通用集装箱对下列货物的运输不予办理。

（1）易于污染和腐蚀箱体的货物，如水泥、炭黑、化肥、盐、油脂、生毛皮、牲骨、没有衬垫的油漆等。

（2）易于损坏箱体的货物，如生铁块、废钢铁、无包装的铸件和金属块等。

（3）鲜活货物（但经铁路局确定，在一定季节和一定区域内不易腐烂的货物除外）。

（4）危险货物（另有规定者除外）。

4. 托运重量的规定

由托运人确定货物重量，并承担责任，每箱总重不得超过该集装箱的标记总重。在对集装箱总重有限制规定的办理站运输时，不得超过限制总重。集装箱内单件货物的重量超过100 kg 时，应在运单"托运人记载事项"栏内注明。

5. 集装箱的施封

集装箱的装箱和施封由托运人负责，铁路不代理施封委托，以便责任的确定。

注：集装箱不办理军事运输。

二、集装箱的发送作业

集装箱的发送作业流程如表 2 - 12 所示。

表 2 - 12　集装箱发送作业流程

顺序	项目	作 业 内 容
1	托运	发货人向车站货运营业室提出已审定的货物运输服务订单、提交货物运单
2	受理	货运营业室根据批准的月度运输计划核对运单填写是否正确并符合有关规定，如确认可以承运，即予签证，并指定货物搬入日期、地点
3	取空箱	发货人从集装箱办理站取回空集装箱
4	装箱	发货人装箱
5	进箱和验收	发货人将重箱搬入车站，货运员按照运单验收货物并发收货证给发货人
6	制票和承运	制票核算货运员填制货运票据，核收运输费用，在运单上加盖站名日期戳，承运开始
7	保管	集装箱在装车前的保管
8	装车	集装箱的装车
9	送票	货运营业室整理货运票据并送达车站运转室

1. 托运

发货人向车站货运营业室提出已审定的货物运输服务订单及货物运单，如发货人使用自备集装箱或要求在专用线卸车时，应在"托运人记载事项"栏记明"使用×吨自备箱"或"在××专用线卸车"。发站应在运单右上角加盖"×吨集装箱"戳记。

发货人持经车站受理货运员核准的运单，向车站领取空箱，车站应根据批准的集装箱运输计划及时向托运人拨配箱体技术状态良好的适货集装箱。

2. 进箱和承运

发货人将重箱搬入车站指定地点后，货运员在收箱验收时，对发货人确定的货物重量和品名应进行抽查。发现集装箱总重超过其标记总重或限制总重时，在发货人减载后方可收箱。需要开箱检查货物时，应通知发货人到场。经验箱符合运输要求后，货运营业室制票核算货运员填制货运票据，核收运输费用，在运单上加盖站名日期戳后，车站承运开始。

3. 集装箱的装运组织

按照"合理集结、多装直达、均衡运输、减少回空"的原则，集装箱办理站应根据制订的集装箱配装计划，组织集装箱运输。

1）20 ft、40 ft 集装箱的装运要求

（1）20 ft、40 ft 集装箱应组织一站集装箱车装运。

（2）20 ft、40 ft 集装箱可与 5 t、10 t 集装箱拼装一站集装箱车。

2）集装箱的装载要求

集装箱不得与笨重货物、散装货物装载一辆货车内；20 ft、40 ft 集装箱使用普通平车装运时，应进行加固。

3）拼箱运输

拼箱运输是指把多批到达同一到站的零担货物组织起来，装在一个集装箱内运至到站的集装箱运输方式。20 ft、40 ft 集装箱组织拼箱运输时，应事先征得到站的同意。

铁路拼箱运输的货物按零担货物运输条件办理承运和交付。危险货物不组织拼箱运输。

4. 集装箱的交接方法

集装箱按交接的地点可分为货场交接和专用线交接两种方法。

（1）货场交接。承运人与托运人或收货人互相交接集装箱时，重箱凭箱号、封印和箱体外状交接，空箱凭箱号和箱体外状交接。

箱号、封印号码与运单记载一致，施封有效，箱体没有发生危及货物安全的变形或损坏时，箱内货物由托运人负责。

（2）专用线交接。由承运人组织装车，收货人组织卸车（到站派员至卸车地点会同收货人卸车）或由发货人组织装车（发站派员至装车地点会同托运人装车），承运人组织卸车时，重箱凭箱号、封印和箱体外状交接，空箱凭箱号和箱体外状交接；由托运人组织装车，收货人组织卸车时，车站与托运人、收货人商定交接办法。

5. 集装箱交接问题的处理

（1）发站在接收托运的重箱时，检查发现箱号或封印内容与运单记载不符，未按要求关闭箱门、拧固和施封以及箱体损坏的，应由托运人改善后接收。

（2）收货人在接收集装箱时，应按运单核对箱号、检查施封状态、封印内容和箱体外状，发现不符或有异状时，应在接收当时向车站提出。

（3）到站向收货人交付重箱时，对封印脱落、失效、站名或号码不符、箱体损坏危及货物安全的集装箱应向收货人出具货运记录，并按记录交点货物。

（4）在交接中发现铁路集装箱损坏，涉及托运人或收货人责任时，由托运人或收货人在集装箱的破损记录上签认。发现自备箱丢失或损坏时，承运人应编制货运记录。

（5）铁路集装箱由于发货人或收货人责任造成丢失、损坏及无法洗刷的污染时，应由发货人或收货人负责赔偿。自备箱由于承运人责任造成类似后果时，应由承运人负责赔偿。

6. 集装箱"门到门"运输组织

集装箱"门到门"运输是指货物从发货人的工厂或仓库装箱，通过铁路、公路或其他运输方式，直接运送到收货人的工厂或仓库进行掏箱的一种运输组织方式。

集装箱"门到门"运输，是集装箱运输的重要组成部分，只有最大限度地实现"门到门"运输，才能充分发挥集装箱运输的优越性。集装箱"门到门"运输组织原则如下。

（1）铁路车站实行的"四优先"原则。即优先计划、优先配箱、优先进货、优先装运。

（2）公路运输实行的"三固定"原则。即车队固定、车辆固定、人员固定。

（3）货源单位实行的"三集中"原则。即货源集中、仓库集中、去向集中。

铁路集装箱"门到门"运输涉及地方的运输等部门，为了提高运输效率，降低运输成本，减少不必要的作业环节，铁路开展集装箱"门到门"运输组织的车站，应与地方相关部门积极沟通、协调、合作，真正发挥出集装箱"门到门"运输的优势。

7. 集装箱"门到门"运输组织形式

按联运方式划分，集装箱"门到门"运输组织形式主要有以下几种。

1）铁路、专用线之间的"门到门"运输

货物运送流程为：发货人→专用线→铁路（发站）→铁路运输→到站→专用线→收货人。

2）铁路、公路集装箱"门到门"运输

货物运送流程为：发货人→汽运→铁路（发站）→铁路运输→到站→汽运→收货人。

3）铁路、公路、水路集装箱"门到门"运输

货物运送流程为：发货人→汽运→铁路运输→水运→铁路运输→汽运→收货人。

8. 集装箱运输主要考核指标

集装箱运输考核指标主要有集装箱发送箱数和吨数、集装箱在车站平均停留时间、集装箱"门到门"运输比重以及箱普比重等。

1）集装箱发送箱数和吨数

集装箱发送箱数是指在一定时期内，铁路集装箱办理站所发送的包括铁路集装箱和企业自备集装箱在内的箱数的总和。集装箱发送吨数是指在一定时期内，铁路集装箱办理站通过铁路集装箱和企业自备集装箱所发送的货物吨数的总和。

铁路集装箱箱数统计是按不同箱型分别统计的，最后换算成标准箱数（CTU）。

2）集装箱在车站平均停留时间

集装箱在车站平均停留时间是指自集装箱在到站卸车完了时起至再次装车时止在车站的全部停留时间。集装箱在车站平均停留时间是分析集装箱办理站集装箱运用效率的主要质量指标，是集装箱周转时间的一个组成部分。该指标只对铁路集装箱进行考核。

计算公式为：

$$平均停时 = 总停时 / \left[（发出铁路重箱数 + 发出铁路空箱数） \times 24 \right] \qquad (2-6)$$

3）集装箱"门到门"运输比重

集装箱"门到门"运输比重是指集装箱"门到门"运输的发送、交付箱数占集装箱发送、交付总箱数的百分比。

计算公式为：

$$\text{"门到门"比重} = (\text{"门到门"发送箱数} + \text{"门到门"交付箱数}) /$$
$$\text{发送、交付总箱数} \times 100\% \qquad (2-7)$$

4）箱普比重

箱普比重是指集装箱发送吨数占普零发送吨数与集装箱发送吨数之和的比重。它是衡量适箱货物集装箱化程度的重要指标。

计算公式为：

$$\text{箱普比重} = \text{集装箱发送吨数} / (\text{普零发送吨数} + \text{集装箱发送吨数}) \times 100\% \qquad (2-8)$$

工作任务七　铁路易腐货物运输业务认知

一、易腐货物运输概述

1. 易腐货物

易腐货物是铁路鲜活货物中的一大类。它是指在一般条件下保管运输时，极易受到外界气温与湿度的影响而腐败变质的货物。其主要包括肉、鱼、奶、鲜蔬菜、鲜水果、冰、鲜活植物等。按其热状态又分为冻结货物、冷却货物和未冷却货物三种。

冻结货物是指经过冷冻加工成为冻结状态的易腐货物。按《铁路鲜活货物运输规则》的规定，冻结货物的承运温度应在 -10 ℃以下（冰块除外）。冷却货物是指经过预冷处理后，货物温度达到可承运温度范围之内的易腐货物。按《铁路鲜活货物运输规则》的规定，冷却货物的承运温度在 0 ℃～7 ℃（香蕉、菠萝为 11℃～15 ℃）。未冷却货物是指没有经过任何加工处理，完全处于自然状态下的易腐货物。如采摘后就交与运输的鲜瓜果、鲜蔬菜之类。

2. 易腐货物运输要求

易腐货物本身的特点是新鲜易变质，为了保证易腐货物的新鲜度这个基本要求，运输易腐货物时应做到以下几点。

（1）具备必要的运输设施、设备。如装运易腐货物的冷藏车，为运输易腐货物而设置的制冷、制冰、加盐设备、机械冷藏车保温段等。

（2）保持适宜的温度和湿度。大多数易腐货物在储存和运输中，都需要保持适宜的温度和湿度。冻结货物，如冻肉最适宜的温度为 -18 ℃～-15 ℃，湿度为 95%～100%；大白菜的温度为 -0.5 ℃～0 ℃，湿度为 80%～95%；香蕉、菠萝的温度为 11 ℃～15 ℃，湿度为 80%～85%。

（3）有良好的卫生和通风条件。在运输中卫生和通风条件良好，就可以减免微生物的侵占，保证货物运输安全不变质。

（4）快速运输。在一定的时间限度内，易腐货物的新鲜特质可以得到保持；反之，其新鲜特质就很难保持。故铁路在运输易腐货物时，要做到优先安排运输计划、优先承运、优先装车、优先挂运"四个优先"。

二、易腐货物运输组织

1. 易腐货物的承运

易腐货物的承运是铁路保证发货人货物运输安全的首要一关，其对整个运输过程的各个环节的影响是直接的，因此，应按相关规定严格把关，按标准作业。

1）按一批托运的规定

不同热状态的易腐货物以及易腐货物与非易腐货物，不得按一批托运。

按一批托运的整车易腐货物，一般限运同一品名。不同品名的易腐货物，如在冷藏车内保持或要求的温度上限（或下限）之差不超过 3 ℃时，允许拼装在同一冷藏车内按一批托运。此时，托运人应在运单"托运人记载事项"栏内记明"车内保持温度（或途中加冰掺盐）按××品名规定的条件办理"。

例如，用机械冷藏车装运红色的未冷却番茄和未冷却大白菜，车内的温度分别要求保持在 2 ℃～6 ℃和 0 ℃～3 ℃，其温度下限差 2 ℃、上限差 3 ℃，但未超过 3 ℃，按规定，这两种货物可以拼装在同一车内，按一批货物托运。如果是未冷却的青番茄，车内的温度要求保持在 10 ℃～15 ℃，则青番茄和上述两种货物均不能拼装在同一车内作为一批货物托运。

2）运输票据填写的要求和注意事项

承运易腐货物时，除按普通货物的要求填写、检查运单外，还应注意以下几点。

（1）托运人应在运单"货物名称"栏内填写货物的具体名称，并按照"易腐货物运输条件表"正确填写。

（2）托运人应在运单"托运人记载事项"栏内注明要求使用的车种，如果使用冷藏车运输时，还应注明服务方法，如"途中加冰"、"途中制冷"、"途中加温"、"途中通风"、"途中不加冰"、"途中不制冷"、"不加冰运输"等字样，以及注明易腐货物容许运输期限（日数）。易腐货物的容许运输期限至少须大于铁路规定的货物运到期限 3 d，发站方可承运。

（3）途中需要加冰的冷藏车，发站应在运单"经由"栏内按加冰所分工依次填记应加冰的各加冰所站名。绕路运输时，同样依次填记绕路经由的各加冰所站名。

发站承运易腐货物后，应在运单、货票、封套上分别填记红色标记△（△表示须快速挂运的货车）。发站、编组站、区段站要将符号转记在"列车编组顺序表"内。

3）易腐货物的质量、温度、包装和选用车辆

易腐货物的质量、温度、包装和选用的车辆，都须符合"易腐货物运输条件表"和"易腐货物包装表"的规定。承运货物的质量、包装及安全防护用品是否符合规定，由承运人抽查确定；使用机械冷藏车装运时，由发站会同机械冷藏车乘务员对承运货物的温度和质量进行抽查。

不按规定条件运输和组织试运的易腐货物，车站与托运人应签订运输协议。货物质量由托运人负责。

使用机械冷藏车时，要通知乘务组，并在"乘务报单"和"机械冷藏车作业单"内注明。

4）托运禽、畜产品和鲜活植物的规定

托运人托运需要检疫运输的禽、畜产品（包括生毛皮、毛、牲骨、蹄等）以及鲜活植

物，为了避免病疫的传播，按国家有关规定应提出县级以上卫生防疫站出具的检疫证明，并在运单"托运人记载事项"栏内注明其名称和号码，粘贴于运单背面，车站凭此办理运输。

2. 易腐货物的装车

1）装车注意事项

经过预冷的冷藏车在装车时应采取保温措施，保持车内温度。在装（卸）作业中应使用不致损坏车内设备的工具，并不得挤碰循环挡板，上层货物距离循环挡板最少应留出50 mm 的空隙。开关车门时，严禁乱砸硬撬。采取保温、防寒、防湿等措施时，严禁以钉钉等方式损坏冷藏车车体。

2）装卸时间

车站和托运人、收货人应加强装（卸）车的组织工作，缩短装卸时间。加冰冷藏车每车装卸车作业时间不得超过 3 h。机械冷藏车组装货车为 8 车以上的，每组装卸车作业时间不得超过 12 h；装货车为 4 车的，每组装卸车作业时间不得超过 6 h。由于托运人、收货人的责任，超过装卸车作业时间要求，应核收货车延期使用费。机械冷藏车还要核收制冷费。车辆送到后，由于托运人责任取消托运时，车站应向托运人核收空车回送费。已经预冷的冷藏车，还要核收制冷费。

3）填记装车通知单和作业单

使用机械冷藏车运输易腐货物，发站在机械冷藏车到达后，应将装车时间、地点、货物品名、吨数、到站等事项填记在"机械冷藏车装车通知单"内。通知单一式二份，一份自站存查，一份于装车前 12 h 交乘务组，作为准备装车的通知。装（或卸）车完毕后，作业单位要填写"加冰冷藏车作业单"或"机械冷藏车作业单"。

工作任务八　铁路危险货物运输业务认知

危险货物是指凡具有爆炸、易燃、毒害、腐蚀、放射性等特性，在铁路运输、装卸以及储存保管过程中，易造成人身伤亡及财产损失而需要进行特别防护的货物。

我国铁路把危险货物分为 9 类，即爆炸品；压缩气体和液化气体；易燃液体；易燃固体、自燃物品和遇湿易燃物品；氧化剂和有机过氧化物；毒害品和感染性物品；放射性物品；腐蚀品；杂类。

一、危险货物的装卸保管注意事项

1. 爆炸品

1）爆炸品的分项

整体爆炸物品、抛射爆炸物品、燃烧爆炸物品、一般爆炸物品、不敏感爆炸物品。

2）爆炸品装卸保管注意事项

（1）装卸作业时，开关车门、车窗不得使用铁撬棍、铁钩等铁质工具，必须使用时，应采取防火花涂层等防护措施。装卸搬运时，不准穿铁钉鞋；使用铁轮、铁铲头推车和叉车时应有防火花措施；禁止使用可能发生火花的机具设备；照明使用防爆灯具；作业时应轻拿轻放，不得摔碰、撞击、拖位、翻滚。整体爆炸物品和燃烧爆炸物品的装载和堆码高度不得超过 1.8 m。车、库内不得残留酸、碱、油脂等物质。发现跌落破损的货件不得装车，应另行放置，妥善处理。

（2）爆炸品必须存放于库内，库房应有避雷装置、防爆灯及低压防爆开关。仓库应由专人负责保管。库内应保持清洁，并隔绝热源与火源，在温度40 ℃以上时，要采取通风和降温措施。爆炸品的堆垛间及堆垛与库墙间应有0.5 m以上的间隔。要避免日光直晒。

（3）发现撒漏的爆炸品应及时用水润湿，撒以松软物后轻轻收集，并通知公安和消防人员处理。禁止将收集物品装入原包件中。

2. 压缩气体和液化气体

1）压缩气体和液化气体的分项

易燃气体、不燃气体和有毒气体。

2）压缩气体和液化气体装卸保管注意事项

（1）装卸作业时，应使用抬架或搬运车，防止撞击、拖位、摔落、滚动。防止气瓶安全帽脱落及损坏瓶嘴。装卸机械工具应有防止产生火花的措施。气瓶装车时应平卧横放。装卸搬运时，气瓶阀不要对着人身。装卸搬运工具、工作服及手套不得沾有油脂。装卸有毒气体时，应配备防护用品，必要时使用供氧式防毒面具。

（2）气瓶应存放于库内阴凉通风场所，防止日晒、油污，隔绝热源与火种，当库内温度超过40 ℃时，应采取通风降温措施。

气瓶平卧放置时，堆码不得超过5层，瓶头要放在同一方向上，瓶身要填塞妥实，防止滚动；立放时要放置稳固，防止倒塌。

（3）气瓶着火时，应向钢瓶浇洒大量冷水，或将气瓶投入水中使之冷却，同时将周围气瓶和可燃物搬离现场，当发现阀门松动漏气应立即拧紧，若无法关闭时，可将气瓶浸入冷水或石灰水中（氨气瓶只能浸入水中）。液化气瓶破裂时，应将裂口部位朝上。

3. 易燃液体

1）易燃液体分项

低闪点液体、中闪点液体和高闪点液体。

2）易燃液体装卸保管注意事项

（1）装卸作业前应先通风，开关车门、车窗时不要使用铁制工具猛力敲打，必须使用时应采取防止产生火花的防护措施。作业人员不准穿铁钉鞋。装卸搬运中，不能撞击、摩擦、拖位、翻滚。装卸机具应有防止产生火花的措施。装载钢桶包装的易燃液体，要采取防磨措施，不得倒放或卧放。

（2）应存放于阴凉通风场所，避免日晒，隔绝热源和火种，堆放要稳固，严禁倒置。库内温度超过40 ℃时，应采取通风降温措施。容器受热膨胀时，应浇洒冷却液体，必要时应移至安全通风处放气处理。

（3）发生着火时不宜用水灭火，对比重大于水的易燃液体，可用雾状水或开花水灭火，但应防止液体被冲散而扩大着火范围。

容器渗漏时，应及时移至安全通风处更换包装。渗出的液体可用沙土等物覆盖后扫除干净。

4. 易燃固体、自燃物品和遇湿易燃物品

1）易燃固体、自燃物品和遇湿易燃物品的分项

易燃固体、自燃物品、遇湿易燃物品。

2）易燃固体、自燃物品和遇湿易燃物品装卸保管注意事项

（1）装卸作业不得摔碰、撞击、拖位、翻滚，防止容器破损。特别注意勿使黄磷脱水，引起自燃。装卸机具应有防止产生火花的措施。雨雪天无防雨设备时，不能装卸遇湿易燃物品。

（2）应存放于阴凉、通风、干燥场所，防止日晒，隔绝热源和火种，与酸类、氧化剂必须隔离存放。严禁露天存放遇湿易燃物品。黄磷宜在雨棚中固定货位存放。

（3）本类中一些金属粉末、金属有机化合物、氨基化合物和遇湿易燃物品着火时，禁止用水、泡沫、二氧化碳和酸碱灭火剂。扑救浸油棉、毛、麻类制品火灾时，要注意防止复燃。扑救火灾，还应有防毒措施。

对撒漏物品，应谨慎收集妥善处理。撒漏的黄磷应立即浸入水中，硝化纤维素要用水润湿；金属钠、钾应浸入煤油或液状石蜡中，电石、保险粉等遇湿易燃物品撒漏收集后另放安全处，不得并入原货件中。

5. 氧化剂和有机过氧化物

1）氧化剂和有机过氧化物的分项

氧化剂和有机过氧化物。

2）氧化剂和有机过氧化物装卸保管注意事项

（1）装车前，车内应打扫干净，保持干燥，不得残留有酸类和粉状可燃物。卸车前，应先通风后作业。装卸搬运中不能摔碰、拖位、翻滚和剧烈震动。搬运工具上不得残留或沾有杂质。拖盘和手推车尽量专用，装卸机具应有防止发生火花的防护措施。

（2）应存放于阴凉通风场所，防止日晒、受潮，远离酸类和易燃物，特别要远离硫黄、硝化棉、发孔剂H、金属粉末等还原性物质。硝酸盐类与其他氧化剂应分库或隔离存放。堆码不宜过高过大，注意通风散热。库内应保持清洁，对搬出后的货位应清扫干净。

（3）氧化剂撒漏时，应扫除干净，再用水冲洗。收集的撒漏物品，不得倒入原货件内。

过氧化钠等着火时，不能用水扑救。其他氧化剂用水灭火时，要防止水溶液流至易燃、易爆物品处。

6. 毒害品和感染性物品

1）毒害品和感染性物品的分项

毒害品和感染性物品。

2）毒害品和感染性物品装卸保管注意事项

（1）装卸车前应先行通风。装卸搬运时严禁肩扛、背负。要轻拿轻放，不得撞击、摔碰、翻滚，防止包装破损。装卸易燃毒害品时，机具应有防止发生火花的措施。作业时必须穿戴防护用品，严防皮肤破损处接触毒害品。作业完毕及时清洁身体后方可进食、饮水、吸烟。

（2）应存放在阴凉、通风、干燥的仓库内，不得露天存放。与酸类物品应隔离存放，严禁与食品同库存放。必须加强管理，严防丢失和发生误交付。

（3）固态毒害品撒落时，应谨慎收集；液态毒害品渗漏时，可先用沙土、锯末等吸收，妥善处理。

7. 放射性物品

1）放射性物品的形式

低比活度放射性物质（LSA）、表面污染物体、带有放射性物质的仪器或仪表等制品、放射性同位素、易裂变物质和其他放射性物质。

2）放射性物品装卸保管注意事项

（1）装卸车前应先行通风，装卸时尽量使用机械作业，严禁肩扛、背负、撞击、翻滚，作业时间应按规定要求控制。堆码不宜过高，应将辐射水平低的放射性包装件放在辐射水平高的包装件周围。皮肤有伤口、孕妇、哺乳妇女和有放射性工作禁忌证（如白细胞低于标准浓度等），不能参加放射性物品的作业。在搬运Ⅲ级放射性包装件时，应在搬运机械的适当位置上安装屏蔽物或穿防护围裙，以减少人员受照剂量。

装卸、搬运放射性矿石、矿砂时，作业场所应喷水防止飞尘，作业人员应穿戴工作服、工作鞋、戴口罩和手套。作业完毕应全身清洗。

（2）存放放射性物品的仓库（或专用货位）应通风良好、干燥、地面平坦。仓库应有专人管理，放射性包装件必须按规定码放。

遇到燃烧、爆炸可能危及放射性货物安全时，应迅速将放射性货物转移至安全位置，并派专人看管。

（3）运输中发生货包破裂、内容物撒漏时，应立即向有关部门报告，由安全防护人员测量并划出安全区，悬挂明显标志。

当人体受污染时，应在防护人员指导下，迅速进行去污。若人员受到过量照射时，应立即送医院救治。放射性矿石、矿砂的包装件破裂时，应换包后方可继续运输，撒落的矿砂等应收集后交托运人处理。

8. 腐蚀品

1）腐蚀品的分项

酸性腐蚀品、碱性腐蚀品和其他腐蚀品。

2）腐蚀品装卸保管注意事项

（1）装卸作业前应穿戴耐腐蚀的防护用品，对易散发有毒蒸气或烟雾的腐蚀品，还应备有毒面具。卸车前先通风。货物堆码必须平稳牢固。严禁肩扛、背负、撞击、拖拉、翻滚。车内保持清洁，不得留有稻草、木屑、碎布等可燃物。

（2）应存放在清洁、通风、阴凉、干燥场所，防止日晒、雨淋。堆码要牢固。应保持堆放处清洁，不得残留有可燃物、氧化剂等。

（3）发现液体酸性腐蚀品撒漏应及时撒上干砂土，清除干净后，再用水冲洗污染处；大量酸液溢漏时，可用石灰水中和。

9. 杂类

杂类货物系指在铁路运输中呈现的危险性质不包括在上述第1～8类中的危险性的物品。本类货物品名及运输条件由铁道部另行制定公布。

二、危险货物运输组织

1. 托运和承运

危险货物的托运和承运，除应遵守普通货物的规定外，还应严格执行《铁路危险货物运输规则》（简称《危规》，下同）的规定。

1）运单的填写

（1）品名的填写。"货物名称"栏内填写《危险货物品名索引表》内列载的品名和编号。危险货物的品名和编号是判断货物是否是危险货物的重要标志，是办理承运、配装、确定运输条件的主要依据，一旦发生事故，还是判定货物性质、采取施救措施的依据。《危险货物品名索引表》内列载具体名称的，应填写具体名称，具体名称附有别名的，可填写其中之一，属于概括名称的，先填写具体名称，再注明所属概括名称，不能填写《危险货物品名索引表》内未列载的名称（按危险货物新产品运输除外），同一货物如有《危险货物品名索引表》内未列载的其他名称，根据托运人的需要可以在品名的下面以括号注明其他名称；允许混装在同一包装内运输的危险货物，托运人应分别写明货物的名称和编号。

托运人托运危险货物时，应在运单的右上角，用红色戳记标明危险货物的类项名称。如金属钠，加盖"一级遇湿易燃物品"红色戳记。

（2）到站的填写。到站应填写运价里程表内办理危险货物运输的营业站。危险货物不办理中转作业。

2）危险货物运输包装

危险货物运输包装根据其内装物的危险程度划分为三种类别：具有较大危险性的Ⅰ类包装、具有中等危险性的Ⅱ类包装和具有较小危险性的Ⅲ类包装。

压缩气体和液化气体及放射性物品的包装应分别按国家《气瓶安全监察规程》、国务院《锅炉压力容器安全监察条例》规定和《放射性物质安全运输规定》办理。

危险货物运输包装的要求如下。

（1）包装材料的材质、规格和包装结构应与所装危险货物的性质和重量相适应。

（2）包装容器与所装货物不得发生危险反应或削弱包装强度。

（3）充装液体危险货物，容器应留有足够的空隙。

（4）液体危险货物要做到液密封口；对可产生有害蒸气及易潮解或遇酸雾能发生危险反应的应做到气密封口；对必须装有通气孔的容器，其设计和安装应能防止货物流出及杂质、水分进入，排出的气体不致造成危险或污染；其他危险货物的包装应做到严密不漏。

（5）包装应坚固完好，能抗御运输、储存和装卸过程中正常的冲击、震动和挤压，并便于装卸和搬运。

（6）包装的衬垫物不得与所装货物发生反应而降低安全性，应能防止内装物移动和起到减震及吸收作用。

（7）包装表面应清洁，不得黏附所装物质和其他有害物质。

（8）包装上应有规定的危险货物专用标志和储运指示标志并有与运单相同的危险货物品名。

3）危险货物试运包装规定

托运人要求改变危险货物运输包装时，应填写改变运输包装申请表，并应首先向发站提出经县级以上（不包括县）主管部门审查同意的包装方法、产品理化特性及经包装检测机构出具的包装试验合格证明。

发站对托运人提出的改变包装的有关文件确认后，报铁路局批准，在指定的时间和区段内组织试运。跨局时由主管铁路局通知有关铁路局和车站。危险性较大的货物，应进行可行性研究后，方可试运。试运前承运人、托运人双方应商定安全运输协议。试运时，托运人应在运单"托运人记载事项"栏内注明"试运包装"字样。试运时间1～2年。试运结束时托运人应会同车站将试运结果报主管铁路局。铁路局对试运结果进行研究后，提出试运报告报铁道部。铁道部根据试运报告进行必要的复验，达到要求后正式批准。未经批准或超过试运期限未总结上报的，必须立即中止试运。

4）进出口危险货物的包装规定

（1）托运的货物，在《国际海运危险货物规则》、国际铁路联运《危险货物运送规则》等有关国际运输组织的规定中属危险货物，而我国铁路按非危险货物运输时，可继续按非危险货物运输，但包装和标志应符合上述有关国际运输组织的规定。托运人应在运单"托运人记载事项"栏内注明"转海运进（出）口"或"国际联运进（出）口"字样。

（2）托运的货物，我国铁路规定为危险货物，而上述国际运输组织的规定中属非危险货物时，按我国《危规》规定办理。

（3）同属危险货物但包装方法不同时，进口的货物，经托运人确认原包装完好，符合安全运输要求，并在运单"托运人记载事项"栏内注明"进口原包装"字样，经请示铁路局同意后，可按原包装方法运输。出口的货物，按试运包装办理。

5）使用旧包装装运危险货物要求

使用旧包装容器装运危险货物时，在符合"对危险货物包装的要求"条件下，在运单"托运人记载事项"栏内注明"使用旧包装，符合安全运输要求"字样后方可承运。

6）装过危险货物空容器的运输

装过危险货物的空容器，口盖必须封闭严密；装过有毒、易燃气体的空钢瓶，装过黄磷、一级毒害品（剧毒品）、一级酸性腐蚀性物品的空容器必须按原装危险货物的运输条件办理；其他危险货物空容器，经车站确认已卸空、倒净，可按普通货物运输，但托运人应在运单"货物名称"栏内注明"原装×××，已经安全处理，无危险"字样。

危险货物按普通货物条件运输时，经铁路局批准可在非危险货物办理站发运。托运人应在运单"托运人记载事项"栏内注明"×××，可按普通货物运输"字样。

7）危险货物新产品的运输

托运《危险货物品名索引表》内未列载的危险货物时，托运人在托运前向发站提出经县级以上（不包括县）主管部门审查同意的"危险货物运输技术说明书"，铁路部门据以确定运输条件组织试运。

"危险货物运输技术说明书"经铁路局批准后，发站、路局各存查一份，一份报铁道部，一份交托运人，一份随运单交收货人。试运时，托运人在运单"托运人记载事项"栏内注明"危险货物新产品试运"字样，按"试运包装"试运办法办理。

8）过度敏感或能自发反应引起危险的物品的运输

（1）禁止运输过度敏感或能自发反应引起危险的物品。凡性质不稳定或由于聚合、分解在运输中能引起剧烈反应的危险货物，除《危险货物品名索引表》另有规定外，托运人应采取加入稳定剂或抑制剂等方法，保证运输安全。对危险性大，如易于发生爆炸性分解等反应或需控温运输的危险货物，托运人应提出安全运输办法，报铁道部审批。剧毒品、爆炸品（装入爆炸品保险箱的和配装表中配装号为第1、2号所列品名除外）限按整车办理。

（2）托运爆炸品时，托运人应提出《危险货物品名索引表》内规定的许可运输证明（公安机关的运输证明应是收货单位所在地县、市公安部门签发的爆炸品运输证），同时在运单"托运人记载事项"栏内注明名称和号码。发站应确认品名、数量、有效期和到达地是否与运输证明记载相符。

9）按一批和同一包装运输条件

性质或消防方法相互抵触，以及配装号或类项不同的危险货物不能按一批托运。

性质或消防方法相互抵触，以及配装号或类项不同的危险货物不得混装在同一包装内。

10）特殊事项核查要求

发站受理和承运危险货物时，应认真核查托运人提供的证明文件是否符合规定；确认运单内品名、编号、类项、包装等填写是否正确、完整，并核查《危险货物品名索引表》第11栏内有无特殊规定；严格遵守《危规》中对禁运以及对整车、零担、集装箱运输的限制和规定；检查包装是否符合规定，各项标志是否清晰、齐备、牢固。

2. 危险货物的配装

由于危险货物品类众多，特性各异，甚至有些危险货物发生危险时与消防方法相互抵触，造成在同一车内装载多品种危险货物的特殊困难。通过危险货物配装表中确定的配装号和配装符号，可以确认不同的危险货物是否能配装在同一车内。考虑是否可以配装的因素主要包括危险货物的性质、包装条件、铁路运输条件和运输为生产服务的思想。

配装的分类及要求如下。

（1）可以配装。配装表中为空白，即无配装符号，表示该两种不同配装号的危险货物可以配装在同一车内。

（2）隔离配装。配装表中的配装符号为"△"，表示该两种不同配装号的危险货物可以配装在同一车内，但在车内相互间至少应隔离2 m。

（3）不能配装。配装表中的配装符号为"×"，表示该两种不同配装号的危险货物不能配装在同一车内。

3. 装载危险货物车辆的隔离

装载危险货物的车辆有调车作业限制、编组隔离限制和需要停止车辆制动机作用时，应分别符合"铁路禁止溜放和限速连挂的车辆表"、"车辆编组隔离表"及《危险货物品名索引表》第11栏中的要求。

在同一车内装有编组隔离不同要求的危险货物时，应按隔离车辆数最多的危险货物作为隔离标准。整装零担车应在封套上记明其类项。

特殊防护事项在货车上（插表示牌）、票据上应有明确的表示，并应在列车编组顺序表上做相应记载。

工作任务九　铁路超限货物运输业务认知

一、铁路限界

铁路限界包括机车车辆限界、建筑接近限界、各级超限限界和特定区段装载限界等。机车车辆限界和建筑接近限界是铁路限界中两种基本限界。

1. 机车车辆限界

机车车辆限界是指机车车辆不同部位自钢轨顶面算起的高度和其不同高度处距线路中心线的水平宽度不得超过的轮廓尺寸线。它是新造和使用中的机车车辆，除电力机车升起的受电弓外，任何部位在任何情况下都不得超过的轮廓尺寸。使用平车或敞车装载货物时，除超限货物或另有规定者外，不得超过此轮廓尺寸。所以，机车车辆限界也是一般货物的装载限界。

2. 建筑接近限界

建筑接近限界是指除机车车辆以及同它有相互作用的设备（如电气化铁路接触网、车辆减速器等）外，其他设备和建筑物不得侵入的轮廓尺寸线。

3. 特定区段装载限界

特定区段装载限界（简称为特定区段）是指小于《超限货物运输规则》中规定的建筑接近限界的个别区段对货物装载的限制。使用敞车类货车装载一般货物时，要注意高度和宽度不能超过机车车辆限界。如到达或通过某些区段还受到建筑物特点的限制，应按照特定区段装载限界表的规定装载。此外，因个别区段线路的质量或桥梁强度较差，对重车总重作了一定的限制。

二、超限货物概述

1. 超限货物的定义

超限货物是指一件货物装车后，停留在平直线路上，货物的任何部位的宽度或高度超出了机车车辆限界或超出了经过特定区段的特定区段装载限界的货物。

一件货物装车后在平直线路上虽不超限，但在行经半径为 300 m 的曲线线路时，货物上有任何部位的计算宽度仍然超限，同属于超限货物。一件货物装车后，在上述情况下虽然不超限，但要经过特定区段时，该车在该特定区段运行时按超限货物办理，不在特定区段运行时，则按一般货物办理。

2. 超限种类和等级

1）超限种类

（1）超限货物按线路中心线可以分为以下两种：一侧超限和两侧超限。

只有货物的一侧超限时，称为一侧超限。一侧超限按发站列车运行方向又可分为左侧超限和右侧超限两种。货物的两侧均超限时，称为两侧超限。

（2）超限货物按超限部位自钢轨顶面起算的高度不同可分为以下几种。

① 下部超限。货物的超限部位自轨面在 150～1 250 mm 高度内。

② 中部超限。货物的超限部位自轨面在 1 250～3 600 mm 高度内。

③ 上部超限。货物的超限部位自轨面起算高度超过了 3 600 mm。

2）超限等级

根据超限货物超出机车车辆限界的程度分为以下几个等级：一级超限、二级超限和超级超限。由于下部超限比较危险，故只有二级超限和超级超限两个等级。

划分超限等级的目的主要是为了便于组织超限货物的安全运输。

三、超限货物的运输组织

1. 超限货物的托运

托运人托运超限货物，除按一般货运手续办理外，还应随同运单提出下列资料。

（1）托运超限货物说明书，货物外形尺寸的三视图，并须以"＋"符号标明货物重心的位置。

（2）托运自轮运转的超限货物，应有自重、轴数、轴距、固定轴距、长度、转向架中心销间距离、制动机形式以及限制条件。

（3）必要时应附有计划装载、加固计算根据的图纸和说明书。

2. 超限货物的受理

发站在受理超限货物时，应对托运人提出的有关技术资料进行认真审查，必要时组织有关部门共同研究，及时对货物进行装车前的测量，与托运人提供的资料进行核对，发现不符合时按实际测量尺寸改正。

3. 装载方案的确定

计划装载方案应根据货物的外形情况、尺寸及其重心的位置，结合我国平车的类型及特点选择顺装、横装、立装、斜装等装载方法，确定出最优方案作为计划装载方案。

最优计划装载方案应达到以下要求：合理地利用车辆的载重力，尽量选用普通平车装载，尽量降低超限等级或程度，尽量降低重车重心高度。

4. 请示装运办法

发站受理超限货物以后，应根据实测尺寸，以文电向上级请示装运办法。

1）请示范围

（1）到站为自局管内的各级超限货物和各局间运输的一、二级超限货物；到站为跨及三局的超限货物，应向铁路局请示。

（2）到站为跨及四局以上及通过电气化区段的超级超限货物，其装车后的高度超过 5 150 mm 和装后的高度虽在 5 000～5 150 mm，但其左侧或右侧宽度超过 750 mm 的超限货物均应报送铁路局，由铁路局审核后向铁道部请示。

2）请示文电内容

为了给上级确定装载方案、超限等级和运行条件提供足够的依据，请示文电内容应包括以下内容。

（1）到达局和到站、收货人、品名、件数和重量。

（2）货物外形（包括固定包装和加固装置）尺寸，包括全长、支重面长度和宽度；中心高度和宽度，每一不同侧高度和宽度，圆形货物，应说明直径的尺寸；重心位置。

（3）跨装时，说明跨装支距长度、突出支点两端的长度和宽度，以及所用货物转向架的高度。

（4）突出装载时，应说明横垫木的高度。

（5）自轮运转的超限货物，应有自重、轴数、轴距、固定轴距、长度、转向架中心销间距离、制动机形式，以及限制条件。

超限车辆变更到站时，受理变更的车站，应按上述请示范围及文电内容重新请示。并在文电中注明原批准单位、命令号码、新到站及车号。

5. 超限货物装运办法的批示

铁道部、铁路局接到请示装运办法的文电后，应确定装载方案和超限等级，根据货物的超限程度和经由线路建筑接近限界的实际情况确定运行条件，并以文电向有关单位批示装运办法。铁道部向发局、经由局、到达局批示；铁路局应向发站和自局管内有关站段批示，并抄经由局和到达局。

批示文电的内容应包括使用车辆的类型，货物的超限等级，装后的尺寸，重心高度，重车重心高，加固注意事项，运送、会车条件，限速要求等。需要安装货物检查架、需要改变建筑物和固定设备时，也应在批示文电中详细指示。

6. 超限货物的装车

受理车站在接到上级装运办法的批示文电后，应严格按照其详细指示内容装车，并注意以下事项。

（1）严格按照批示文电中详细指示内容选择车辆。

（2）认真做好装车前的准备工作。检查车辆的技术状态；加固材料和加固装置是否符合方案要求；标画装载线并检查无误。

（3）组织装车。在标画装载线并检查无误后，按装载线将货物装在车辆上，然后进行测量和加固。

（4）装车后的复测与填写记录。装车后以批示文电指示的内容为依据，按照装车后的测量方法进行复测，对测量的各部位尺寸仔细与批示文电核对是否相符，如有不符之处应尽最大能力，使其符合，否则应重新请示。车站会同工务、车辆等部门确认复测结果及运输有关事项与实际无误，填写"超限货物运输记录"。

（5）标画检查线、书写超限等级、插挂禁止溜放表示牌及超限货物检查牌。

（6）发站在运输票据上注明"超限货物"字样；若以连挂车组方式运输时，注明"连挂车组不得分摘"字样；限速运行时，注明"限速××公里"字样。

7. 运行和检查

最后，根据超限车辆的挂运方案，由铁路局调度员指挥和组织车站挂运。在运输途中的技术站和指定的检查站都必须进行认真的检查，确保超限货物车辆运行安全。

工作任务十　铁路货物运输信息化技术应用

一、铁路运输管理信息系统

铁路运输管理信息系统（TMIS）主要包括确报、货票、运输计划、车辆、编组站、货运站、区段站、路局调度、货车实时追踪、机车实时追踪、集装箱实时追踪、日常运输统计、现在车及车流推算、军交运输等子系统。简单地说，就是通过建立全路计算机网络，将全路部、局、主要站段的计算机设备联成一个整体，从而实现对全路 50 余万辆货车、一万多台机车、两万多列列车、几十万个集装箱及所运货物实施追踪管理。计算机系统可以随时提供任何一辆货车、一台机车、一列列车、一个集袋箱及所运货物的地点及设备的技术状态，并预见它们三天内的动态变化，随时提供车流的动态变化情况，特别是预见编组站、分界口、限制口的车流变化，从而为铁路系统运输指挥人员提供及时、准确、完整的动态信息和决策方案，同时也为货主服务。

铁路走向市场需要两个基本条件：一是转换经营机制，充分发挥基层的经营活力；二是要有适应市场变化的能力，提高对客户的服务质量。在 TMIS 建成之前的铁路运输犹如一个"黑洞"，车辆、集装箱和所运货物，一经发出就不容易知道在何处，直到到达目的地后才从"黑洞"中冒出来，这种服务质量远不能满足市场经济的需要。有了 TMIS，这种状况将得到彻底改变，它可以提供车辆、集装箱和货物的实时查询。

中国铁路所承担的巨大运量，决定了中国铁路运输管理信息系统将是世界铁路中最复杂、最庞大的运输管理系统。TMIS 的总体结构由以下 4 部分组成。

1. 信息源部分

TMIS 采用集中建库与分布处理相结合的模式，完成中央数据库系统，站段系统，铁道部、铁路局应用系统，计算机通信网络系统的建设。中央数据库通过中央系统直接经铁路专用通信网，从编组站、区段站、货运站、分界站、车务段、机务段、车辆段等 2 200 个联网报告点（非联网报告点向车务段或路局上报）等收取列车、货车、机车、集装箱、货票等的实时信息。这些站段的信息系统除了向中央系统报告信息之外，还承担处理本站段的业务。

2. 中央处理部分

在铁道部建立中央处理系统，实时收集信息源点的信息并进行处理，建立实时信息库。实时信息库包括以下主要文件。

（1）车辆文件。按车号存储 50 万辆车的每一辆车的基本信息和实时动态信息，实现车辆追踪管理。

（2）机车文件。按机车号码存储每台机车的基本信息和动态信息，实现机车实时追踪管理。

（3）列车文件。按车次存储每列列车的组成信息和动态信息，实现对列车的实时追踪管理。

（4）车站文件。按主要站存储车站现车信息，实现现在车的实时管理。

（5）货票文件。实时收集每辆重车的货票摘要信息和按日收集整个货票信息，实现货票信息共享，与车辆追踪系统配合，实现货物追踪管理。

（6）集装箱文件。按箱号存储每个集装箱的基本信息和动态信息，实现集装箱的追踪管理。

按用户需求实时或分阶段向铁道部、铁路局及站段发送，实现节点式实时追踪管理，为全路各级运输生产人员提供及时、准确、完整的信息和辅助管理决策方案，以实现均衡运输，提高运输能力和效率，提高运输管理水平。

3. 应用系统部分

铁道部、铁路局及主要站段从中央处理系统获得有关信息并开发各自的应用程序，从而实现对车辆、列车、机车、集装箱及所运货物的实时追踪管理，实现货票信息、确报信息全路共享，实现现在车和车流推算信息自动化，有预见地组织车流以及实现日常运输统计自动化。

（1）车辆信息系统。由于系统建立车辆技术履历并使车辆编号规范化，可实现车辆的精确管理。系统将使全路 138 个车辆段、23 个工厂、13 个车辆处调度与铁道部联网，由部车辆局通过网络统一分配车号，更新车号后车辆的详细履历可通过网络传到部车辆履历库。此系统可帮助用户迅速查询到车辆的各种信息，运输部门可利用此系统实现车号自动识别。

（2）确报系统。系统目标是使车站信息系统自动生成确报，通过计算机网络传递，以取代电报确报。由此可撤销全部确报所，节省电报员约 4 000 人。并可扩大运输生产所需要的确报点，彻底解决确报不及时、不准确、不完整的问题。

（3）货票系统。全路可实现微机制票并联网，建立分局、铁道部货票信息库，进行货票交换，使货票信息价值得到综合利用，最终实现取消货票甲、乙、丙联，实现车长不带货票。

（4）铁路运输计划信息系统。系统将 1 500 多个主要货运站和车务段与铁路路局、铁道部联网，并将主要货主引入网络，通过网络随时接收货主要车计划表。建立路局货源数据库，同时收集到铁道部建立全路货源数据库，铁道部根据货源数据库下达装车轮廓计划，路局根据轮廓计划做到随到随批，最后用装车实际来考核计划和修改货源数据库。

（5）部、局运输信息系统。实现对部、局 18 点信息进行收集、处理、查询及台账编制，自动形成部、局日班计划，对全路运输信息的处理及实时查询。

（6）路局调度综合信息系统。将货运工作日班计划、列车工作日班计划、机车工作日班计划和列车运行辅助调整通过局域网形成自动编制和调整的一个整体，彻底解决路局调度手段落后状况。

（7）站段信息系统。编组站、区段站、货运站、分界站、车务段等的现车管理系统、货运管理系统、集装箱管理系统等相关内容的应用，既解决站段管理又更好地为 TMIS 提供数据源，它是 TMIS 建设成败的关键。

4. 网络部分

建立全路数据通信网，将上述三部分联成一个整体，实现信息的交换和共享。

TMIS 掌握全面运输信息，翔实、准确、全面，故可在统计、分析、结算等方面，为决策支持系统提供方案。

二、调度指挥管理信息系统

调度指挥管理信息系统（DMIS）是一个全路联网的调度指挥系统。它是由铁道部中心 DMIS、铁路局 DMIS、车站系统三层机构有机地组成的，它采用数字化、网络化、信息化技术，是对传统调度指挥模式的革命性突破，它极大地减轻了调度员的劳动强度，提高了运输生产的效率。在 DMIS 基础上，建设调度集中，是铁路跨越式发展的必经之路，所以 DMIS 为铁路调度实现现代化打下了坚实基础。

DMIS 的重点在于直接指挥车站的路局一层，路局 DMIS 实现对全路局的行车进行实时、集中、透明指挥，用自动化手段调整运输方案，通过计算机网络下达行车计划和调度命令，实现自动报点和车次号自动跟踪，改变过去车站值班员用电话向调度员人工报点、调度员用电话向车站下达计划和命令，车站手抄再复诵的落后方式。列车实际运行图自动绘制，自动过表，车站行车日志自动生成，这些都大大减轻了行车调度员和车站值班员的工作强度。DMIS 工程建成后，优化了运输调度指挥管理手段、提高了调度管理水平和运输效率。

新型调度集中系统由调度中心系统、车站系统和网络传输系统三部分构成。

1. 调度中心系统

1）调度中心应用系统

（1）列车调度员工作站。列车调度员工作站配备 3 ～ 4 台大屏幕显示器，主要功能是：实时监控管辖范围内的列车运行状态，制订、调整和下达列车阶段计划，查阅实迹运行图，下达调度命令以及与相邻区段列车调度员交换信息。每个调度区段配备一套备用设备，当主用设备故障时，可取代故障设备，保证系统的正常工作。

（2）助理调度员工作站。助理调度员工作站一般配备 1 ～ 2 台大屏幕显示器，主要功能是：无行车人员车站的调车作业计划的编制、调整以及调车工作的领导工作；同时，可以根据阶段计划和调度员的口头指令进行车站的调车进路的排列。每个调度区段配备一套备用设备（采用 N +1 备份，同列车调度员工作站合用备用设备），当主用设备故障时，可取代故障设备，保证系统的正常工作。

（3）控制工作站。控制工作站一般配备 1 ～ 2 台大屏幕显示器，主要功能是：提供车站的按钮操作界面，可以直接遥控车站的进路和其他信号设备；本工作站可以和助理调度员工作站合并。

（4）调度长工作站。调度长工作站一般配备 1 ～ 2 台显示器，让调度长掌握线路实际运营情况，组织生产和运输指挥。

（5）计划员工作站。计划员工作站一般配备 1 ～ 2 台显示器，提供站场显示和实际运行图显示，辅助计划调度完成日班计划的生成和下达。

（6）培训台工作站。培训台工作站配备带多显示器的计算机设备，可为调度所各级行车指挥人员提供系统岗位技术培训。

（7）打印机和绘图仪。作为共享设备执行各工作台的绘图和打印命令。

2）总机房设备

（1）数据库服务器。双机热备配置，安装数据库管理系统（DBMS）。主要功能是：存储 DMIS/CTC 系统的基本图、日班计划、阶段计划、实迹运行图及其他各项数据等。

（2）应用服务器。双机热备配置。主要功能包括：列车阶段计划的生成、调整、冲突检测和调车作业计划的生成等应用，是调度中心系统的核心处理设备。应用服务器可以和数据库服务器合并。

（3）通信前置机。双机热备配置。主要功能是：完成中心系统与车站系统的数据交换和通信隔离。

（4）系统维护工作站。系统维护工作站一般配置 1 台大屏幕显示器，主要完成网络管理、设备运行状态监视、数据更新等维护功能。

（5）接口机。接口机分为 TMIS 接口机、分界口系统接口机等，实现与其他各相关系统间的数据交换和资源共享。

（6）试验分机。调度中心总机房设置一套试验分机用于车站分机设备的测试和系统的调试。

（7）电源系统。电源系统采用集中供电方式，由防雷屏、转换屏、稳压屏、UPS 电源等组成。

2. 车站系统

新一代调度集中系统 FZK – CTC 采用了分散自律的理念，即由车站系统完成进路选排、冲突检测、控制输出等核心功能，所以 FZK – CTC 的车站系统方案设计是极其关键的。

1）车站自律机

车站自律机是新一代分散自律型调度集中系统的车站核心设备，其硬件选用专用的工业级计算机设备，在可靠性、数据处理能力等方面有严格保证。车站自律机的操作系统则是特殊定制的实时多任务操作系统，在软件设计上保证高效、简洁、严密，且经过完整全面的测试。

2）车站自律机的功能

（1）接收、存储调度中心的列车运行计划、调车作业计划等，并可以自动按计划进行进路排列，驱动联锁系统执行。

（2）接收调度中心和本地值班员（信号员）的直接控制操作指令（按钮命令），经与列车计划以及联锁关系检查后，确认无冲突后驱动联锁系统执行。

（3）对信号设备的表示信息进行分析，确认进路的完整性和信号的正确性，并能对不正常情况进行处理。

（4）对车次号进行安全级管理。

（5）列车及调车作业的跟踪。

（6）接收邻站的实际和计划运行图。

（7）接收调度中心和本站值班员的进路人工干预，并调整内部处理流程。

（8）采集数据处理形成信号设备的图形表示信息。

（9）列车车次跟踪显示处理。

（10）向调度中心发送设备表示信息，形成本站的自动报点信息。

3）输入/输出板

对于 6502 继电集中联锁车站，需要设置输入/输出板，完成输入码位的采集和 CTC 控制指令的输出。输入/输出板包括信息采集板（DIB）和控制输出板（DOB）。

（1）车站值班员工作站。车站值班员工作站设置于车站运转室内，一般采用双显示器，并采用双机热备模式。其功能主要包括：用户登录和权限管理；基本图、日计划、班计划、车站调车计划、阶段计划、调度命令的调阅与签收；调车进路的办理，相邻车站的站场显示，区间的运行状态显示；车次号的输入修改确认；行车日志的自动记录、存储、打印；列车编组和站存车的输入上报。

（2）调车计划的编制和打印。

（3）电务维修终端。系统维护工作站设置于车站信号机械室内，通过 CAN 或其他现场通信技术与微机监测单元通信，获取信号设备的工作状态，供电务维修人员参考使用。

（4）综合维修终端。综合维修工作站用于无行车值班人员的车站，电力、工务、桥隧等工种人员施工时，与调度中心联系进行施工申请，签收调度命令等。

3. 网络传输系统

调度中心采用两台高性能 100 M 交换机构成中心冗余局域网的主干，服务器、工作站等计算机设备均配备两块 100 M 冗余网卡与交换机连接；调度中心还采用两台中高端 CISCO 路由器与车站基层广域网连接，路由器应具备足够的带宽和高速端口以满足通信要求，同时为了保证中心局域网的安全，路由器和交换机之间应加装防火墙隔离设备。

车站系统采用两台高性能交换机或集线器构成车站局域网主干，车站调度集中自律机、值班员工作站、信号员工作站等设备均配备两个以太网口进行网络连接。车站系统也需要配备两台路由器和车站基层广域网连接。

车站基层广域网连接调度中心局域网和各车站局域网，采用双环、迂回的高速专用数字通道，数字通道的带宽不低于 2 Mbps/s，每个通道环的站数不超过 8 个站。为了确保通信的可靠性，每个环交叉连接到局域网两台路由器上。

网络通信协议采用通用的 TCP/IP 协议，可采用 CHAP 身份验证及 IPSEC 等安全保密技术。

电务维修系统的网络一般情况下和 CTC 网络隔离。

1）系统特点

（1）调度办公无纸化。行调台延续多年的一张图，一支笔，一把尺，一块橡皮的工作模式将被现代化的 DMIS 行调子系统所替代，调度员通过简单地单击鼠标即可实现运行线的自动铺画、调整，下达阶段计划和调度命令等操作。

列车运行的到发点由系统自动采集，实际运行线自动生成。

每班的运行图可打印输出。

以计算机替代重复、简单的作业环节，减少作业人员的工作环节、劳动强度。

（2）流程管理程序化。通过详细描述列调工作中的设备、规则、方式、流程等条件，由程序智能控制作业流程，规范作业过程管理。

（3）安全检测智能化。强大的防火墙系统和入侵检测系统保证了 DMIS 系统作为行车设备的高度安全性，防止黑客的非法入侵和病毒的侵入。

（4）信息交换网络化。调度员和车站值班员的信息交换全部采用网络传输，替代了原有的电话交流的模式，包括计划的下达，到发点的上报，调度命令的下达等信息，采用电话下达的方式一方面工作强度大，另一方面容易造成误报、错报的情况，网络下达高速、准确，很受调度员的欢迎。

以信息和网络技术替代既有的信息采集、交换方式，提高信息交换的效率和质量，提高工作效率。

（5）计划调整自动化。针对三小时阶段计划的自动调整，由计算机的自动调整替代调度员人工调整，特别是单线调度区段，极大地减轻了调度员的工作强度，调度员只要把握住几个重点会让策略，进行人工干预，其他工作交给计算机来做就可以了。

通过系统自动调整列车会让计划、智能判别列车运行必须满足的逻辑关系，以一定的方式与车站的信、联设备联结，实现对车站设备的直接自动控制，满足调度集中或半集中的需要。

（6）调度指挥无声化。有了 DMIS，调度员通过计算机网络来下达和获取相关的信息，实现信息的共享，不再依靠电话联系，可让人看到一个非常安静的调度所，改善了调度人员的工作环境。

（7）调度控制集中化（预留功能）。在调度集中区段，DMIS 可以做到几百公里之外的车站全部由调度所来集中控制，调度员在调度台上便可直接控制车站的联锁设备，进行远程作业，可做到车站无人值守，配以计算机辅助调度，可以实现按图排路，使整个运输调度工作跨上一个新台阶。

2）系统功能

（1）车站信号设备状态监视和列车运行监视。实时显示车站的进路排列、信号机的开放关闭、道岔位置及区段占用情况，车站信号设备状态监视和列车运行监视；车站运行及进路排放的历史回放。列车运行的位置及早晚点时分等信息；列车车次自动跟踪及和无线车次自动校核；每列被跟踪的列车都带有车次号显示，并可以被系统进行逻辑跟踪，保证车次号不丢失。利用无线车次号系统可以实现车次号的自动输入和自动校核；行调航空图自动生成；路局行车调度工作站可以自动生成实迹运行图，以航空图的形式体现出来，并可绘制输出，实现了路局调度的甩图；调阅所辖区段实迹运行图，了解区段的运行计划及其兑现情况；重点列车实时追踪及查询。

在路局调度指挥大厅里设置大屏幕投影，以电子地图的形式显示全路局的地理状况，在电子地图上可显示重点列车的实时追踪，可以跟踪所有客车，也可指定若干个重点列车的跟踪。

（2）列车运行正点率的自动统计和实时显示。在电子地图上以不同的颜色显示出各统计区段的列车运行正点率；列车运行密度自动统计和实时显示；在电子地图上以不同的颜色显示出各统计区段的列车运行密度（以基本图利用率的方式体现）。

（3）分界口运输状况宏观显示。在电子地图上实时显示路局各个分界口的交接车列车列数。

（4）在 DMIS 机房的系统维护台上，可以实现调度监督显示信息的历史回放，最多可实现 30 天的历史数据的回放。回放时可以选择加速、减速、单步、向后等回放模式。

（5）列车车次号及早晚点实时显示。站场图上的每列被跟踪的列车都带有车次号显示，并由程序实现逻辑跟踪，保证车次号不丢失，车次号的来源可由无线车次号系统取得，在跟踪过程中由无线车次号系统进行不断的校核。

（6）对车站下达调度命令、阶段计划和其他信息。行车调度员可以编写、存储、通过网络下达调度命令给车站值班员，并监督车站的接收、签收状况。车站未收到时可以定点重发。

行车调度员还可将用 DMIS 编制好的列车运行阶段计划通过网络自动下达给所辖车站的车站值班员，以达到其指挥车站行车的目的。下达后可监督车站值班员的接收、签收情况，车站值班员未收到时，可选择定点重发。

此外，行车调度员还可通过 DMIS 制定、下达阶段重点注意事项、列车甩挂作业计划等信息。

（7）基本图显示、查找及打印。路局行车调度员工作站可以显示该调度区段的基本运行图，并可实现查找列车、更改显示方式（如只显示客车或货车，只显示上行车或下行车）。在换新图时可以选择当前使用的基本图。

（8）日班计划的引入及下达。在 DMIS 与 TMIS 计划子系统联网之后，日班计划可由 TMIS 自动传输至 DMIS 数据库中，在这之前，计划员可在 DMIS 的计划员工作站上实现日班计划的输入，以及下达到相关的列车调度员、机车调度员等工种。

（9）列车运行计划自动调整，并通过网络自动下达。行车调度员负责制订、调整三四小时阶段计划，DMIS 的 CAD（计算机辅助调度）功能具有非常高的智能性，可以对三四小时阶段计划进行自动的调整，为调度员提供阶段计划调整方案，同时也提供快捷、方便的人工调整的操作界面。阶段计划的自动调整主要考虑的因素有：列车的等级，列车的正晚点情况，车站的接发列车的间隔时分，区间的闭塞方式，车站、区间的封锁缓行，机车交路、分界口赶交路等因素。

（10）列车实迹运行图自动生成及绘制。DMIS 的最大优势就是自动采集列车到发点，无须车站值班员电话报点。自动采集到发点的原理是利用车次跟踪来实现的，当进站列车经过进站进路，完全进入股道后，系统附加一定的停稳参数（一般为 1 分钟，不同的车站参数不同）作为列车的到达点。当出站列车车头越过出战信号机时，系统减去一定的启动参数（一般为 1 分钟，不同的车站参数不同）作为列车的出发点。当列车为通过该站时，取其完全进入股道的时间和车头越过出站信号机的时间的平均值作为列车通过的时间。

有了列车到发点后，系统可自动生成列车实迹运行图，不同的列车类型用"调规"规定的画线类型进行正确的显示。每班交班时，实迹运行图可以通过网络绘图仪进行绘制输出。如不绘制运行图，实迹运行图在数据库中保存，可保存一年的实迹运行图。

路局 DMIS 可以实现列车车次号的自动跟踪，这是基于逻辑的跟踪方式，列车的车次号跟随列车对轨道电路的占用和出清的次序，不断地跟踪列车。当逻辑跟踪出现失误时，车次号可能会导致丢失，此时系统采用无线车次号发过来的车次号信息进行校核，保证 DMIS 的车次号的可靠、稳定。

在 DMIS 的行调台上的调度监督信息显示上，实现了相邻调度区段台间站及其附近的两个车站的显示透明，以便调度员了解即将进入本区段的列车目前的运行位置。

在车站 DMIS 的车务终端的调度监督信息显示上，实现了与本站相邻的车站（通常为两个，上行一个，下行一个，最多可达 5 个）的显示透明，以便车站值班员能够了解到即将进入本站的列车目前的运行位置，同时也掌握了前方站到发线的占用情况。

相邻的行调台之间可通过 DMIS 自动交换列车运行计划，邻台计划的传递有主动发送方式和主动申请方式，接收方可根据收到的计划对后面的列车进行同步调整，并可以选择性地拒绝邻台发送过来的计划。

DMIS 的车站值班员每天定时输入中间站的车站存车情况，数据经过网络传输后，存储于中心服务器里，列车调度员和计划调度员可进行查询、统计和打印。

在车站，DMIS 的车务终端可以实现车站行车日志（大站为运统三，小站为运统二）的自动生成，它是建立在 DMIS 自动采集到发点的基础上的一个功能，其中可自动生成本站到发点，后方站到发点，前方站到发点，本站的到发线，可人工记录的数据有同意邻站发车时间，邻站同意发车时间。列车的计划点和规定点由列车调度员下发，自动填记。此外，还可以填记列车的注意事项等信息。

DMIS 的统计台提供了相关的运输统计功能，主要如下：

一是各统计区段的列车到发正晚点统计；

二是各统计区段的列车运行正晚点统计；

三是各统计区段的列车旅行速度统计；

四是各统计区段的列车技术速度统计；

五是各统计区段的货物列车甩挂辆数统计。

小结

（1）铁路货物运输按照一批货物的重量、体积、性质或形状分为整车货物运输、零担货物运输以及集装箱货物运输三种类型。凡是一批货物的重量、体积、性质或形状需要一辆或一辆以上铁路货车装运的，均为整车货物，简称整车，应按整车办理托运手续。作为零担货物的条件是，一件货物的体积最小不得小于 $0.02~\text{m}^3$（一件货物重量在 10 kg 以上的除外），每批托运（每张运单）件数不得超过 300 件。

（2）按一批托运的货物，其托运人、收货人、发站、到站和装卸点必须相同（整车分卸货物除外）。整车货物每车为一批。跨装、爬装及使用游车的货物，每一车组为一批。零担货物或集装箱货物，以每张货物运单为一批。采用集装箱装运的货物，必须使用同一箱型并且每批不得超过铁路一辆货车所能装运的箱数。

（3）运到期限是指铁路将货物由发站运送至到站的最长时间天数，是根据铁路现有技术设备条件（如线路、机车、信号设备等）和运输工作组织水平来确定的。

（4）铁路货物运价的基本内容主要由普通运价、特定运价、铁路建设基金和货物运杂费四大部分组成。

（5）铁路货物发送作业包括货物的托运、货物的受理、进货和验收、承运前的保管、装车作业、制票与承运、送票等。货物的途中作业主要包括货物的途中交接和检查、货物的换装整理、货运合同的变更或解除、运输阻碍的处理等。

（6）集装箱运输每批必须是同一箱型、同一箱主、同一箱态、同一吨位的集装箱。铁路集装箱与自备集装箱一般不能按一批办理，但使用承运人提供的回空自备集装箱装运货物时，按铁路集装箱办理。集装箱运输每批至少一箱，最多不得超过一辆铁路货车所能装运的箱数，集装箱总重之和不得超过货车的容许载重量。集装箱应在集装箱办理站间进行运输。

（7）铁路运输管理信息系统（TMIS）主要包括确报、货票、运输计划、车辆、编组站、货运站、区段站、路局调度、货车实时追踪、机车实时追踪、集装箱实时追踪、日常运输统计、现在车及车流推算、军交运输等子系统。铁路调度指挥管理信息系统（DMIS）实现对全路局的行车进行实时、集中、透明指挥，用自动化手段调整运输方案，通过计算机网络下达行车计划和调度命令，实现自动报点和车次号自动跟踪。

复习思考题

（1）铁路货物运输的种类有哪些？限制条件分别是什么？

（2）铁路零担货物有哪几种？整零车有哪几种？

（3）按一批托运的货物应具备的条件是什么？各种货物按一批托运时有何规定？

（4）整车货物、零担货物及集装箱货物发送作业流程是怎样的？整车货物、零担货物发送作业流程的区别有哪些？

（5）货物运单和货票的作用分别有哪些？

（6）铁路集装箱运输按一批办理的条件是什么？

（7）铁路运输管理信息系统（TMIS）主要包括哪些内容？

实训

1. 案例分析

运输逾期造成货物变质

广东省物资储运公司 4 月 19 日受宏隆公司的委托，将宏隆公司被买方拒收的 240 件铁桶包装的 TD 甘油在广州东站办理了托运手续，自装自锁装入 P632697 号 60 吨的棚车。托运人填写的货物运单记载：甘油 240 件，到站上海何家湾站，收货人上海宏隆实业有限公司。承运人缮制的货票记载，运到期限为 9 天。

P632697 号货车于 4 月 20 日从广州东站开出，次日到达株洲北站，5 月 18 日编入直通货物列车开出，同日到达鹰潭站。6 月 14 日抵达上海何家湾站。涉案货物后经上海市产品质量监督检验所现场外观检查，结果是抽查检验不合格。

2. 技能训练

以小组为单位，分别对广东省物资储运公司、宏隆公司、广州东站、株洲北站、鹰潭站在工作流程中可能出现的问题进行讨论；与其他小组成员进行交流。

3. 运输软件仿真实训

项目三

水路货物运输与信息化技术

教学目标

1. 知识目标

（1）掌握水路运输系统的组成。

（2）掌握内河货物运输业务流程。

（3）掌握班轮运输操作流程。

（4）了解水路货物运输信息化应用原理。

2. 技能目标

（1）能够分析水路运输方式的技术经济特征。

（2）能够正确填写水路货物运输单证。

（3）能够正确计算班轮运费。

案例

1. 案例介绍

宜昌化工厂委托承运化肥发现货损货差

1989年11月15日，宜昌化工厂与宜昌轮船公司以运单形式签订水路货物运输合同，由宜昌轮船公司所属宜昌301、208拖船顶推铁甲16、02、19号驳装载碳铵（化肥）1 050吨，计21 000袋，由湖北宜昌云池港运至四川忠县港。因宜昌301拖船在四川省金龟碛水域不慎将左螺旋打坏，不能继续上驶，于1989年11月30日与经协公司签订代办运输协议，并将全部货物交给该公司。

货物在奉节卸岸待运达40天。后经协公司与重庆轮船公司签订水路货物运输合同。1990年1月10日和1月18日由重庆轮船公司所属甲字01259驳装16 000袋800吨化肥和0314驳装5 000袋250吨化肥受载继续上驶，于1月19日和2月20日抵达忠县港。收货方视货物破包严重拒收，并立即电告宜昌化工厂。收货方接到宜昌化工厂立即组织卸船避免扩大损失的回电后于2月2日将甲字01259驳所装16 000袋800吨货物全部卸完，2月21日将甲字0314驳所装5 000袋250吨货物卸载完毕并办理了交接手续，注明差10袋，空袋14

个。由于货物在奉节货场堆放时间过长，质量受损，只能降价处理，损失 10 374 元。

各方争议如下。

宜昌化工厂认为：宜昌轮船公司所属船队承运我厂化肥，从宜昌云池港运往四川忠县港，因承运人原因，中途几经周折，逾期到达目的港，致使货物发生严重损失，我厂要宜昌轮船公司赔偿我厂的经济损失。

宜昌轮船公司认为：我公司承运宜昌化工厂货物的船队，航行到四川金龟碛时，因宜昌 301 拖船旋桨打坏不能继续行驶，与经协公司签订了代办运输协议，并将宜昌化工厂自理装船的货物全部交给了经协公司，我公司不应承担赔偿责任。

经协公司认为：我方委托重庆轮船公司甲字 01259 驳、甲字 0314 驳承运，按规定交接手续清楚，货物损失与我方无关。

重庆轮船公司认为：经协公司以件数交接，我方仍以件数交接，按规定交接手续完备，我公司不承担责任。

2. 案例分析

这个案例告诉人们，托运人和承运人要严格按照运输合同和流程进行运作。承运人在运输过程中要承担因自己原因而造成的货损、货差和货灭责任。

3. 思考·讨论·训练

针对上述案例，谈谈你对下列问题的看法。

（1）从水运组织管理角度分析发生事故的原因。

（2）你认为采取什么措施可以避免事故的发生？

教学内容

工作任务一　水路货物运输认知

一、水路运输发展过程

水路运输的发展过程，按照船舶所采用的驱动力的不同可分为以下几个阶段。

1. 水及人工动力阶段

这一阶段船舶的动力主要靠人力采用外部工具，如船桨、船橹、纤绳等带动船舶及其上所搭载的人及货物在水上移动或是使船舶顺水而动。这一阶段可追溯到石器时代，并在某些地区一直与其他阶段并存并沿用至今。

2. 风动力阶段

在这一阶段产生了帆船，通过风力吹鼓风帆使船舶顺风而行。但在逆风向上的航行还要靠水动力及人工动力补充才能完成。据记载，古埃及远在 4 000 年以前就有了帆船，在我国也可以追溯到公元前。15—19 世纪是帆船的发展黄金时代，这一时代帆船已经应用于远洋航行甚至是环球航行。15 世纪初，我国明代郑和下西洋；15 世纪末，哥伦布发现新大陆，他们的船队都是由帆船组成的。19 世纪中叶，美国的飞剪式快速帆船，是帆船发展史上的最后一个高潮。并且帆船受各地区自然条件的影响及使用领域的不同而有不同的特点。

3. 蒸汽机动力阶段

蒸汽机的发明标志着第二次工业革命的开始，同时也使船舶有了新的动力来源。1807年美国人富尔顿制造了世界上第一艘蒸汽动力船舶并试航成功，从此机械动力替代了自然动力，水运也从此进入了蒸汽时代。

4. 柴油机动力阶段

柴油机船问世后由于其高效的热效率及能源利用率等优势逐渐地取代了蒸汽机船。第二次世界大战结束后，随着工业化国家经济的迅速恢复和发展，国际间的经济往来日益加强，使船舶的需求及数量迅速增加，而这期间的新增船舶普遍采用柴油机作为动力。第二次世界大战期间，为了适应战时运输的需要，美国建造的 2 610 艘自由轮（万吨级使用燃油锅炉和蒸汽机的杂货船）是最后建造的一批往复式蒸汽机远洋运输船舶。

后来随着核能的利用和发展，1962 年，美国制造出了世界上第一艘核动力船，开辟了船舶能源的新天地。现在核潜艇已成为一个国家海上军事力量的一个重要方面。

二、水路运输系统的组成

水路运输是交通运输的重要组成部分。从水路运输方式来看，水路运输可以分为内河运输和海洋运输两大类。而海洋运输又可以分为沿海运输和远洋运输两大类。水路运输系统由船舶、港口、各种基础设施与服务机构等组成。

1. 船舶

1）船舶的主要种类

船舶按用途分类，可以分为货船和客船。

（1）货船。货船是专门用于货物运输的船舶。按装载货物的不同主要有杂货船、散货船、集装箱船、液货船、滚装船、载驳船、冷藏船等几种。

① 杂货船。杂货船是定期行使于货运繁忙的固定航线港口，以装运零批件货或装运不能集装箱化的杂货为主要业务的货船。为满足在没有配备货物装卸装置的小型港口的装卸货物要求，这种船舶大都自身带有装卸装置。由于其装运的货物大小不等，船体的大小也不等，排水量从几吨到 1 万～2 万吨，海上杂货船载重量在 2 000 ～ 15 000 吨。

② 散货船。散货船是专门运输粮食、盐、矿砂、化肥、煤炭及散装水泥等大宗散装货物的船舶。这种船舶目前在各类船舶的总吨位中占据第二位。其特点是：单层甲板，舱口宽阔，舱内平直，船体肥胖，航速低，通常单程运输，线路固定，品种单一。通常载重量 3 万吨左右，最大载重量也有 40 万吨的，如韩国 1987 年建成的散货船，最大载重量 36.5 万吨。

③ 集装箱船。集装箱船是载运统一规格的标准箱的货船。集装箱船由于其装卸效率高，经济效益好等优点，而得到迅速发展。标准集装箱通常有 20 f 和 40 ft 两种，20 ft 的集装箱被定为统一的标准箱，并被作为衡量集装箱港口吞吐量的单位。集装箱船的特点是船型尖瘦，舱口尺寸大，便于装卸；船速较高。

④ 液货船。液货船是运送散装液体的船，如油船、液体化学品船、液化气船等。由于防污染的要求，国际海事组织规定从 1996 年 6 月 6 日以后交付使用的载重量在 5 000 吨以上的油船要求双壳双层底。油船是各类船舶中载重量最大的，最大的达 55 万吨。液体化学品船是专门运输有毒、易挥发及属危险品的化学液体的船舶。结构上除双层底外，货舱区均为双层壳，货舱有透气系统和温度控制系统，根据需要还有惰性气体保护系统。液化气船分

为液化石油气船、液化天然气船和液化化学气船，运输时主要采用常温加压方式或冷冻方式，加压方式适用于小型船舶，载重量在 4 000 吨以上的船舶以冷冻方式运输较多。

⑤ 滚装船。滚装船类似于汽车与火车渡船，它将载货的车辆连货带车一起装船，到港后一起开出船外。这种船适用于装卸繁忙的短程航线。也有向远洋运输发展的趋势。这种运输方式的优点是避免了车船转运的麻烦，提高了装卸搬运的效率。

⑥ 载驳船。载驳船也叫子母船，由一大型船舶运载一批驳船，驳船内装货或集装箱。母船到港后，驳船从母船卸到水中，由拖船或推船将其带走；母船则再装载另一批驳船返航。

⑦ 冷藏船。冷藏船是运送冷冻货物的船。它的吨位较小，航速较高。一般在货舱内装有调节空气温度与湿度的冷藏机器与设备，货舱壁及甲板、舱盖等均加装隔热保温材料，以保持舱内温度平衡。

（2）客船。凡以载运旅客为主要业务的船舶称为客船。凡搭载旅客超过 12 人的船舶，一般称为客船。客船的建造应符合快速性、安全性、耐波性、操纵性等要求。快速性要求船体具有较好的线形，推进器具有较高的效率；安全性要求船舶具有较高的强度，良好的抗沉性、防火结构及其他安全设施；耐波性可以保证旅客有较平稳的旅行环境；操纵性要求客船选用先进的舵形、性能良好的主机遥控装置，一般采用双螺旋桨，并尽可能地增加螺旋桨轴间的距离。

2）船型的主要尺度

船型的主要尺度有船长（L）、型宽（B）、型深（H）、吃水（F），如图 3 - 1 所示。

图 3 - 1 船型主要尺度

（1）船长。船长有三种表示方法：总长、垂线间长、设计水线长。总长指船艏至艉部的最大距离；垂线间长指艏垂线至艉垂线的距离，又称两柱间长；设计水线长指设计水线平面与船型艏艉交点之间的水平距离。一般情况下船长指垂线间长或设计水线长。

（2）型宽。型宽是指船形中部设计水线两肋骨外缘之间的水平距离。

（3）型深。型深是指船中点处，沿舷侧龙骨上缘至上甲板下缘的垂直距离。

（4）吃水。吃水是指船中部，从龙骨上缘至设计水线的垂直距离。

（5）干舷。干舷是指在船长中点处由干线甲板上表面至满载水线的垂直距离。

2. 港口

1）港口的分类

港口按用途可以分为商港、渔港、工业港、军港、避风港。商港主要是指用于货物装卸作业、中转作业和旅客上下的港口；渔港是指专供渔船停靠，装卸渔货，供应淡水、燃料及其他各类给养物资的港口；工业港是指由企业自行投资建设的专为企业自身服务的码头；军港是指专为军舰服务的港口；避风港是指专供船舶躲避风浪太大的恶劣天气而停泊的港口。

按地理位置可分为海港、河口港、内河港。

按其水运地位和重要性分为国际性港、国家性港、地区性港。国际性港为世界各地的船舶提供服务，国家性港主要为国内船舶提供服务，地区性港主要为国内某一地区的船舶提供服务。

2）港口设施与设备

港口设施与设备主要包括港池、锚地、航道、港口铁路、港口道路、仓库、港口机械、港口给排水系统、港口供电系统等。

（1）港池。港池一般是指码头附近的水域。它需要有足够的水深与足够宽广的水域，以供大吃水船舶的靠离港操作。对于河港或河口港一般不需要修筑防波堤，如上海黄浦江内的各港区和天津海河口的港口。但对于开敞式的海港，如青岛港、烟台港、大连港等，都必须修建防波堤，以阻挡海上风浪与泥沙的影响，保持港内水面的平静与水深。

（2）锚地。锚地是供船舶抛锚候潮、等候泊位、避风、办理进出口手续、接受船舶检查或过驳装卸等停泊的水域。锚地要有足够的水深，使抛锚船舶即使由于较大风浪引起升沉与摇摆时仍有足够的富余水深。锚地底质一般为较平坦的沙土或亚泥土，使锚具有较大的抓力，而且远离礁石、浅滩等危险区。

（3）航道。航道是指船舶进出港的通道。为保证安全通航，必须有足够的水深与宽度，不能弯曲度过大。

（4）港口铁路。由于我国海港集中在东部沿海，港口与内陆货物集疏运的难度较大，因此铁路运输是货物集疏的重要手段。完整的港口铁路的组成与一般的铁路的组成几乎一致，为了便于与港外铁路连接，一般采用国家标准轨距。

（5）港口道路。港口道路可分为港内道路与港外道路。港内道路主要用于通行进行货物装卸搬运的载货汽车与作业机械，港内道路行车速度较低，一般为 15 km/h 左右。港外道路主要连接港区与城市道路或公路，如通行一般的运输车辆，其功能及技术条件与普通道路相同。

（6）仓库。港口是车船换装的地方，为保证进出口货物的集散和安全检查、理货等作业，港口必须有足够容量的仓库与堆场，以保证港口的进出口作业的顺利进行。按仓库所在位置分为前方仓库和后方仓库。前方仓库位于码头前沿地带，用于临时存储准备装船或从船上卸下的货物；后方仓库用于较长期存储货物，位于码头较远处。

（7）港口机械。港口机械是完成港口货物装卸的主要工具，用于完成船舶与车辆的装卸，货物的堆码、拆垛与转运等。港内流动装卸机械有较大型的轮胎式起重机、履带式起重机、叉车等；固定装卸机械有门座起重机、岸壁起重机、集装箱起重机；各种连续输送机械，如带式输送机、气力输送机。

（8）港口给排水系统。港口给水系统是为船舶和港口的生产、生活、消防提供用水。港口排水系统的任务是及时地排出港区的生产水、生活污水与地面雨水。

（9）港口供电系统。港口供电的对象主要是装卸机械、维修设备、港口作业的辅助设施、照明、通信与导航设施等。

（10）船舶基地。为保证港口生产与安全，需要有各种辅助船舶，如拖船、供水船、燃料船、起重船、垃圾船、巡逻船、搜救船等。

（11）港口通信系统。港口通信系统主要用于船舶与港口间的联系与通信，是保证港口与船舶高效安全生产的重要手段。目前已广泛应用的有各类无线、有线通信与计算机网络通信等手段，主要用于港口生产、调度、安全保障等方面。

3）现代港口的特征

（1）拥有大量的泊位。泊位多少是港口规模的标志。泊位多则同时停泊的船舶较多，一定时期内港口能够同时装卸货物的船舶多，港口的吞吐量就大。

（2）具有深水航道和深水港区。航道和港区的深度决定了可以进出港口的船舶的最大吨位。现代化的大规模的港口都具有大量的深水航道和深水港区，以便大吨位的船舶的进出。

（3）具有高效率、专业化的装卸设备。现代化的港口由于其泊位众多，停泊的船舶吨位巨大，货物吞吐量大，需要高效率、专业化的装卸设备进行货物的装卸作业，才能满足货物的高效周转的需求，以防止货物装卸作业成为港口作业的瓶颈。

（4）具有畅通的集疏运设施。现代化港口由于其货物吞吐量巨大，需要有高效的路上货物集疏运系统，需要有货物外运时货物向港口的及时集结，有货物入港时货物向陆地的及时疏散。

工作任务二　分析水路运输的技术经济特点

水路运输主要是利用天然水道，进行大批量的、长距离的运输。水路运输在各种运输方式中是最为便宜的运输方式，但运输速度最慢，其系统特性主要反映在以下几方面。

1. 运输能力大

在 5 种运输方式中，水路运输能力最大。在长江干线，一支拖驳或顶推驳船队的载运能力达 3.2 万吨，国外最大的顶推驳船的载运能力已达到 3 万～4 万吨。世界上最大的超巨型油轮，其每次载运原油的数量可以高达 56.3 万吨，而最大的集装箱船，每次可装载集装箱 25 000 TEU。

2. 能耗低

我国水路运输中，柴油机占发动机功率的 95%，其中低速柴油机约占 88%。低速柴油机热效率较高，一般可达到 40%～50%，而铁路运输内燃机热效率约为 30%，因此，船舶单位能耗低于铁路，更低于公路。美国运输部统计资料数据表明，1 加仑（1 加仑=4.546 1 升）燃油，大型卡车可完成 59 吨英里，铁路可完成 202 吨英里，内河船舶可完成 514 吨英里。汽车的能源消耗约为内河船舶能源消耗的 10 倍，铁路运输的能源消耗约为内河运输能源消耗的 2 倍。

3. 运输成本低

沿海船舶的吨位大，运输成本一般较铁路低。长江干线的运输成本为铁路的 84%，沿海运输成本只有铁路的 40%。德国内河运输成本为铁路的 1/3、公路的 1/5，而美国内河运输成本仅为铁路的 1/4、公路的 1/15。

4. 建设投资少

水路运输除需要投资构造船舶、建设港口外，在一般情况下，是利用江河湖海等自然资源行船，沿海航道几乎不需要投资建设，内河航道整治也仅仅只有铁路建设费用的 1/5 ～ 1/3。

5. 土地占用少

与铁路、公路相比，水运占用土地少，基本不占耕地。有些航道的整治和港口的建设可利用疏浚的泥沙回填，增加沿岸的可利用土地面积。

6. 劳动生产率高

由于船舶载运量大，配备船员少，因而其劳动生产率高。一艘 20 万吨的油轮一般只需要配备 20 名左右的船员，平均每人运送货物 1 万吨。例如，1996 年我国直属水上运输的全员劳动生产率为 7 923 千换算吨公里/人，而铁路仅为 844 千换算吨公里/人。沿海运输劳动生产率是铁路运输的 6.4 倍，长江干线运输的劳动生产率是铁路运输的 1.26 倍。

7. 平均运距长，续航能力大

水路运输平均运距分别是铁路运输的 2.3 倍，公路运输的 59 倍，管道运输的 2.7 倍，但只有航空运输的 68%。一艘商船出航，所携带的燃料、粮食及淡水，可历时数十日，其他运输工具是难以企及的。且商船具有独立生活的种种设备，如发电、制造淡水、储藏大量粮食的粮仓、油槽等，能够独立生活。

8. 运输速度慢

船舶运输平均航速较慢，在途中的时间长，不能快速地将货物运达目的地，增加货主流动资金的占有量。由于大型船舶体积大，水流阻力高，因此航速一般较低。低航速行使所需克服的阻力小，能够节约燃料；航速增大所需克服的阻力直线上升，例如，航速从 5 km/h 增加到 30 km/h，所受的阻力增大到 35 倍。一般船舶行驶速度只能达到 30 km/h 左右。

9. 受自然条件的影响较大

水上运输容易受台风或气候条件的影响，货物送达期限难以准确保证。内河航道枯洪水期水位变化较大；北方内河航道和有些海港冬季结冰，不能实现全年通航。在海上行驶的商船，遇风暴需要躲避；遇大雾需要按避碰章程办理，以防损害，这都是气候对水路运输的限制。另外，商船到达商港，会因港湾水深或装卸设备的缺乏，而限制商船的入港及作业。

10. 可达性差

水路运输只能在固定的水路航线上进行，常常需要其他运输方式与之配合衔接，才能实现"门到门"运输。

水路运输适宜于运距长、运量大、对送达时间要求不高的大宗货物运输，也适合集装箱运输。

工作任务三　内河货物运输认知

一、我国主要内河水运资源的分布

我国幅员辽阔，大江大河横贯东西、支流沟通南北，江河湖海相连，构成了天然河网。流域面积在 100 平方千米以上的河流有 5 万多条，约 43 万千米长；大小湖泊 900 多个，大多水量充沛，常年不冻，为发展内河航运提供了优越的自然条件。我国内河航道主要分布在长江、珠江、黑龙江和松花江等水系以及京杭大运河。

1. 长江

长江是我国内河通航的最大河流，整个水系有通航支流 3 500 多条，通航里程长约 7 万多千米，占全国内河航道总里程的 70%。长江干流沿岸有上海、南京、武汉、重庆等大中城市和工业重镇，赣江、汉江、湘江等支流沟通众多中小城市，货运资源充足。通航能力上长江干流南京至长江口可通行万吨级巨轮。

2. 珠江

珠江是我国仅次于长江的第二大通航河流。珠江水系现有通航河流 988 条，水流丰富，河汊众多，总通航里程 1.3 万千米。珠江干流和其支流西江、北江、东江都有较长的通航里程。

3. 黑龙江

黑龙江水系由黑龙江、松花江、第二松花江、嫩江、乌苏里江、石勒喀河等组成，黑龙江是主流。黑龙江通航里程为 1 890 千米，每年封冻期长约 180 ～ 200 天。其他各条河流只能季节性分区段通航，不能全流域通航。

4. 京杭大运河

京杭大运河连通了黄河、淮河、海河、长江、珠江、钱塘江五大水系，年运输能力超过京沪铁路，总通航里程为 1 044 千米，主要通航河段集中在江苏和浙江境内，山东境内通航河段主要集中在梁山以南。

二、内河航道

《中华人民共和国航道管理条例》第三十条对航道的定义为："'航道'是指中华人民共和国沿海、江河、湖泊、运河内船舶、排筏可以通航的水域。"

我国《水运技术词典》对航道的定义为："在江河、湖泊、水库、渠道及港湾的水域中，供一定标准尺度的船舶通航的航道"。

在日常工作中对航道比较通俗的定义是：航道是指具有一定的深度、宽度、净空高度，有航标标示的，供一定标准尺度的船舶航行的水道。

1. 航道尺度

航道尺度包括航道深度、航道宽度和航道弯曲半径。航道深度是指航道范围内从水面到河底部的垂直距离；航道宽度是指航道两侧界限之内，垂直于航道中心线度量的水平距离；航道弯曲半径是指航道中心线的曲率半径。

2. 航道种类

（1）国家航道。国家航道主要是指构成国家航道网、可以通航 500 吨级以上船舶的内河干线航道；跨省、自治区、直辖市，可常年（不包括封冻期）通航 300 吨级以上（含 300 吨）船舶的内河干线航道；可通航 3 000 吨级以上（含 3 000 吨）海船的沿海干线航道；对外开放的海港航道；国家指定的重要航道。

（2）地方航道。地方航道主要是指可以常年通航 300 吨级以下（含不跨省可通航 300 吨级）船舶的内河航道；可通航 3 000 吨级以下的沿海航道及地方沿海中小港口间的短程航道；非对外开放的海港航道；其他属于地方航道主管部门管理的航道。

（3）专用航道。由军事、水利电力、林业、水产等部门以及其他企事业单位自行建设、使用的航道。

3. 内河航道满足通航的技术要求

内河航道必须满足下列基本技术要求。

（1）足够的航道深度。为保证船舶的正常航行，航道上应有足够的航道深度，航线上在枯水期所应有的保证船舶通航的最小深度称为最小通航深度，且有：

$$最小通航深度 = 船舶满载吃水 + 富余水深$$

富余水深是保证船舶安全正常通过浅滩航段所需要的富余深度。

全航线通航水深与某些关键区域如暗礁和浅滩及船型有关。一般水深在 $2.5 \sim 3$ m 时，可通过 $1\,500 \sim 2\,000$ 吨驳船。一般按深度将航道划分为不同等级。

（2）足够的航道宽度。最窄航道宽度应保证双向船队相向航行时能够安全通过，所以数值上要等于双向船队宽度之和再考虑一定的富余宽度，其中富余宽度的大小要视河流宽度、水流速度、岸形等因素不同而定。

（3）最小转弯半径。最小转弯半径是航道中心线的最小曲率半径。内河航道要保证足够的转弯半径，以利于船舶航行，防止发生与其他船舶或岸壁的碰撞事故，在某些急转弯的航道只能实行单向通航。

（4）允许范围内的水流速度。航道水流速度过大对航行船舶有极大影响，对不同船型均有不同的最大允许流速，超过允许流速必须停航。流速过大，上水船动力不足，若增加柴油机马力，经济上又不合算；下水船受水流影响，船速过快，船舶不易控制，更加危险。

（5）要有最低的通航高度。各种跨江河航道的建筑物降低了航道的净空高度，限制了通航船舶的吨位和高度。通航最低高度应是最高水位时，跨江河建筑物下檐至水面的距离，要保证船舶空船时能够通过。

4. 内河航道设施

我国内河航道设施主要包括内河航标、航道整治建筑物、通航建筑物和测量设施等。

1）内河航标

内河航标是船舶在内河安全航行的重要助航设施。内河航标的主要功能是标示内河航道的方向、界限和碍航物，指示有关航道信息，为船舶航行指出安全经济的航道。其种类主要有航行标志、信号标志和专用标志。

（1）航行标志。航行标志是标示航道方向、界限和碍航物的标志，有过河标、沿岸标、导标、过渡导标、首尾导标、侧面标、左右航道标、示位标及桥涵标等。

（2）信号标志。信号标志主要有通航标、鸣笛标和界限标。通航标，设在上下行船舶不能相互通视、同向并驶或对驶有危险的狭窄、急弯航段及施工禁行等需要通航控制的河段，利用信号控制上行或下行的船舶单向顺序航行和禁止通航；鸣笛标，设在航道控制河段或上下不能相互通视的急转弯航道的上下游两端河岸上，指示船舶鸣笛；界限标，设在通航控制河段的上下游，标示通航控制河段的上下界限。

（3）专用标志。专用标志是为标示沿、跨河道的各种建筑物或为标示特定水域所设置的标志，其主要功能不是为了助航。

2）航道整治建筑物

航道整治建筑物通常包括丁坝、顺坝、锁坝、潜坝、护岸、转流屏、鱼嘴和岛尾工程等。

（1）丁坝。丁坝是常用的整治建筑物，丁坝根与河岸连接，坝头伸向河心，坝轴线与水流方向正交或斜交，在平面上与河岸构成丁字形，它是横向阻水的整治建筑物。它的主要作用是：未淹没时束紧河槽，提高流速冲刷浅滩，增加航道水深；淹没后造成环流，横向导沙，调整分汊河道的分流比，控制分流、淤高河滩、保护河岸、排除主流以防顶冲河岸和堤防等。

（2）顺坝。顺坝是一种坝轴线沿水流方向或与水流交角很小的建筑物，起到引导水流束紧河床的作用，又称导流坝。

（3）锁坝。锁坝是从一岸到另一岸横跨河槽及串沟的建筑物，又叫堵坝。一般用于堵塞分汊支流，使分汊支流归入主航道。

（4）护岸。采用石料、混凝土块等材料保护河岸的措施称为护岸。

3）通航建筑物

通航建筑物主要有船闸、升船机等。

（1）船闸。船闸是船舶为克服航道水位落差的一种通航建筑物，利用船闸使水位升降时船舶安全通过拦河大坝等水利枢纽。

（2）升船机。升船机和船闸一样，都是用来克服航道上的集中落差，将上下连接成一个连续的航道，以使船舶通过的建筑物。

二者的不同点是，船闸直接借闸室的水面升降，使闸室内的船舶完成垂直运动；升船机则是利用机械方法，升降装载船舶承运箱，来克服集中落差。

4）测量设施

航道测量是航道维护工作的基础。航道测量设施既有测量过程中使用的仪器设施，也包括固定的测量标志和控制点等。航道测量仪器设施如标杆、测深仪、流速仪、测量船等，测量标志如各种等级的天文点、重力点、水准点、三角点等的标志物。

5. 影响航道通过能力的因素

航道通过能力是指在一定的船舶技术性能和一定的运行组织方法条件下，一定航道区段在单位时间（昼夜、月、年或航期）内可能通过的货吨或船吨数，它取决于各困难航道的通过能力及相互影响。

影响航道通过能力的因素很多，包括航道和船舶的技术性能、经济因素、自然因素以及运行组织因素。

1）航道和船舶的技术性能

（1）天然航道区段的通航尺度（如深度、宽度、弯曲半径）和人工运河及船闸的尺度与设备；

（2）航道通航及枯、中、洪水位的水深，历期的流速；

（3）天然航道的航标设置和过滩设备能力；

（4）航道困难地段（如急流、浅滩、单行水道）的长度、数量及分布；

（5）船舶尺度（如长、宽、吃水）；

（6）船舶和船队的速度。

2）经济因素

经济因素主要是指航区的客货流结构及船舶性能与货物性能的适应情况。

3）自然因素

自然因素是指风、雨、雾等自然气象因素。

4）运行组织因素

运行组织因素包括所采取的发船方法及船舶（船队）通过困难地段的方法和驾驶人员的技术水平。

上述 4 个因素中，前三者属于客观条件，后者主要取决于人的因素。因此，提高管理人员素质，充分发挥人的积极因素，对提高航道通过能力也有重要意义。

工作任务四　完成内河运输组织流程

工作任务：

武汉某船公司接到当地某生产企业发往南京 1 000 kg、无锡 1 000 kg、江阴 1 500 kg、苏州 1 000 kg、上海 2 000 kg 相同货物运输需求的运单。要求在一个月内通过水运运达所有目的地。请你设计这批货源的水路运输方案。

1. 询价与报价

托运人需要运输货物时向承运人询问运输的基本情况和运输价格的行为称为询价。为保证能够得到价低质优的运输服务，托运人可以向多家承运人询价，了解多家承运人所提供的运输服务和运输价格的基本情况。

承运人在接到托运人的询价后，向托运人发出的关于运输时间、数量、运输价格和其他运输条件的回答称为报价。

询价与报价的形式可以采用书面形式，如信件、传真、电子邮件，也可以采用电话等口头形式。

2. 托运

当托运人与承运人对运输的价格达成一致时，托运人就可以向承运人提出具体的托运请求。托运通常采用书面形式，如合同书、格式合同、货物运单（如表 3 - 1 所示）等；当采用合同书时需要承托双方就合同的内容双方商定，但采用格式合同或货物运单时，则表明托运人已接受其中所标明的各项规定和条件。托运时托运人向承运人提交托运单证，托运单证中要注明运输货物的名称、数量、包装方式、识别标志、货物运输时限、运到时限或运期、起运港、到达港、收货人等运输事项。

3. 承运

承运人在接收到托运人递交的托运单后，需要对托运单进行审核，检查托运单所填内容是否符合事实、是否填写完整和符合要求。如符合要求则可接受进行承运。如不符合要求或存在问题和疑问，就应要求托运人进行解释；对于托运人的不合理要求，承运人可提出修改意见；对无法办到的托运事项，承运人可以拒绝或要求托运人改变要求；对于违反国家法律或损害国家和他人及公共利益的要求，承运人要坚决拒绝。承托双方对于运输单证内容协商一致后，承运人签署托运单证，运输合同即告成立，对于特殊托运要求与特别协定可记录在"特约事项"栏中。

表 3-1 水路货物运单格式

水路货物运单

月　　日

交接清单号码：

运单号码：

船名		起运港			到达港			到达日期		收货人（章）
托运人	全　　称				收货人	全　　称		承运人（章）		
	地址、电话					地址、电话				
	银行、账号					银行、账号				

发货符号	货号	件数	包装	价值	托运人确定		计费重量		等级	费率	金额	应收费用		
					重量（t）	体积（m³）	重量（t）	体积（m³）				项目	费率	金额
												运费		
合　计														

运到期限（或约定）	托运人（公章）	总计
		核算员
特约事项	承运日期起运港承运人（承运人）（章）	复核员

说明：1. 此货物运单主要适用于江、海干线和跨省运输的水路货物运输。

2. 水路货物运单、货票一式六份。顺序如下：

第一份：货票（起运港存查联）。

第二份：货票（解缴联），起运港→航运企业。

第三份：货票（货运人收据联），起运港→托运人。

第四份：货票（船舶存查联），起运港→船舶。

第五份：货票（收货人存查联），起运港→船舶→到达港→收货人。

第六份：货物运单（提货凭证），起运港→船舶→到达港→收货人→到达港存。

3. 除另有规定者外，属于港航分管的水路运输企业，由航运企业自行与托运人签订货物运输合同的，均使用航运企业抬头的水路货物运单。

4. 货物运单联需用厚纸印刷，货票各联用薄纸印刷，印刷墨色应有区别：解缴联为红色，收据联为绿色，其他各联为黑色。

5. 要印控制号码或固定号码。

6. 到达港收费，另开收据。

7. 规格：长 19 cm，宽 27 cm。

4. 货物配积载

承托双方在订立运输合同后，要安排船舶对所承运货物进行运输，此过程中最重要的就是对船舶的配积载，制作货物清单和货物交接单。

船舶配载是为船舶的某一具体航次选配货物，即承运人按照托运人提出的货物托运合同要求和计划，将相同航线和相同装船期限的货物安排给同一艘船舶运输，并编制一张船舶配载图。它所解决的是某一艘船舶应该"装什么"的问题。

船舶积载是指对货物在船上的配置和堆装方式作出合理的安排，由载货船舶的大副或船长，在货物配载的基础上确定货物在各舱各层配装的品种、数量与堆码的方法与工艺，并编制一张积载图。它所解决的是船舶配载的货物应该"如何装"的问题。

5. 托运人向承运人交货

承托双方在订立运输合同后，托运人应尽快准备好货物，在规定时间、规定地点交付承运人。在交货之前托运人应根据托运合同或有关水运货物包装的要求，在保证货物运输及中转、装卸搬运安全的原则上，对货物进行包装；并在货物包装上粘贴必要的运输标志、指示标志等货运标志。承运人在接收货物前要对货物验收，验收时要根据运输合同检查货物的品名、数量、件数、重量、体积等是否与运输合同一致，如一致则可接收货物。承运人接收货物后，货物的风险和责任由承运人来承担。

6. 货物装船与核收运费

装船时，可以由托运人将货物运至船边直接装船，也可以将货物运至港口，由港方集中装船。如果船舶在承运人港口、码头则装船由承运人负责，在公共码头时则由港方负责，但承运人应做好船舶监装工作，包括监督港方是否按照积载图装货，货物的数量是否发生溢多短少，货物包装及标志是否不符要求。货物装船后，承运人要向托运人签发货物收据，在国内通常是货物运单，以证明货物的交付。

承运人在接受承运后，就可按照约定的运费及运量或验收时的计费运量核算运费，并向托运人收取。对于约定由收货人付运费的，需要到达目的地后向收货人收取。目前常用的是部分预付费的方式，即先由托运人付部分运费，货到目的港后再由收货人付其余运费。

7. 货物交接和续航

货物装船完毕后，托运人要与承运人或是港方办理货物的交接手续。由托运人直接装船的，由承运人签发运单；由港方装船的，港方和承运人在货物交接单上签章。此外，船舶还要根据货物装船的实际情况编制船舶实载图或分仓单，以供到港卸货安排时使用。船舶开航前，承运人要将相应的货物运单、货物交接清单、实载图等其他单证随船装运。

船舶航行时，应该按照船期表的安排，按照约定的时间、约定的航线将货物运到目的地。对于未约定到达时间的，应在合理的时间内将货物运到目的地；对于未约定航线的，要尽量按照习惯的或者地理的航线航行。

8. 承运人发出到货通知和收货人办理提货手续

船舶到港后的 24 小时内，承运人应向运单上记载的收货人发出到货通知，以通知收货人及时办理提货。收货人收到到货通知后，到承运人处领取货物运单的收货人存查联和提货凭证，收货人凭此向船舶或港方提货。

9. 船舶卸货和向收货人交货

货物到达目的港后需要卸货，除了在承运人本人的码头或约定由收货人自行卸货外，承运人都要委托港方进行卸货。卸货时承运人要将货物运单、货物交接清单、船舶实载图交予港方作为卸货参考。同时承运人或船方要对卸货过程进行现场监督及指导。

收货人提货后要与承运人办理货物交接手续，在货物交接清单或提货单上签字，并交回承运人。这样就完成了整个货物运输过程。

工作任务五　计算远洋货物班轮运输费用

工作任务：

（1）从我国到欧洲汉堡港运送罐头一批共 10 尺码吨，查运费表得知，罐头为 M8 级，欧洲航线每尺码吨的运费率为人民币 91 元，燃油附加费率为 13%，计算其运费。

（2）深圳粮油进出口公司向英国客商交运食品罐头 1 000 箱，每箱体积为 49 cm × 32 cm × 19 cm，毛重 28 kg，目的港为伦敦港，经香港港转船。查运费表罐头为 M8 级，深圳至香港的运费率为人民币 22 元，附加费率为 17%；香港至伦敦的运费率为 237 港币，附加费率为 13%，计算其运费。

（3）某公司出口货物一批，共重 19.6 吨，14.9 m³，由上海装船经香港转运至温哥华。经查，上海至香港，该货运费计算标准为 W/M，8 级，基本运费率为每运费吨 20.5 美元；香港至温哥华运费标准计算同上，基本运费率为每运费吨 60 美元，另收香港中转附加费每运费吨 13 美元。计算该批货物的总运费。

一、我国的远洋运输航线

我国的远洋运输航线以沿海各港口为起点，可分为东、西、南、北 4 个主要方向。东行航线：从我国沿海各港口出发，经日本、横渡太平洋抵达北美、南美和拉丁美洲诸国。西行航线：从我国沿海各港口先南行至新加坡，再西行穿越马六甲海峡进入印度洋后，可达西亚诸国。例如，要到欧洲和非洲各港口，可有两条路线进入大西洋，一条经好望角，另一条经苏伊士运河、地中海、直布罗陀海峡。南行航线：由我国沿海各港南行，可通达东南亚、澳大利亚各港口。北行航线：从我国沿海各港北行，可达日本、朝鲜、俄罗斯东部港口。

二、班轮运输

班轮运输是当今国际海洋运输中的主要运输方式之一。班轮运输又称定期船运输，它是指固定船舶按照公布的船期表在固定航线和固定港口间运行的运输组织形式。从事班轮运输的船舶称为班轮。所谓班轮（Liner），是指按预定的时间、在固定的航线上以既定的港口顺序经常地从事航线上各港口之间往返载货的船舶。

班轮运输具有如下特点。

（1）船舶按照固定的船期表（Sailing Schedule），沿着固定的航线和港口来往运输，并按相对固定的运费率收取运费。以上特点可以总结为"四固定"。

（2）由船方负责配载装卸，装卸费包括在运费中，货方不再另附装卸费，船货双方也不计算滞期费和速遣费。

（3）船货双方的权利与义务与责任豁免，以船方签发的提单条款为依据。

（4）班轮承运货物的品种、数量比较灵活，货运质量较有保证，且一般采取在码头仓库交接货物，为货主提供了更为便利的条件。

三、杂货班轮运输操作流程

1. 揽货

揽货是指经营班轮运输的船公司为使自己所经营的班轮运输船舶的载重量和舱容能得到充分利用，以获得最好的经营效益而从货主那里争取货源的行为。揽货时，班轮公司首先要为自己所经营的班轮航线、船舶挂靠的港口及其到、发时间制定船期表并分送给已经建立起业务关系的原有客户，或刊载在有关的航运期刊上，使客户了解公司经营的班轮运输航线及船期情况，以便联系安排货运，争得货源。

2. 订舱

订舱是指托运人或其代理人向承运人，即班轮公司或它的营业所或代理机构等申请货物运输，承运人对这种申请给予承诺的行为。承运人与托运人之间先是以口头或订舱函电进行预约，只要船公司对这种预约给予承诺，并在舱位登记簿上登记，即表明承托双方已建立有关货物运输的关系。

3. 装船

装船是指托运人将其托运的货物送至码头承运船舶的船边并进行交接，然后由承运人或港方将货物装到船上。装船作业也分为直接装船和集中装船两种方式。

4. 航运

船舶按照固定的船期表，按照规定的航线，在约定的时间，将货物送到规定的到达港。

5. 卸货

卸货是指将船舶所承运的货物在卸货港从船上卸下。船公司在卸货港的代理人根据船舶发来的到港电报，一方面编制有关单证联系安排泊位和准备办理船舶进口手续，约定装卸公司，等待船舶进港后卸货；另一方面还要把船舶预定到港的时间通知收货人，以便收货人及时做好接收货物的准备工作。在班轮运输中，为了使分属于众多收货人的各种不同的货物能在船舶有限的停泊时间内迅速卸完，通常都采用集中卸货的办法，即由船公司所指定的装卸公司作为卸货代理人，总揽卸货以及向收货人交付货物的工作。

6. 交付货物

实际业务中，就是船公司凭提单将货物交付给收货人的行为。具体过程是收货人将提单交给船公司在卸货港的代理人，经代理人审核无误后，签发提货单交给收货人，然后收货人再凭提货单前往码头仓库提取货物并与卸货代理人办理交接手续。

四、班轮运费

1. 班轮运费的计算

在海运运费的计算中，主要是指班轮运费的计算。班轮运费具有多种计收标准，根据不同商品，通常采用以下几种。

（1）按货物实际重量计收运费，称为重量吨（Weight Ton），运价表中以"W"表示。

（2）按货物的体积/容积计收，称为尺码吨（Measurement Ton），运价表中以"M"表示。

（3）按重量或体积计收，由船公司选择其中较高的作为计费吨，运价表中以"W/M"表示。

（4）按商品价格计收，即从价运费，运价表中以"A. V"或"Ad. Val"表示。从价运费一般按货物的 FOB 价格的百分比计收。

（5）按货物重量、体积或价值三者较高的一种计收，运价表中以"W/M or Ad. Val."表示。

（6）按货物重量或体积计收，然后另加一定百分比的从价运费，运价表中以"W/M plus A. V"表示。

（7）按货物的件数计收，一般只对包装固定，包装内的数量、重量、体积也是固定不变的货物使用。

（8）由货主和船公司临时议定。这种方法通常是在承运粮食、豆类、矿石、煤炭等运量大、货价较低、装卸容易、装卸速度快的农副产品和矿产品时采用。运价表中以"Open"表示。

2. 班轮运费的组成

班轮运费包括基本运费和附加运费两部分。基本运费是指货物从装运港运到卸货港所应收取的运费，它是构成全程运费的主要部分；附加运费是指对一些需要特殊处理的货物，或者是由于突然事件的发生或客观情况变化等原因，而需另加收的费用。附加运费通常有下列几种。

（1）超重附加费（Extra Charges on Heavy Lifts）。是指由于货物单件重量超过一定限度而加收的一种附加费（每件毛重超过 3 吨）。

（2）超长附加费（Extra Charges on Over Lengths）。是指由于单件货物的长度超过一定限度而加收的一种附加费（每件长度超过 9 米）。

（3）选卸附加费（Additional on Optional Discharging Port）。对于选卸货物（Option Cargo）需要在积载方面给予特殊安排（甚至有时会发生翻仓）而追加的费用，称为选卸附加费。

（4）直航附加费（Additional on Direct）。如一批货达到规定的数量，托运人要求将该批货物直接送达非基本港口卸货，船公司为此加收的费用，称为直航附加费。

（5）转船附加费（Transshipment Additional）。对于需要转船运输的货物，船公司必须在转船港口办理换装和转船手续，因此而增加的费用称为转船附加费。

（6）港口附加费（Port Additional）。由于某些港口的情况较复杂，装卸效率低或港口收费较高等原因，船公司为此而加收的费用，称为港口附加费。

除上述各种附加运费外，船公司有时还会根据实际情况临时决定增收某种费用，如燃油附加费、货币附加费、绕航附加费等。

班轮运费通常是按照班轮运费表（Liner's Freight Tariff）的规定计收的。运价表包括在不同航线上的不同货种的单位运费率，计算运费的规则和规定，如运价的使用范围，货物的分类和分级，计费标准，计费的币种及各种附加费的计算和费率等。

3. 班轮运费计算步骤

班轮运费的计算步骤如下。

（1）先根据商品的英文名称在货物分级表中查出该商品所属的等级及计费标准。如棉布及棉制品的货物等级为 10 级，计费标准为 M。说明棉布及棉制品按尺码吨计费，计费等级为 10 级。

（2）根据商品的等级和计费标准，在航线费率表中查出此种商品的基本费率。如上例中棉布及棉制品到东非港的 10 级费率为 443.00 元。

（3）查出该种商品本身所经航线和港口的有关附加费率。

（4）该商品的基本费率和附加费率之和即为该商品每一运费吨的单位运价。

【例 3 - 1】上海运往肯尼亚蒙巴萨港口门锁（小五金）一批共计 100 箱。每箱体积 20 cm×30 cm×40 cm，每箱重量为 25 kg，当时燃油附加费为 40%，蒙巴萨港口拥挤费为 10%。航行过程中经过的基本港口有路易港（毛里求斯）、达累斯萨拉姆（坦桑尼亚）、蒙巴萨（肯尼亚），计算该货物的运费。

解： 查货物分级表，门锁属小五金类，其计收标准为 W/M，等级为 10。计算货物的体积和重量。100 箱的体积为 2.4 m³（20 cm×30 cm×40 cm×100）。100 箱的重量为 2.5 吨（25 kg×100）。因为计费标准为 W/M，所以选取重量体积中较大者，所以计费标准为重量。查阅"中国—东非航线等级费率表"，10 级费率为 443 元，则：

$$基本运费 = 443 × 2.5 = 1\ 107.5（元）$$
$$附加运费 = 1\ 107.5 × （40\% + 10\%） = 553.75（元）$$
$$应付总运费 = 1\ 107.5 + 553.75 = 1\ 661.25（元）$$

工作任务六　租船运输认知

租船运输又称不定期船运输（Tramp）。租船运输没有固定的船期表，所有有关船舶所行使的航线、停靠的港口、运输的货物种类、航行的时间等，都要按照船租双方签订的租船合同，由船舶所有人确认而定。租船运输的方式主要有以下几种。

1. 航次租船

航次租船又称定程租船，简称程租船。它是由船舶所有人负责提供船舶，在指定港口之间运行一个航次或数个航次，承运指定货物的租船运输。

1）航次租船的特点

在航次租船形式下，船舶的营运调度工作由出租人负责，而船舶的成本，如固定成本及所有的航次运营成本（包括燃料费、港口使用费等）也都由出租人负责。承租人负责按照合同支付运费及相关的费用。

航次租船的租期取决于完成一个或数个航次所需的时间，航次结束租期即结束。对于出租人而言，最关心的是租期，租期越短对自己越有利。所以在签订租船合同时双方都会对装卸的速度、装卸时间如何起算及滞期费和速遣费进行约定。

航次租船的运费率通常是根据航次的航程远近及航线的特点（如港口状况、航线的风险等）和货物的批量大小等来确定。也有的只规定航次租船的总运价，即包干运价（Freight in Lump Sum）。

2）航次租船的类型

航次租船就其租赁方式不同可分为以下几种类型。

（1）单程租船。即只租用一个单航次的租船方式。出租人负责将承租人指定的货物由装运港运到目的港，在目的港卸完货整个租期即结束。大多的程租船采用的是这种方式。

（2）来回航次租船。即租用一个往返航次的租船方式，也即船舶在完成一个单航次后，再在上一航次的卸货港或其附近港口装货运回原装港口或其附近港口，租期才结束的租船方式。承租人在有返程货物的情况下通常会采用此种方式。这种方式出租人也比较乐意接受，因为可以保证回航时有货。

（3）连续航次租船。通常是在连续若干个单航次或来回航次上进行的租船方式，完成规定的航次后租期即结束。在上述租船运输方式下，可以按照一个单航次或往返航次各订立一个租船合同，也可订立一个包括了各个航次的整的租船合同。在连续单航次租船形式下，经承租人同意，出租人可以在回程时自行揽货，否则只能自费空驶回原装港，这样会使整个航程的运费提高，出租人为提高盈利空间必然会提高租船的费用。

（4）包运合同。包运合同是指承运人承诺将一批货物分期分批运到目的港的运输方式。包运合同适用于大批量货物的运输，合同中只规定货物品种和数量、装卸港、装卸速度、承运期和运费等，一般不限制船舶的类型，承运人可以自行选择具体的船舶，但必须将每一航次使用的具体船舶事先通知货方。承运人可以使用不同的船舶的好处是可以在一定时期内获得充分的货源，而对于托运人和收货人来说也具有舱位确定、运费低廉等好处。

3）航次租船的操作流程

（1）仔细研读租船合同。租船合同订立以后，仔细研读合同条款，理清各方的关系，理清各方的责任和权限，作为租船人在此合同中的地位、义务、责任及权限，分析各条款之利弊，形成整体航次操作概念。

（2）向船长发航次指示。向船长发航次指示，告知航次期租合同相关条款，交还船时间、地点，并通知船长下一航次任务，告知该船长需配合租家在此航次中需履行的责任和义务，要求船长每天报告船舶动态，并递交船舶抵港离港报告，如果船舶在交船后马上就抵达装港，则需要求船长报告预计的船舶积载计划及预计最大的载货量，即要求船长宣载。

（3）委托气导。气导是海洋气象导航的简称，是指船舶在海洋里的整个航运过程中，根据气象导航公司提供的气象导航数据，充分利用一切有利于航行的气象和海洋方面的条件为船舶取得最安全和最有利的航行过程。进行气象导航后，能够保障船舶航行安全；缩短整个航程所用的时间；减少船舶的损失，提高船舶的使用效率；降低货损率；节省燃料。委托一家倾向于自己的气导公司也是航次履行中重要的一步，以报告航行途中天气情况，分析航次耗油及航速。

（4）交船。如果在租船合同里没有规定交还船的检验，则均以船长的船舶为依据，如果在合同里规定交还船的检验，则先委托检验公司，以检验公司出的检验报告为依据。交船时最重要的是要注意交船的燃油数量、交船时间、交船地点、交船时船舶状态是否符合租约规定。

（5）到达装港前的准备。首先要委托代理，关注装港情况。若装港代理为航次合同中租家指定，应及时向租家索取代理资料，及早联系索取港口使费明细，港口使费一般包括引航费、泊位租用费、各项检验费、代理费等，需仔细审核比较。若租家没有在航次合同中指定代理，则应自己及早联系当地有实力的代理索取港口使费明细，仔细审核，仔细比较，拒绝不合理的港口使费。港口使费审核完毕后，安排支付港口使费，一般在船舶到达装港前把汇款支付到代理指定账户。其次要关注船舶每天动态，注意天气情况，结合预计的到达时间，发现船舶是否延误，向租家发出合同规定的船舶预计到达装港的通知。特别要注意合约里对船舶到期的规定，如果预计船舶无法在船舶到期时间内到达装港，为了不让租家取消此航次可适当合理地提前一点时间报告实际到达时间，不让租家提前找船，即使船舶真的超过滞期到达装港，租家也不会轻易取消此航次，因为再找船会延误很长时间，而且还不一定能很快找到合适的船舶。当然这也要结合市场情况而定。

（6）抵达装港装货。从船舶驶离上一卸港时起，应每天与代理保持联系，询问港口泊位情况、天气情况等，以便通知船长合理安排航速，以保证船舶及时到达；船舶到港时，装港代理和船长都会发装港报告过来，观察进港是否顺利，如有哪些时间不合理，需及时向代理或船长询问；密切联系装港代理及船长，关注装货情况，若在装货过程中出现任何问题，应及时解决，使装货最快完成。

（7）装港装货后到达卸港前的运输过程。收集各种装货单证，审核提单，注意签发提单的方式，是由代理签提单还是由船长签提单。若提单的运费是依据租船合同支付，则和大副收据核对无误方可释放提单，并注意签单时间、大副收据上的批注；若提单的运费为预付，则需等收到运费之后才能释放提单；对于运费则按租船合同运费费率计算，总运费扣除佣金、老船加保费（如果有），向租家收取运费，要求租家在合同规定的期限内支付；对于装卸时间、速遣费、滞期费的计算，如果租船合同规定装卸速率为按照港口习惯尽快装货和卸货，则无速遣费和滞期费，如果租船合同中定有装卸率，则应按照租船合同相关条款计算速遣费及滞期费，其重要的是起算和止算及中间的停装的原因；关注船报及气导报告，关注船舶在航行中航速、耗油是否正常，以及预计到达卸港时间；对于中途加油应根据船舶上一航次存油情况，考虑航线、卸港目前泊位、吃水情况，计算是否需要在中途加油，必要时即使油价贵也可考虑在装港直接加油；委托卸港代理，支付卸港港口使费，港口使费审核完毕后，应及早安排港口使费，保证船到卸港前，代理能收到港口使费。注意卸港情况，了解泊位情况；一般外国船舶到达中国港口都需要准备吨位证书，因此，如果卸港为中国的港口时，在还未到达卸港前应准备好所需的吨位证书，使船舶安全靠泊卸港卸货；发出合同规定的预计的还船通知，计算预计的第二期租金的支付。

（8）到达卸港。递交装卸准备就绪通知书，与代理及船长密切联系，关注卸货情况，敦促代理尽快卸完货物。船离卸港后，及时向代理索取装货单据，计算装卸时间，速遣、滞期。如果租船合同中定有装卸率，则应按照装卸进度、时间以及租船合同相关条款计算速遣费及滞期费；收取剩余运费。如果租船合同规定先付95%运费，一般规定航次结束几十天以后，扣除卸港速遣费（如有），一并支付，应及时索取；如果提单在船舶已经到达卸港仍未提交，则租家会提供保函给船东，这在实务中是很常见的，而船东则需要向原船东递交自己的保函，要求原船东同意凭保函卸货，因为船长在这种情况下只会听从原船东的指示，当原船东同意凭保函卸货后，船长才会同意凭保函卸货。

（9）还船。注意还船时间和地点、还船时的船上剩下的燃油，并扣除停租费、燃油超耗费等和船东结算最后的租金。

（10）整理归档。所有装卸港港口使费单据，仔细审核是否有误，将有关原船东费用整理出来与原船东结算。如果在代理那里有港口使费节余应及时索取，如果还结欠代理港口使费，经核实无误后则应及时安排支付给代理，收集所有的正本单证，做最后的航次结算。

2. 定期租船

定期租船又称期租船，是指船舶所有人将船舶出租给承租人，供其使用一定时期的租船运输，承租人在此期间也可以将此期租船充作班轮或程租船使用。定期租船有期租船与程租船两种方式。

期租船与程租船的不同之处主要表现在以下几方面。

（1）期租船是按航期租用船舶，而程租船是按航程租用船舶。船舶关于船租双方的责任和义务，前者以定期租船合同为准，后者以定程租船合同为准。

（2）期租船的船方，仅对船舶的维护、修理及其正常运转和船员工资、给养负责，而船舶的调度、货物运输、船舶在租期内的营运管理费如燃油、港口使费、税捐及货物装卸搬运、理舱等费用均由船方负责。程租船的船方直接负责船舶的经营管理，他除负责船舶航行、驾驶和管理外还应对货物的运输负责。

（3）期租船的租金一般是按租期每月每吨若干金额计算；而程租船的租金或运费，一般按装运货物的数量计算，也有按包干运费计算的。同时，采用期租船，船租双方不规定装卸率和滞期费、速遣费；而采用程租船，要规定装卸期限和装卸率，凭此计算滞期费和速遣费。

3. 光船租船

1）光船租船的概念

光船租船又称船壳租船，是指船舶出租人向承租人提供不配备船员的船舶，在约定期间内由承租人占有、调度使用，并向出租人支付租金的租船方式。

2）光船租船的特点

光船租船不同于一般的租船形式，它具有财产租赁的性质。船舶所有人只向承租人收取租金，不负责船舶的营运，更不负责任何费用，甚至船舶在出租期间的正常维护保养费用都是由承租人负担的。在这种租赁形式下，船长、船员都由承租人雇佣，承租人掌握对船舶的实际占有权和支配权。光船租船导致了船舶对第三者责任的赔偿责任关系发生了变化，承租人以船东的名义承担船舶对第三者责任的赔偿责任。例如，船舶在运输过程中，由于船员人为因素导致货损货差造成第三者损失，赔偿责任应当由承租人承担，而非船东。

以上航次租船、定期租船、光船租船是不定期租船运输的三种形式，而班轮运输形式就可称为定期租船形式。

工作任务七　远洋运输信息化技术应用

我国90%的进出口货物采用海上运输。中国远洋运输集团（COSCO）、中国海运集团（CS）等大型航运企业承担着大部分的进出口物资和战略物资的海洋运输任务。据权威部门统计，2007年我国远洋运输货运量为17 173.89万吨，远洋运输集装箱量为1 711.93万TEU，分别比上年度增长13.9%和12.2%；全国现有各类远洋运输船舶2 280余艘，净载重量4 164.64万吨，集装箱箱位106.98万TEU。提高我国航运企业的船舶航行安全监控水平、保证远洋运输安全生产、提高远洋运输管理效率，既可以为企业创造可观的经济效益，也可以为海上战略物资运输的安全提供可靠保证。

一、远洋船舶及货物运输在线监控系统

远洋船舶及货物运输在线监控系统强调"船岸一体"的概念，系统的总体框架如图3－2所示，由三大部分组成，分别是船基（船舶端）数据采集与处理系统、船—岸通信系

统和岸基应用系统。

　　船基数据采集与处理系统主要由船舶端数据采集控制、数据分析处理、数据传输控制和船舶端的监控系统组成。

　　船—岸通信系统主要由船基的数据通信系统与岸基的数据通信系统组成。

　　岸基应用系统分为集团（总公司）和下属分公司两级系统，包括船舶安全监督综合管理系统、船舶安全监控系统、船舶调度管理系统与船舶遇险应急处理系统。

图 3 - 2　远洋船舶及货物运输在线监控系统总体框架图

　　船基与岸基系统的双向数据交换，即船—岸通信，主要通过国际海事卫星。根据当前船舶的不同通信装备，以国际海事卫星的三种主流船载通信终端实现与岸基的通信联系，分别是 Inmarsat-C、Inmarsat-F 和 Inmarsat-BGAN。Inmarsat-C 是一个存储转发式的双向通信系统，目前大多数船舶都装备有 Inmarsat-C 的船载通信终端。将文本文件加密或压缩后以 E-mail 的方式发送到岸基，在岸基对收到的 E-mail 进行解压缩和解密后分发到相应的应用系统或储存到指定的数据库。Inmarsat-F 是一个对用户透明的基于 TCP/IP 的通信传输系统，实现移动船舶对互联网的接入，支持船岸数据的透明传输。Inmarsat-BGAN 是 Inmarsat 的一个低成本互联网接入简约版，具有全球无缝隙的宽带网络接入，它保证船舶用户在全球任何地点都可以得到高质量、高可靠的通信服务。

　　国际海事卫星数据通信传输由卫星地面站落地，岸基各分公司的安全管理系统通过 Internet-VPN 接入到卫星地面站数据网关，从而建立起船岸数据通信链路。而总公司与所辖各分公司的数据交换通过专网建立数据通信链路。

二、船基数据采集与处理系统

　　船基数据采集与处理系统在功能结构上分为三个模块，分别是数据采集模块、数据分析处理模块和数据传输控制模块。

1. 数据采集模块

数据采集模块结构示意图如图 3-3 所示。船舶航行数据、机舱数据和货物数据将分别从分散在船舶各处的单元设备系统中获得。采集的当前数据存储的同时，交由数据分析处理模块进行数据处理。

图 3-3 数据采集模块结构示意图

1）船舶航行数据

船舶航行数据主要从航行数据记录仪（VDR）和船舶自动识别系统（AIS）中获取。

（1）从 VDR 中可以获取以下 4 类数据。

① 操舵信息。包括车钟指令和回令数据，主机油门/螺距操作、转舵操作和实际舵角、推进器、侧推器等数据。

② 船舶状态信息。包括主机转速、船艏向、航迹向、航速、船位、船体开口状况、水密门和防火门状况、船体应力、风向和风速、水深等数据。

③ 图像信息。每 15 s 一帧的雷达图像。

④ 语音信息。驾驶室内的谈话，驾驶室内部通信、船舵令、广播系统和声响报警的声音，甚高频（VHF）无线电话通信的声音。

（2）从 AIS 中可以获取以下三类数据。

① 静态信息。MMSI、IMO 编号、呼号和船名、船长和船宽、船舶类型、船上使用的定位天线的位置。

② 动态信息。带有精度指示和完整性状态的以 WG84 坐标系为参考的船位（经纬度）、UTC 时间、航向、航速、船艏向、航行状态、回转速率。

③ 与航次有关的信息。包括船舶吃水、危险货物类型、目的港和预计到港时间以及与安全有关的短信息等。

2）机舱数据

机舱数据主要从机舱集中监视报警系统和一些主要的单元自动化系统（如主机遥控系统等）中获取。包括主机系统、燃油系统、滑油系统、冷却水系统、排气系统、空气系统、锅炉系统和电站辅机系统等八大类实时数据。

　　3）货物数据

　　货物数据根据大宗货物类型可以分为集装箱货物数据、散杂货货物数据及液化气和油品数据。因此，货物数据采集根据这三种不同类型货物进行。

　　（1）集装箱货物数据。集装箱船舶货物的动态数据可由电子积载图来明确表示，而冷藏集装箱状态数据可以从船舶冷藏集装箱控制系统获取。主要有各冷藏集装箱的设定冷藏温度与当前温度、压缩机起/停时间、压缩机电压/电流等。

　　（2）散杂货货物数据。对大宗散货（如粮食、化肥、工业原料等），在货舱安装温度和湿度传感器以监视散状货物状态。

　　（3）液化气和油品数据。专用液化气船和油船都有本船监控系统，包括油/气舱监控系统、油/气管网监控系统、油分浓度监控系统等。通过数据接口获取数据，主要有各舱室的油/气温度、压力、液位、惰性气体浓度、油气管网的压力、流量、管系主要阀门开/闭状态、排放浓度、排放流量等。

2. 数据分析处理模块

　　数据分析处理模块结构示意图如图3-4所示。系统所采集的数字数据并非都是有效数据，对数据进行有效性检验，实质是滤除非法数据和无效数据。有效性检验包括数据时效的准确性检验、数据量值的范围检验、异常数据检验。数据格式转换是将不同量纲的数据一律转换成标准量纲数据［以kg/（m·s）及其导出单位为标准］，以及统一的数据类型。数字数据的分类与标识按照数据功能分为航行数据、机舱状态数据和货物状态数据。对这些带时标的当前数据按给定要求加以标识，以便岸基应用系统识别和数据重用。船载数据处理服务器对来自数据采集装置的当前数据同时以数据循环更新和数据循环添加两种方式储存在数据处理服务器中。前者始终是当前数据，一旦岸基应用系统发出传输请求，数据分析处理模块就自动将当前数据发送给信息传输控制模块。后者是历史数据，保存长度可根据需要调节。船载数据处理服务器可以对数据进行有目的的筛选，以便将最重要的数据传输给岸基应用系统。这种筛选可以根据需要人工或自动设定。

图3-4　数据分析处理模块结构示意图

3. 数据传输控制模块

数据传输控制模块结构示意图如图 3 – 5 所示。数据传输控制模块是将分类后需要上传到岸基应用系统的数据（文本文件）进行加密或压缩打包，通过船载卫星终端发送到岸基应用系统。而对音频或视频数据则进行流控制，实现透明传输。

图 3 – 5　数据传输控制模块结构示意图

船—岸数据传输控制以事件触发和定时循环两种方式进行。前者是由岸基应用系统向船舶发出数据传输指令，"数据传输控制模块"接到岸基应用系统指令后传输指定数据。后者是"数据传输控制模块"设定数据发送周期，自动以一定时间间隔发送数据给岸基应用系统。通信终端主要利用 Inmarsat 卫星和铱星系统，可提供传真、电传、话音、视频、数据转发、数据报告、电子邮件、遇险报警等。从船—岸一体化管理角度，将主要采用 Inmarsat-C 站、Inmarsat-F 站的通信业务。

三、岸基应用系统

岸基应用系统由上下两级结构方式构成，即集团（总公司）和下属分公司。开发船舶安全监督综合管理系统、船舶安全监控系统、船舶调度管理系统和船舶遇险应急处理系统。

1. 船舶安全监督综合管理系统

船舶安全监督综合管理系统的功能如图 3 – 6 所示。集团（总公司）的安全管理系统建立在各分公司安全管理系统的基础上，实现的是宏观管理与监督，因此分公司系统与总公司系统之间是一个交集，总公司与各分公司的关系是一对多的关系，但并不参与对分公司所辖船舶的直接数据交换。

集团（总公司）的安全管理系统在功能需求上主要实现安全体系文件管理、集团安检管理、FSC（Flag State Control，船旗国监控）检查管理、PSC（Port State Control，港口国监控）检查管理、公司安检管理、SMS（Shipper Management System，船舶安全管理体系）管理、海事管理、船舶保安管理和安全生产管理等九大管理功能。这些管理功能涵盖了总公司安全管理的各个方面。

集团安检包括安检计划、安检通知、安检信息、安全统计和安全整治管理等五大主要功能模块，这五大功能模块包括了 15 个功能子模块。集团检查提供用户查询、编辑、打印、统计等有关集团（总公司）安全检查信息的各种功能，让集团（总公司）用户能够及时、

图 3-6　船舶安全监督综合管理系统功能图

准确地掌控分公司及管辖船舶的所有安全检查信息，发挥总公司的安全监督职能。

集团 FSC 检查包括 FSC 的检查上报、处理、信息、统计和维护等 5 个子功能模块。集团层面上的 FSC 检查，提供用户查询、编辑、打印、统计等有关集团（总公司）FSC 检查的各种功能。让集团（总公司）用户能够及时、准确掌控分公司及管辖船舶的所有 FSC 检查信息，为总公司制定、管理、修订有关船舶安全管理制度、规则提供依据。

集团 PSC 检查包括 PSC 检查、滞留船舶处理和滞留审批三大模块，涉及 11 个子功能模块。PSC 检查提供用户查询、编辑、打印、统计等有关集团（总公司）PSC 检查信息的各种功能，让集团（总公司）用户能够及时、准确掌控分公司及管辖船舶的所有 PSC 检查信息，为总公司制定、管理、修订有关船舶安全管理制度、规则提供依据。帮助总公司制定减少船舶在港口国滞留的措施。应用系统的操作界面精致简洁，操作容易方便，可以通过按钮或页面链接实现并转入其他操作。

2. 船舶安全监控系统

船舶安全监控系统的功能如图 3-7 所示。集团（总公司）的船舶安全监控建立在各分公司船舶安全监控的基础上，由各分公司上传所属船舶的多态数据到总公司岸基核心数据库中。总公司与各分公司的船舶安全监控系统均提供可视化界面，主要由三大功能模块组成：船舶动态模块、安全监控模块和远程机舱模块，涉及的监控数据包括历史数据和当前数据，

图 3-7　船舶安全监控系统功能图

按业务类型提供比较分析。

船舶动态模块，提供船舶状态、航行状态、设备状态、货物状态、人员状态等各类信息，提供查询显示界面，包括历史数据和当前数据。

安全监控模块，实施对船舶的安全风险动态监控，包括安全职责、安全评估、风险控制和动态监控。可以设定当前船舶的预警状态，全程跟踪、分级提醒业务主管关注预警船舶。

远程机舱模块，提供船舶机舱仿真图形及操作功能，模拟船舶集控室的操作平台，根据提供的当前和历史机舱采集数据，提供图形化的人机交互界面，对船舶设备工况数据实现察看及历史数据回放，对同型号的不同船舶进行工况对比。同时可以通过系统维护，对机舱各类参数进行额定值、上下限等赋值，供系统预警使用。

小结

（1）从水路运输方式来看，水路运输可以分为内河运输和海洋运输两大类。而海洋运输又可以分为沿海运输和远洋运输两大类。水路运输系统由船舶、港口、各种基础设施与服务机构等组成。

（2）货船是专门用于货物运输的船舶。按装载货物的不同主要有杂货船、散货船、集装箱船、液货船、滚装船、载驳船、冷藏船等几种。

（3）班轮运输是当今国际海洋运输中的主要运输方式之一。班轮运输又称定期船运输，它是指固定船舶按照公布的船期表在固定航线和固定港口间运行的运输组织形式。

（4）班轮运费包括基本运费和附加运费两部分。基本运费是指货物从装运港运到卸货港所应收取的运费，它是构成全程运费的主要部分；附加运费是指对一些需要特殊处理的货物，或者是由于突然事件的发生或客观情况变化等原因，而需另加收的费用。

（5）航次租船又称定程租船，简称程租船。它是由船舶所有人负责提供船舶，在指定港口之间运行一个航次或数个航次，承运指定货物的租船运输。

（6）定期租船又称期租船，是指船舶所有人将船舶出租给承租人，供其使用一定时期的租船运输，承租人在此期间也可以将此期租船充作班轮或程租船使用。定期租船有期租船与程租船两种方式。

（7）光船租船又称船壳租船，是指船舶出租人向承租人提供不配备船员的船舶，在约定期间内由承租人占有、调度使用，并向出租人支付租金的租船方式。

（8）远洋船舶及货物运输在线监控系统强调"船岸一体"的概念，其由三大部分组成：船基（船舶端）数据采集与处理系统、船—岸通信系统和岸基应用系统。

复习思考题

（1）水路运输的特点有哪些？

（2）内河水运的运输组织过程有哪些？

（3）班轮运费的计收标准通常有哪些？

（4）简述杂货班轮运输的操作流程。

（5）航次租船的操作流程是什么？

（6）远洋船舶及货物运输在线监控系统由哪些部分组成？

实训

1. 案例分析

海运货物出口受污染

某货代公司接受货主委托，安排一批茶叶海运出口。货代公司在提取了船公司提供的集装箱并装箱后，将整箱货交给船公司。同时，货主自行办理了货物运输保险。收货人在目的港拆箱提货时发现集装箱内异味浓重，经查明该集装箱前一航次所载货物为精萘，致使茶叶受精萘污染。

2. 技能训练

以小组为单位，分别对承运人和货代在整个海运过程中出现的问题进行讨论并提出自己的建议；与其他小组成员进行交流。

3. 运输软件仿真实训

项目四

公路货物运输与信息化技术

教学目标

1. 知识目标

（1）掌握公路货物运输的特点、分类。

（2）掌握公路货物运输业务流程。

（3）掌握公路零担货物运输的组织形式。

（4）了解公路货物运输信息化应用原理。

2. 技能目标

（1）能够分析公路运输方式的技术经济特征。

（2）能够正确填写公路货物运输单证。

（3）能够制定和完善公路运输业务流程。

（4）初步具备组织公路货物运输的能力。

案例

1. 案例介绍

花王公司的组合运输体系

在花王的物流运输体系中，最有名的是其计划运输系统。所谓计划运输系统，就是为了避免交通堵塞，提高物流作业效率，选择最佳的运输路线和最佳的运输时间，以在最短的时间内将商品运抵客户的计划系统。例如，面向日本静冈花王销售公司的货车一般在夜里2点钟从东京出发，走东名高速公路，于早上7点钟抵达静冈花王，从而使货车能避开交通高峰，顺利通畅地实现商品配送。依此类推，花王公司针对每个销售公司的地理环境、交通道路状况和经营特点，安排了不同的运输时间和运输路线，而且所有这些计划都是用图表的形式表示，真正确保商品的及时配送，最终实现了全公司商品输送的高效率。

花王公司计划运输体系是与花王公司的另一个系统——商品组合运输系统相联系的，商品组合运输系统解决的问题是防止货车往返途中的空载。显然，为真正防止货物空载，就必须搜寻运输的商品。开始时，花王公司主要是与花王的原材料供应商进行组合运输，亦即花王公司将商品从工厂或总公司运抵销售公司后，与当地的花王公司供应商联系，将生产所需的原材料装车运回工厂，这样就不会出现空载。后来，商品运输组合的对象逐渐扩大，已不仅仅限于与花王公司经营相关联的企业，所有其他企业都可以利用花王公司的车辆运载商品。例如，前面所列举的静冈花王每天早8点钟卸完货物后，就装载清水的拉面或电机零部件运到客户位于东京的批发店。现在参与花王组合运输的企业达100多家，花王工厂与销售公司之间近80%的商品运输都实行了组合运输。应当看到的是，花王公司的组合运输之所以能实现和大力发展，一个最大的原因是其计划运输系统确保了商品运输的定时和及时运输，换句话说，正是因为花王的运输系统能确保及时、合理的运输，所以，越来越多的企业都愿意加入组合商品运输，如果没有前者的效率化，是不可能真正实现组合运输的。

2. 案例分析

这个案例告诉人们，要真正实现组合运输，必须要有一套能确保及时、合理、高效的运输系统。

3. 思考·讨论·训练

针对上述案例，谈谈你对下列问题的看法。

（1）花王公司的运输体系有什么特点？

（2）国内公路运输企业可以从花王公司的运输体系中学习些什么？

教学内容

工作任务一　分析公路运输技术经济特征

公路运输是综合运输体系的重要组成部分，公路货物运输是利用可以载货的货运汽车（包括敞车、集装箱车、厢式货车、特种运输车辆）、机动三轮货运车、人力三轮货运车、其他非机动车辆，在道路（含城市道路和城市以外的公路）上，使货物进行位移的道路运输活动。

公路运输是一种机动灵活、简捷方便的运输方式，在短途货物集散运转上，它比铁路运输、航空运输具有更大的优越性，尤其在实现"门到门"的运输中，其重要性更为显著。尽管其他各种运输方式各有特点和优势，但或多或少都要依赖公路运输来完成最终两端的运输任务。例如，铁路车站、水运港口码头和航空机场的货物集疏运输都离不开公路运输。在物流运输与配送活动中，公路运输以其机动灵活的特点，发挥着重要作用，是其他运输方式不可替代的。

据统计，2010年我国公路运输客运量总计为302亿人，与2009年同期相比，增长了7.8%，公路旅客周转量总计为1.48万亿人公里，与2009年同期相比，增长了9.5%；2010年我国公路货运量总计为243亿吨，与2009年同期相比，增长了14.4%，公路货物周转量总计为4.26万亿吨公里，与2009年同期累计相比，增长了15%。

由于目前我国运输业瓶颈效应尚未消除，而陆上运输方式中铁路运力增长有限，因此公路运输将是全社会物流量大幅增长的主要受益者。公路运输随着"治超"的深入以及降低大吨位车辆路桥通行费等政策、措施的落实，运价水平回落，货运量将保持较快的增长。

一、公路运输的特点

公路运输具有交通运输业的共同特性，还具有其个性特征，主要表现在以下几方面。

1. 机动灵活性

机动灵活是公路运输的最大优点，这是其他的运输方式难以替代的。具体的表现为公路运输技术上的灵活性和经济上的灵活性。

1）技术上的灵活性

公路运输技术上的灵活性决定了其运输生产具有点多、面广、分散及流动性强等显著特点，具体在实践中的表现如下。

（1）空间上的机动灵活性强。公路运输可以直接实现"门到门"运输，由于空间限制性较小，运输车辆可以通过公路网络直接实现对客户的上门接送货物服务，这也使公路运输成为多式联运方式中重要的连接环节，承担着衔接各种运输方式的任务。

（2）运营时间上具有较强的灵活性。通常可实现根据客户需求随时起运，提供随到随运的服务，并能够灵活地制定运营时间表，运输服务的时间弹性大，定期与不定期相结合，可以最大限度地满足客户的时间要求。

（3）载运量的灵活性强。汽车运输的运载量可大可小，小的单车运输可以载重 0.25 吨的货物，大的拖挂运输列车可以载重几十吨的货物。可以根据客户的实际需要进行调解，安排不同吨位的车辆，充分利用载运量进行合理运输。

（4）运行条件的灵活性强。汽车对到达地点的环境与设施要求不高，能够深入工厂、矿山、车站、码头、农村、山区、城镇街道以及居民区等各种场所中进行运输。因此，公路运输服务的范围不仅包括各种等级公路，还可以延伸到等外公路，甚至乡村便道，将货物从发货者门口直接送到收货者门口，不需要转运或反复进行装卸搬运，而且对装卸设备、停靠场地的要求不高。

（5）服务上的灵活性强。能够根据客户需要提供个性化服务，最大限度地满足不同性质的货物运输。服务灵活性强是现代物流活动的一个基本要求。

（6）运输组织方式的灵活性强。不但可以自成体系组织运输，而且可以为其他的运输方式提供必要的接运，作为各种联运方式的连接环节，公路运输具有得天独厚的优势。同时，公路运输也可以与铁路、水路联运，或是为铁路、港口集散货物。

（7）组织机构规模的灵活性强。汽车运输公司可以通过增减汽车数量或是与其他运输公司、运输个体进行联合，提高自身提供服务规模的能力，适应市场的变化。

（8）公路运输场站服务对象的灵活性强。既可以为众多运输企业服务，也可以为经营个体使用。

2）经济上的灵活性

公路运输经济上的灵活性主要表现在以下两个方面。

（1）投资少。从业者可以根据市场上的运输服务需要和自身的条件，灵活自主地选择车辆的配备及场站的投资建设方式。

（2）资金周转快，原始投资回收期较短。一般情况下，每年资金可以周转 1～2 次，而铁路运输要 3～4 年才周转一次。我国一些公路企业的实践证明，如果良性经营状况下，一年左右可以回收投资。

2. 驾驶人员容易培训

与其他运输方式相比，汽车的驾驶技术最简单，最容易掌握。汽车驾驶员培训期通常在几个月的时间，而其他的运输工具的驾驶员培训期需要较长的时间，驾驶技术掌握起来难度更大得多。

3. 包装简单，货损少

因为汽车运载量相比其他运输方式而言要小，所以货物受压状况较好，对包装的要求相对较低。公路运输环境对车辆运行中的震动及货损会有一定的影响，所以一般情况下，车辆运输装卸作业环节更少，包装的要求相对简单，货损小。

4. 运输成本高

公路运输成本分别是铁路运输成本的 11.1 ～ 17.5 倍，沿海运输成本的 27.7 ～ 43.6 倍，管道运输成本的 13.7 ～ 21.5 倍。但是与航空运输相比，公路运输成本只有航空运输成本的 6.1% ～ 9.6%。

5. 运输能力小

每辆普通载货汽车通常每次最多只能运送 50 吨左右的货物，大约为货物列车的 1/100；长途客车一般也只能运送 50 位左右旅客，仅相当于铁路普通列车的 1/30 ～ 1/36。由于汽车体积较小，载重量不高，运送大件货物较为困难，所以在一般情况下不大适合大件货物和长距离货物的运输。

6. 占用土地资源多

土地是一个国家赖以生存和发展的极其宝贵的资源。从世界实际情况来看，道路建设均需要占用大量土地，1 公里双向四车道的高速公路占地约为 60 亩。随着经济的发展、汽车的增长，公路运输占地多的矛盾将会日益突出。合理地规划土地的使用与道路交通的建设之间应该得到协调，应该考虑可持续发展的需要。

7. 劳动生产率低下

公路运输的劳动生产率一般只有铁路运输的 10.6%，沿海运输的 1.5% ～ 7.5%，但是与航空运输相比要更高一些，大约为航空运输的三倍。运输中的劳动生产率受到运输工具运力的影响较大。

8. 能源消耗大

公路运输能源消耗量较大，分别是铁路运输能源消耗量的 10.6 ～ 15.1 倍，沿海运输能源消耗量的 11.2 ～ 15.9 倍，内河运输能源消耗量的 13.5 ～ 19.1 倍，管道运输能源消耗量的 4.8 ～ 6.9 倍，但是与航空运输相比，能源消耗要低得多，只有航空运输能源消耗量的 6.0% ～ 8.7%。公路运输在各种运输方式中属于能源消耗较大的一种运输方式，所以绿色物流兴起的一个重要问题就是公路运输的节能问题。

9. 环境污染问题严重

正是由于公路运输的能源消耗较大，所以环境污染问题严重。根据美国环境保护机构对各种运输方式造成的污染进行研究分析表明，公路运输的汽车是造成环境污染的重要根源，其中有机化合物污染占 81%，氮氧化合物污染占 83%，一氧化碳污染占 94%。公路运输造成的污染是水路运输的 3.3 倍。汽车是城市生活中主要的污染源之一，汽车尾气、噪声等均对社会生活带来污染，因而对公路运输的合理规划不仅仅涉及物流成本的降低问题，更涉及环境保护这一全球共同的重要话题。公路运输适用于中短距离的货物运输，一般经济里程为

200 千米以内。但是随着高速公路网络的修建和完善，公路运输将不断突破运输距离短的局限性，形成一个短、中、长途运输方式并举的新格局。

二、公路运输设施与设备

所谓运输设施与设备，是指使运输对象进行空间场所移动的技术手段。公路运输设施与设备主要有运输车辆、公路、汽车站（场）。

1. 运输车辆

汽车是公路运输的最基本的工具，在物流领域中使用的汽车种类较多，以满足不同运输对象的要求。主要有普通货车（轻型货车、中型货车、重型货车）、厢式货车、专用车辆（如油罐车、散装水泥车、冷藏车等）、自卸车、牵引车和挂车。

2. 公路

公路是汽车运输的另一重要基础设施，包括路基、路面、桥梁、涵洞、防护工程、排水设施与设备、交通控制设备等。

2011 年中国公路里程比 2010 年增加 7.14 万千米，总里程近 408 万千米；高速公路里程比 2010 年增加 1.1 万千米，到 2011 年年底，我国高速公路通车里程已超过 8.5 万千米，这为公路运输业的发展提供了有力保障。

公路分为 5 个等级：高速公路、一级公路、二级公路、三级公路、四级公路，主要是根据道路的通行能力划分的，不同等级的公路，路面路基质量、路面宽度、曲线半径、交通控制和行车速度有较大的差别，对运输质量、运输成本影响很大。

交通控制设备主要有交通标志、交通信号、路面标线和路标，其功能是对车辆、驾驶人员、行人起到限制、诱导、警告作用。

3. 汽车站（场）

汽车站（场）是公路物流活动的结点（接点），主要有货运站和停车场。

道路货物运输站（场），是以场地设施为依托，为社会提供有偿服务的具有仓储、保管、配载、信息服务、装卸、理货等功能的综合货运站（场）、零担货运站、集装箱中转站、物流中心等经营场所。

货运站（场）的主要功能是对汽车运输活动进行组织管理，为运输车辆提供后勤供应、技术保障。其主要工作是组织货源，受理托运，理货，编制车辆运行作业计划，车辆调度等。

工作任务二　确定公路货物运输的种类及其储运标志

一、公路货物运输的种类

公路货物运输的种类繁多，各有其特性。各种货物的运输、装卸和储存方法不尽相同。物流运输、仓储、管理人员等必须对货物有所了解，以便储运、管理、确定运价等。货物运输的分类根据一定的目的和要求进行，通常有以下几种。

1. 按货物性质不同划分

按货物性质不同划分，分为普通货物运输、特种货物运输和轻泡货物运输。

（1）普通货物运输。是指不需用特殊结构的车辆载运的货物运输。如钢材、木材、煤炭、日用工业品、矿物性建筑材料等货物的运输。

（2）特种货物运输。特种货物包括长大笨重货物、贵重货物、鲜活货物、危险货物 4 种，在运输、保管、装卸等环节，需要采取特别措施，以保证货物完好地送达目的地。

（3）轻泡货物运输。轻泡货物是指密度小于 333 kg/m^3 的货物。其体积按最长、最宽、最高部位尺寸计算。

轻泡货物的密度低、体积大，堆码重心高，运输中的稳定性差。

2. 按运输形式不同划分

（1）零担货物运输。托运人一次托运货物计费重量 3 吨及以下的，为零担货物运输。

（2）整车货物运输。托运人一次托运货物计费重量 3 吨以上或不足 3 吨，但其性质、体积、形状需要一辆汽车运输的，为整车货物运输。

（3）大型特型笨重物件运输。据货物的体积、重量，需要大型或专用汽车运输的，为大型特型笨重物件运输。如锅炉、钢板、轻轨、行车架、打桩机等的运送。

（4）集装箱汽车运输。采用集装箱为容器，使用汽车运输的，为集装箱汽车运输。

（5）快件货物运输。在规定的距离和时间内将货物运达目的地的，为快件货物运输。

（6）特快件货物运输。应托运人要求，采取即托即运的，为特快件货物运输。

（7）危险货物汽车运输。承运具有自燃性、易燃性、爆炸性、毒害性、腐蚀性、放射性属性的货物，为危险货物汽车运输。

（8）出租汽车货运。采用装有出租营业标志的小型货运汽车，供货主临时雇用，并按时间、里程和规定费率收取运费的运输，称为出租汽车货运。

（9）搬家货物运输。为个人或单位搬迁提供运输和搬运装卸服务，并按规定收取费用的，称为搬家货物运输。

二、公路货物的运输、包装标志

在运输过程中，为了避免多种货物互相混淆，并能清楚地表明货物的属性，货物必须有各种标志。

货物的标志是指用文字或图案印写在货物内、外包装上的符号。按照性质或用途的不同，货物的标志分为以下几种。

1. 商品标志

商品标志和商标都是由商品制造单位制定，烙印或粘贴在货物上，用以说明该货物的名称、特性、种类、型号、成分、功效、外形尺寸及质量等，有些商品标志还带有使用和保护方法的说明、出厂日期、生产制造单位等。

2. 发送标志

用来说明货物的品名、质量、件数、收发货人、送达地点等，由发货人制作，附在货物外部或直接书写在货物的外包装上。发送标志只适用于货物的本次运输，故其内容应与运单的记载相符。

3. 运输标志

由运输承运部门编制，一般包括发站、中转站、到站、发货人、收货人、货物运单号码、同一批货物的总件数及本件的顺序号码等内容，也称为货单，是货物承运、核对、清点、装车及卸交的依据。

4. 储运标志

储运标志又称运输包装指示标志，由生产单位在货物出厂前按照国家标准统一印制。它是根据货物的特性在储运过程中提出的怕湿、怕热、易碎等特殊要求的标志。

托运人应根据货物性质和运输要求，按照国家规定，正确使用运输标志和包装储运图示标志。常见的货物储运图示标志如图4-1所示。

怕湿	重心点	禁止翻滚
用于标示怕湿的运输包装件	用于标示运输包装件重心位置	用于标示不得滚动搬运的运输包装件
堆码重量极限	堆码层数极限	温度极限
用于标示最大堆码重量的运输包装件	用于标示最大堆码层数的运输包装件	用于标示需要控制温度的运输包装件
小心轻放	禁用手钩	向上
用于标示具有易碎性的运输包装件	用于标示不得用手钩搬运的运输包装件	用于标示不得倾倒倒置的运输包装件
怕热	远离放射源及热源	由此吊起
用于标示怕热的运输包装件	用于标示需要远离放射源及热源的运输包装件	用于标示吊运运输包装件放链条或绳索的位置

图4-1　常见的货物储运图示标志

工作任务三　完成公路货物运输流程

工作任务：

如果你是宝供物流广州分公司运输部的经理助理，10月24日宝供物流广州分公司接到客户王老吉公司要求将一批 30 吨纸箱包装的王老吉凉茶饮料从佛山运往昆山和苏州；安利集团需要运输一批 2 吨纽崔莱营养片从东莞到宁波；广州医药集团需要运输一批 5 吨的眼药水从广州至鹰潭；中山欧帝尔电器照明有限公司需要运输一批 15 吨水晶灯从中山至杭州。现在运输部李经理要求你帮助其设计一份运输方案来满足这 4 家企业的运输需求。

公路货物运输业务流程如图 4-2 所示。

图 4-2　公路货物运输业务流程图

1. 公路货物运输一般业务流程

公路货物运输一般业务流程为：托运受理、承运验货、计划配送、派车装货、起票发车、运送与途中管理、到达卸货交付、货运事故处理。

1）托运受理

岗位人员：托运人。

操作内容：填写托运单。

托运是货主（单位）委托运输企业为其运送货物，并为此办理相关手续的统称。在托运环节主要是明确物流运输企业与货主之间的承托关系，依据是运输合同的签订、运单的签发。

（1）运输合同。按《道路货物运输及站场管理规定》（交通部令〔2005〕第 6 号）的规定，道路货物运输经营者和货物托运人应当按照《合同法》的要求，订立道路货物运输合同。汽车货物运输合同采用书面形式、口头形式和其他形式。书面形式合同种类分为定期运输合同、一次性运输合同、道路货物运单。定期运输合同适用于承运人、托运人、货运代理人之间商定的时期内的批量货物运输。一次性运输合同适用于每次货物运输。

承运人、托运人和货运代理人签订定期运输合同、一次性运输合同时，运单视为货物运输合同成立的凭证；在每车次或短途每日多次货物运输中，运单视为合同。

（2）运单的主要内容及填写。对未签订定期运输合同或一次性运输合同的，运单由托运人填写；对已签订定期运输合同或一次性运输合同的，运单由承运人填写，但运单托运人签字盖章处须填写合同的序号。

运单的具体内容、格式各单位不完全相同，但基本内容与格式如表 4-1 所示。

运单的基本内容应明确以下事项：托运人和收货人的名称（姓名）和地址（住所）、电话、邮政编码；货物的名称、性质、件数、重量、体积以及包装方式；双方约定的其他事项。

道路货物运单是道路货物运输及运输代理的合同凭证，是运输经营者接受货物并在运输期间负责保管和据以交付的凭证，也是记录车辆运行和行业统计的原始凭证。运单确定了承运方与托运方在货物运输过程中的权力、义务和责任，是货主托运货物的原始凭证，也是运输单位承运货物的原始依据。

表 4-1　公路货物运单格式

××公司货物运单

NO.01234567

托运人（单位）：　　　　电话：　　　　　地址：　　　　　　　　　托运时间：　　年　月　日

发货人　　　　　　电话		收货人　　　　　　电话	
详细地址　　　　　邮政编码		详细地址　　　　　邮政编码	
装货地点		卸货地点	
支付方式　　代收货款		约定起运时间	约定到达时间

货物名称、规格及包装	件数	单件体积 长×宽×高（cm³）	实际重量（kg）	保价金额	计费重量（kg）	计费里程（km）	费用金额（元）	
							运费	
							装卸费	
							配送费	
							保价费	
							代收货款手续费	
							其他费用	
合计（人民币大写）							费用合计	
托运人记载事项			承运人记载事项					
备注					收货人签章			

托运人签字：　　　　　　　制单员：

2）承运验货

岗位人员：托运单审核员、库管验货员。

操作内容：托运单审核员对托运单内容进行审核和认定；库管验收员验收货物。

货物承运，是承运方对托运的货物进行审核、检查、登记等受理运输业务的工作过程。

运输企业的业务员应对货物实际情况、数量、重量、包装、标志以及装货现场等进行逐项仔细审查，确认符合货物运输规则的规定，方可办理交接手续；运输单位在运单上加盖承运章，自接收货物起至将货物交付收货人（包括按照国家有关规定移交给有关部门）止，货物处于承运人掌管之下的全部时间为承运责任期间。

3）计划配送

岗位人员：调度员。

操作内容：编制车辆运行作业计划和发布调度命令。

4）派车装货

岗位人员：装卸员、装卸班长。

操作内容：装货物，装卸班长填写装车记录。

首先由运输单位的调度人员根据承运货物情况和运输车辆情况编制车辆日运行作业计

划，全面平衡运力运量及优化车辆运行组织，派车装货。货物装车时，驾驶员要在装货现场负责点件交接，保证货物完好无损和计量准确。

5）起票发车

岗位人员：开单录单员、定价员、收款员、调度员。

操作内容：开单录单员制作运单并录入计算机，定价员计算运杂费，收款员填制货票与收费，调度员填写行车路单。

公路货运路单式样如表4-2所示。

表4-2 公路货运路单式样

××公司货运路单 NO.02234568

承运车辆：

起点	发车时间		止点	到达时间		装运货物名称及包装	件数	运量（t）	行驶里程（km）		
	日	时		日	时				总行程	重驶行程	空驶行程
合计	重驶里程（km）			运量（t）			周转量（t·km）			备注	

路单签发人： 路单回收人：

6）运送与途中管理

岗位人员：驾驶员。

操作内容：领取路单，货物途中与运送管理。

车辆在运送货物过程中，一方面，调度人员应做好车辆运行线路管理工作，掌握各运输车辆工作进度，及时处理车辆运输过程中临时出现的各类问题，保证车辆日运行计划的充分实施；另一方面，驾驶人员应及时做好货运途中的行车检查，保持车辆技术状况完好，保证货物完好无损、无漏失、准时到达收货地点。

7）到达卸货交付

岗位人员：驾驶员、装卸员、收货人。

操作内容：卸货；填写交接记录；交付货物后，收货人在货票的第四联签收。

货物运达收货地点，应正确办理交付手续和交付货物。整车货物运达时，收货人应及时组织卸车，驾驶员应同时对所卸货物计点清楚，卸车完毕，货物交接，收货人在有关单证上签字。

8）货运事故处理

岗位人员：驾驶员、收货人。

操作内容：做好货运事故记录，查明原因、落实责任。

货物在承运责任期内，因装卸、运送、保管、交付等作业过程中所发生的货物毁损或灭失，称为货运事故，也称商务事故。

承运人与收货人应当做好交接工作，发现货损货差，由承运人与收货人共同编制货运事故记录，交接双方在货运事故记录上签字确认。

货运事故发生后应努力做好以下工作。

（1）承运与托运双方都应积极采取补救措施，力争减少损失和防止损失继续扩大。

（2）做好货运事故记录。

（3）货物运输途中，发生交通肇事造成货物损坏或灭失，承运人应先行向托运人赔偿，再由其向肇事的责任方追偿。

（4）查明原因、落实责任，事故损失由责任方按有关规定计价赔偿。

2. 运杂费及其结算

1）货物运输计费重量

整批货物运输以 t 为单位，尾数不足 100 kg 时，四舍五入。

零担货物运输以 kg 为单位，起码计费重量为 1 kg，尾数不足 1 kg 时，四舍五入。

轻泡货物每立方米折算重量 333 kg。

按重量托运的货物一律按实际重量（含货物包装、衬垫及运输需要的附属物品）计算，以过磅为准。

由托运人自行装车的，应装足车辆额定吨位，未装足的，按车辆额定吨位收费。

统一规格的成包成件的货物，以一标准件重量计算全部货物重量。

散装货物无过磅条件的，按体积和各省、自治区、直辖市统一规定重量折算标准计算。

接运其他运输方式的货物，无过磅条件的，按前程运输方式运单上记载的重量计算。

拼装分卸的货物按最重装载量计算。

2）货物运输计费里程

以 km 为单位，尾数不足 1 km 的，进为 1 km。

计费里程以省、自治区、直辖市交通行政主管部门核定的营运里程为准，未经核定的里程，由承托双方商定。

同一运输区间有两条（含两条）以上营运路线可供行驶时，应按最短的路线计算计费里程，或按承托双方商定的路线计算计费里程。

拼装分卸的，从第一装货地点起至最后一个卸货地点止的载重里程作为计费里程。

3）结算方式

货物运杂费在货物托运、起运时一次结清，也可按合同采用预付费用的方式，随运随结或运后结清。

3. 公路运输企业运输作业流程

（1）接单。公路运输主管从客户处接受（传真）运输发送计划；公路运输调度从客户处接出库提货单证；核对单证。

（2）登记。运输调度在登记表上填记送货目的地，收货客户标定提货号码；司机（指定人员及车辆）到运输调度中心拿提货单，并在运输登记本上确认签收。

（3）调用安排。填写运输计划。填写运输在途、送到情况及追踪反馈表。计算机输单。

（4）车队交接。根据送货方向、重量、体积，统筹安排车辆；报运输计划给客户处，并确认到厂提货时间。

（5）提货发运。按时到达客户提货仓库；检查车辆情况；办理提货手续；提货，盖好车棚，锁好箱门；办好出厂手续；电话通知收货客户预达时间。

（6）在途追踪。建立收货客户档案；司机及时反馈途中信息；与收货客户电话联系送货情况；填写跟踪记录；有异常情况及时与客户联系。

（7）到达签收。电话或传真确认到达时间；司机将回单用 EMS 或 FAX 传真回公司；签收运输单；定期将回单送至客户处；将当地市场的信息及时反馈给客户。

（8）回单。按时准确到达指定卸货地点；进行货物交接，百分之百签收，保证运输产品的数量和质量与客户出库单一致；了解客户产品在收货人当地市场的销售情况。

（9）运输结算。整理好收费票据；做好收费汇总表交至客户，确认后交回结算中心。结算中心开具发票，向客户收取运费。

（10）货运事故处理。

工作任务四　完成零担货物运输方案

工作任务：

根据具体的货运任务，设计零担运输方案，并画出运输作业流程图（包括收货、发货、中转、交货等环节），各组展示零担货物运输方案。

（1）有一批电缆，属普通货物，重 2 吨，成捆包装，运输方式为公路零担，发货地为武汉汉阳区，到达地为河南新乡辉县，要求 2011 年 11 月 10 日发货，运价 700 元/吨，结算方式为到付。

（2）2011 年 9 月 16 日，四川成都果品厂组织一批雪梨，共 260 件，重 3 600 kg，价值6 200 元，由成都发往重庆，收货人是重庆万客来超市。

（3）辽宁丹东有 4 000 株树苗运往沈阳，要求用两辆 20 吨车装运。

（4）安徽合肥有一批化工材料，重量为 20 吨，目的地是江苏徐州。

一、零担货物运输作业流程

汽车零担货物运输是汽车货物运输的重要组成部分，随着第三产业的迅猛发展，商品流通量与流通范围扩大，小批量货物托运越来越多，零担货物运输已成为公路运输企业经营的重要业务。零担物流是拢散于集、化零为整的一种高速高效率的运输方法。

1. 零担货物运输主要特点

我国汽车运输管理部门制定的《公路汽车货物运输规则》规定，托运人一次托运的货物其重量不足 3 吨者为零担货。按件托运的零担货物，单件体积不得小于 0.01 m³（单件重量超过 10 kg 的除外），不得大于 1.5 m³（单件重量不得超过 200 kg），货物长度小于3.5 m，宽度小于 1.5 m，高度小于 1.3 m。各类危险货物，易破损、易污染和鲜活货物等，一般不能作为零担货物办理托运。

零担货物批量小，品种繁多，托运批次多，托运时间和到站分散，一辆货车所装货物往往由多个托运人的货物汇集而成并由多个收货人接收。

零担货物运输具有安全、快速、方便、价廉、服务周到、运送方法多样的特点，但其计划性较差、组货渠道杂、单位运输成本比较高。

2. 零担货物运输作业流程

与整车货物运输作业流程相比，应特别注意以下几点。

（1）加强仓库管理。货物进出仓库，都必须按照单据，货票相符。

（2）注意配载，充分利用车辆的容积和载重量。配载时，配载员要检查车辆，装货上车。具体作业要求如下。

① 装车前工作。检查货物体积，清点件数；检查货车门窗、车体状态、车辆标记；检查车内是否清洁。

② 装车工作。充分利用车辆容积和车辆载重量，不超载，装车时，先远后近，先大后小，急运优先；车辆受力均匀；不偏载集重；堆码稳固；分批码放。

③ 装车后工作。按规定施封；检查篷布苫盖情况、货车门窗关闭情况；配载员（或随车理货员）在交运物品清单上签字确认。

（3）严格执行货物混装限制规定。

零担货物运输流程如图 4-3 所示。

图 4-3 零担货物运输流程图

二、零担货物运输组织形式

零担货物运输由于集零为整，站点、线路较为复杂，业务烦琐，因而开展零担货运业务，必须采用合理的车辆运输组织形式，这些形式通常有以下几种。

1. 固定式

固定式也称"四定运输"，系指车辆运行采取定线路、定班期、定车辆、定时间的一种组织形式。

这种运输组织形式要求根据营运区内零担货物流量、流向等的调查资料，结合历史统计资料和实际需要，在适宜的线路上开行定期零担货运班车。固定式零担货物运输组织形式为零担货主提供了许多方便，有利于他们合理地安排生产和生活，对汽车运输部门来讲，固定式也有利于实行计划运输。

2. 非固定式

非固定式是指按照零担货流的具体情况，根据实际需要，随时开行零担货车的一种运输组织形式。

这种运输组织形式由于缺少计划性，给运输部门和货主带来一定不便。因此只适宜于在季节性或在新辟零担货运线路上作为一项临时性的措施。

3. 直达式

直达式是指在起运站，将各发货人托运到同一到达站、而且性质适合配装的零担货物，同车装运直接送至到达站，途中不发生装卸作业的一种运输组织形式，如图 4-4 所示。直达式零担货物运输的效果较好，但它受到货源数量、货流及行政区域的限制。

图 4-4　直达式零担货物运输组织形式

4. 中转式

中转式是指在起运站将各托运人发往同一去向、不同到达站、而且性质适合于配装的零担货物，同车装运到规定的中转站，另行配装，然后再继续运往各到达站的一种运输组织形式，如图 4-5 所示。

图 4-5　中转式零担货物运输组织形式

图 4-5 所示只是最简单的中转形式，如运行线路很长，还可能发生多次中转。中转式可使那些运量较小、流向分散的货物通过中转及时运送。所以它是一种不可缺少的运输组织形式。但中转式耗费的人力、物力较多，作业环节也比较复杂。

零担货物的中转还涉及中转环节的理货、堆码、保管等作业，零担货物中转站必须配备相应的仓库等作业条件，确保货物安全、及时、准确地到达目的地。

零担货物的中转作业方法有三种，分别是落地法、坐车法和过车法。

1）落地法

落地法是指将整车零担货物全部卸下交中转站入库，由中转站按货物的不同到站重新集结，另行安排零担货车装运，继续运到目的地。

这种方法简便易行，车辆载重量和容积利用较好，但装卸作业量大，仓库和场地的占用面积大，中转时间长。

2）坐车法

核心货物不动，其余货物卸下，另行配装。

这种方法部分货物不用卸车，减少了装卸作业量，加快了中转作业速度，节约了装卸劳动力和货位，但对留在车上的货物的装载情况和数量不易检查清点。

3）过车法

直接换装中转。

过车法是指当几辆零担车同时到站进行中转作业时，将车内部分中转零担货物由一辆车向另一辆车上直接换装，而不到仓库货位上卸货。组织过车时，既可以向空车上过，也可以向留有核心货物的重车上过。

这种方法在完成卸车作业时即完成了装车作业，提高了作业效率，加快了中转速度，但对到发车辆的时间等条件要求较高，容易受意外因素干扰而影响运输计划。

5. 沿途式

沿途式是指在起运站将各个托运人发往同一线路、不同到站且性质适宜配装的各种零担货物同车装运，按计划在沿途站点卸下或装上零担货物再继续前进，运往各到达站的一种运输组织形式。如图 4 - 6 所示。

图 4 - 6　沿途式零担货物运输组织形式

这种运输组织形式工作较为复杂，车辆在途中运行时间也较长，但它能更好地满足沿途各站点的需要，充分利用车辆的载重和容积，是一种不可缺少的零担货物运输组织形式。

三、特种货物的运输

1. 危险货物的运输

危险货物在运输过程中能引起人身伤亡和财产损失，因此在运输和装卸等环节中对其有特殊要求。为保证危险货物的安全运送，必须注意以下事项。

（1）掌握各类危险物品的性质，是做好危险货物运输的前提。

（2）运输单位：承运危险货物，须经有关部门批准，具有从事危险货物运输经营许可证。

（3）托运人：办理托运业务时，必须提交技术说明书。

（4）运单：危险货物托运单必须是红色的或带有红色标志，以引起注意。

（5）包装：危险货物的包装一般应单独包装，包装的种类、材质、封口等应适应所装货物的性质，每件包装上应有规定的包装标志及危险货物包装标志。

（6）车辆：选择技术性能良好的车辆，装车前要对车辆进行认真检查，严格执行有关安全防护措施，按指定路线、时间行驶，车辆运行应控制车速，保持和前车距离，严禁违章超车，确保行车安全。车前悬挂有"危险"字样的三角旗。

（7）驾驶员：从事危险品运输的驾驶员必须取得危险品运输上岗证。

（8）装卸：在指定地点进行装卸作业，运输、装卸及货主单位必须密切配合，运达卸货地点后，因故不能及时卸货，在待卸期间随车人员负责看管车辆和所装危险货物，同时，承运人应及时与托运人联系，妥善处理。

2. 大件货物的运输

大件货物包括长大货物和笨重货物两类。

长大货物是指凡整件货物，长度在 6 m 以上，宽度超过 2.5 m，高度超过 2.7 m 的货物，如钢板、轻轨、行车架、打桩机等。

笨重货物是指每件重量在 4 吨以上（不含 4 吨）的货物，如推土机、挖掘机、压路机等。笨重货物可分为均重货物与集重货物两类，均重货物是指重量能均匀或近乎均匀地分布于装载底板上的货物，而集重货物系指重量集中于装载车辆底板的某一部分的货物。

承运长大笨重货物时，要采用相应的技术措施和组织措施。

（1）车站受理托运时，要按发货人提供的有关资料对货物进行审核。

（2）派专人观察现场道路和交通情况，研究装载和运送方案，按指定线路和时间中速或低速行驶。

（3）使用适宜的装卸机械，装车时应使货物的全部支承面均匀地、平稳地放置在车辆底板上，以免损坏车辆。

（4）用相应的大型平板车等专用车辆，除应仔细加固捆扎外，还应在货物最长、最宽、最高部位悬挂安全标志，日间挂红旗，夜间挂红灯，以引起往来车辆的注意。特殊的货物要由专门车辆在前方引路，以便排除障碍。

（5）装载集重货物，需要铺垫一些垫木，使重量能够比较均匀地分布于底板。

（6）货物重心应尽量置于车底板纵横中心交叉点的垂直线上，严格控制横向移位和纵向移位。重车重心高度应控制在规定限制内，若重心偏高，除应认真进行加载加固外，还应采取配重措施，以降低其重心高度。

3. 鲜活易腐货物的运输

鲜活易腐货物在运输过程中，需要采取一定措施防止货物死亡和腐烂变质，运送的时间性要求较高。

（1）承运时，承运方必须对货物的质量、状态进行认真检查，对已有腐烂变质征象的货物，托运前应做适当处理。对不符合规定质量的鲜活货物不能受理。

（2）受理托运鲜活货物，托运方应提供最长运输期限及途中管理、照料事宜的说明书，有关部门提供的动植物检疫证明和准运手续。对于运输途中需要饲养和照料的动、植物，托运人必须派人押运。对于易腐需冷藏保温的货物，托运人应提供货物的冷藏温度和在一定时间内的保持温度。

（3）承运方要根据货物的种类、运送季节、运送距离、运送方向以及托运方的要求和承运方的条件等情况，选择合适的车辆、确定货物的装载方法和沿途提供的服务等。鲜活、易腐货物原则上用专车专运，不得与其他货物混装。

（4）装载时，水果、蔬菜、鲜活植物等，各货件之间应留有一定的间隙，使空气能在货件间充分流动。车厢底板最好有底格，装货时应使货件与车壁留有适当空隙，以便使经由车壁和底板传入车内的热量，可以由空气吸收而不致直接影响货物。

易腐货物，除冷冻货物应采用紧密堆码不留空隙（使货物本身积蓄的冷量不易散失）

外，对本身不发热的某些冷冻货物（如冷冻鱼虾），虽可以采用紧密堆码法，但应防止过分紧压，以免损伤物体，影响质量。对于活口动物，如牛、马需用绳索拴牢在高栏板内，禽、兽及其他小动物须用集装笼或专用工具固定在车厢内，保持平稳、妥当。

（5）应运送及时，运行中不得随便紧急制动，并配合押运人定时停车照料。易腐货物要快速运输，压缩货物在途时间，以保障货运质量。

4. 贵重货物的运输

贵重货物即价格昂贵、运输责任重大的货物。

（1）受理托运贵重货物，托运人按货物实际价值，自行选择保险或保价的一种，在运单上准确填写投保货物的声明价格。

（2）贵重货物包装必须完好、牢固，一张运单托运的件货，凡不具备同品名、同规格、同包装的，应提交物品的清单；对国家或地方政府规定禁运、限运以及需办理准运证明的，托运人应随同运单提交有关部门的文件或证明，方能受理。

（3）为确保贵重货物运输安全，托运人应对物品属性以及运输、装卸、保管注意事项和运抵时间、期限等提出特约要求，托运方要委派专门人员跟车押运。

（4）整批量大的贵重货物，原则上受理后实行整车运送，安排适宜货物的、性能良好的货车或专用车直达运输；小批量零星贵重货物，拼装零担运输的应在运单上盖有"贵重货物"戳记，便于承运前、到达后的车站稳妥装卸和保管。

（5）为确保货物安全，应尽可能实行快运，超长运距应配备双班驾驶员，日夜兼程。

工作任务五　公路快速货运系统认知

在我国，公路快速运输是随着高速公路建成投入使用后才逐步发展起来的，现在已成为公路运输行业的发展热点，但有关公路运输的理论及实践，目前仍处于探索中。

一、公路快速货运系统概述

1. 公路快速货运系统的概念

公路快速货运系统是以高时效的货物为服务对象，以高等级公路为基础，依托多层次、网络化的货运站场体系集散货源，使用技术先进、结构合理的车辆载运货物，利用高效的通信信息技术作为管理手段，通过科学有效的运输组织，实现货物安全、准确、快速流动的公路货运系统。快速货运，也是公路运输的"品种"之一，因此，它首先符合货物运输的品质要求，即安全、方便、经济、及时、周到。在这一前提下能够体现公路快速货运特征的品质参数是"快速"。有的专家提出"快速"的标准是："在网络覆盖范围内，保证货物从发货人到收货人运距在 500 公里以内的运送时间不超过 24 小时，运距每增加 600 公里，运送时间增加 24 小时"。这一量化品质参数，可供参考。

2. 我国公路快速货运发展的基本情况

就公路快速货运系统而言，我国目前除邮政部门经办的快速邮件收发业务外，其他领域尚未真正起步。有些省市，如广东省、上海市、辽宁省、山东省等依托现有的零担运输网和高速公路正在规划筹建快速货运企业。公路运输业也有一些针对某些特别运输任务按快速方式承担的例子。例如，现货货物、急运货物实行快运，但不论从经营组织、管理规范、还是运输手段来看，也只是属于"专运"，而不属于快运系统。这种专运，从运送速度来看，远远快于一般货运，但仅属于速度提高的一般货运而已，因为它不是运输生产力水平提高所推动的结果，而是原有生产力水平下开设的一种专项货物运输服务。

二、快速货运系统的构成要素

1. 快速货物

快速货物是指系统的服务对象，主要为小批量、多品种、附加值高、高时效等时间价值高、对时间敏感的货物，如部分零担货物、时令商品、鲜活易腐品、高价值贵重物品以及用户要求快运的小件物品等。

2. 道路设施

道路设施作为公路快速货物运输的基础条件，应具备较大的通行能力和较高的服务水平，具有足够的覆盖程度和通达深度的较为完善的公路网络。构成公路快速货运系统实体内容的包括站场设施、货物装卸分拣设备及组织、运输装备、通信信息和运输组织5个子系统。

（1）站场设施。站场设施作为网络系统的节点，以货运枢纽站场为中心，结合不同层次的货运站场与货物集散地，构成多层次、网络化的站场结构系统。

（2）货物装卸分拣设备及组织。快速货运通常要对不同流向、不同货种的货物进行分拣、中转、拼装，需要有专门的分拣及装卸设备和专门的作业及管理组织，由此构成了快速货运系统中必不可少的子系统。

（3）运输装备。运输装备为快速货物运输的载体，通过技术先进、结构合理的车辆，满足区域内取送货服务和区域间干线公路快速运输的要求。

（4）通信信息。通信信息作为快运系统的神经中枢，以公用通信网和专用通信网为基础，以各类常规电信和 EDI 等专用数据交换为手段，以专业化的计算机应用系统为核心，形成高效、及时、准确的通信信息网络，满足货物组织和管理的需要。

（5）运输组织。运输组织作为运输服务和运输生产的主体，主要以货运站场为依托，以现代化的通信信息为手段，通过提供货物集散、中转和中介代理、运输组织、辅助服务等全方位的服务，高效、优质地实现公路快速运输的全过程。

三、快速货运系统基本运行模式

从系统的服务形式看，可以分为零担货物快速运输（以下简称零担快运）和整车货物快速运输（以下简称整车快运），由于零担快运与整车快运的货源组织与生产特点各不相同，系统运行模式也各有特点。

1. 零担快运

所谓零担快运，是指所运送的货物从承运至送达收货人手中整个过程需要经过分拣、拼装的环节才能完成的运输组织方式。零担快运产生于以下两种情况。

（1）被运送的货物批量太小，直达运输不经济。

（2）由于道路通行条件（包括交通管制）等原因，为了达到快捷、经济运送的目的，而选用零担快运的组织方式。

2. 整车快运

所谓整车快运，是指从接货承运直到送达收货人的整个运送过程，货物不需经过分拣、拼装的运送组织方式。同零担快运系统的运行模式相比，整车快运系统在基本生产流程中简化了货运站场的装卸、分拣作业过程，货物由发货人起运可以直接快运到收货人手中。

工作任务六　公路货物运输信息化技术应用

随着工业化的发展和产品结构的变化，机械、电子、轻纺、医药、食品等工业产品比重不断增加，其产品也逐渐由长大重厚型向短小轻薄型转变，并对运输业在迅速、方便、安全等方面提出了更高的要求。

货物跟踪系统是实现货物位置、安全状态等信息实时跟踪的系统，系统因采用的技术和实现的方式不同而不同。

公路货物运输动态跟踪系统是以高等级公路为依托，通过条码、GPS、GIS、GSM 等高新技术的有效集成，利用车辆的动态定位而间接实现货物跟踪的功能。它是针对公路快速货运、物流运输服务等中长途、跨地市货物运输开发的一种货运服务管理系统。

公路货运服务管理系统的组成主要包括两部分，分别是车载单元和监控中心。车载单元是指安装在车内的可移动部分，包括 GPS、GSM 等模块，其功能主要是接受监控中心的指令，回传车辆的定位数据及状态信息。监控中心是系统中枢，能够运用公路电子地图数据库、货运信息数据库等对车辆和货物进行实时监控跟踪。

一、货运信息数据库

通过货运信息数据库，公路货物运输动态跟踪系统能直接查询货运信息，进行货物跟踪监控，其应用除了数据库技术外，还有条码和计算机网络技术。应用条码主要采集运输货物信息，并通过计算机网络将信息传输到货运信息数据库，供监控中心跟踪查询使用。

1. 条码技术的应用

目前物流运输领域条码码制标准中主要包括三种码制：通用商品条码、交叉二五码和贸易单元 128 码。根据公路货物运输动态跟踪系统的功能要求及道路货物运单信息填写需要，条码应包含的货物信息主要包括货物名称、生产厂家、货物规格、重量、货物的分类、发货及到货地点、发货及到货日期等，因此，条码选用国家标准《商品条码　零售商品编码与条码表示》（GB/T 12904—2008）规定的 EAN-13 码和《EAN·UCC 系统　128 条码》（GB/T 15425—2002）中规定的 EAN-128 码两种码制作为系统的应用条码，共同标志货物，实现货物信息采集。EAN-13 码是生产厂家普遍应用的条码，一般在货物的外包装上都有标识，应用该条码可采集货物的名称、生产厂家、货物的规格重量等信息。EAN-128 码作为 EAN-13 码必要的补充，用以标志更多的货运单元信息，如货物的分类、发收货地点、发收货日期等。

2. 货运信息的采集

条码内容的读取必须有信息数据库的支持，即条码编码代表的意义都存储在信息数据库中，当用条码扫描器划过条码标签的时候，计算机就可以自动进行阅读识别，匹配信息数据库中的内容，确定条码表示的含义。公路货物运输动态跟踪系统货物跟踪功能的实现，除了需要货物信息的采集外，还必须包括对应的运输车辆 ID（车辆牌照）及驾驶员姓名信息，用于车辆货物的跟踪监控。这些信息可通过仓管系统手工输入，同仓管系统数据库中的运输货物信息一并存储，对应一条货运信息的记录，并将该记录即时传输到监控中心货运信息数据库。有关运输车辆及驾驶员的详细信息，监控中心可通过远程访问仓管系统数据库进行查询。

3. 货运信息数据库管理

公路货物运输动态跟踪系统中，货运信息采集是依靠各货运站场、物流中心等节点的仓储管理系统完成的，这些节点分布在各地，货运信息通过网络通信传输到监控中心的货运信息数据库中。根据监控中心货运信息数据库及各节点仓储数据库的分布特点，采用全局集中控制分布式数据库管理技术进行系统的统一调控管理。其中：

（1）LDBMS——局部各货运站场、物流中心仓管系统；

（2）GDBMS——全局货运信息数据库管理系统；

（3）CM——通信管理。

货运信息数据库在系统功能实现中具有重要地位。监控中心货运信息数据库采用传统的关系型数据库设计原理，其信息按监控范围内所属站场节点进行存储，主要包括货物信息、车辆信息及驾驶员信息。车辆信息主要包括车辆 ID、车辆型号、载重量等车辆属性信息。驾驶员信息主要包括驾驶员的个人信息。货物信息分为入库货物信息和出库货物信息两部分。这些信息随同货物的流动随时变化，货运信息数据库当中某站场某仓库的出入库货物信息需要通过网络通信实时采集，其存储流程系统要实现货物监控跟踪的功能，必须达到货、车、人信息之间的匹配。根据数据库的设计原理，货、车、人信息是对应关系。

二、公路电子地图数据库

公路电子地图数据库的总体设计过程经历了地理要素内容的选择、地理要素数据的分层、地理要素的编码和地理要素属性数据库结构设计等步骤。

1. 地理要素内容的选择

公路货物运输动态跟踪系统是为公路快速货运提供货物跟踪服务的。该种运输方式是以高等级公路为依托，因此各省国道主干线、公路网主骨架、内环通道、外环通道以及其他国道、省道等高等级公路地理要素信息是最基本、最重要的参考信息；各地市货运代理公司、运输站场、物流中心节点是系统货运信息的源地，路管、运管部门以及各路段附近的交警部门、消防部门、急救中心、车辆维修公司、社会媒体等机构为运输车辆提供服务，这些地理要素信息也是必不可少的。

由于货物跟踪离不开区域地理环境氛围，如各省省域、各地市区域等，因此各路段所属的区域也应该在电子地图中表现出来。

2. 地理要素数据的分层

公路货物运输动态跟踪系统所需的地理要素数据分层内容包括以下几点。

（1）区域地理。各省区域、省下辖各地市区域、省会城市区域、县乡镇等重要的居民居住地点。电子地图建立的控制基点，位置用经纬度坐标表示。

（2）公路网地理。国道主干线路段、省域范围国道路段、省道路段、省道各路段相互间的主要交叉口。

（3）其他地理。系统所需的各货运代理公司、运输站场、物流中心、紧急救援机构包含为事故车辆提供紧急救援的相关部门，如急救中心、交警部门、消防部门、车辆维修公司等相关部门，也包含与交通管理相关的部门，如各交通局运管部门、公路管理部门等。社会媒体包含发布交通信息的媒体机构，如广播电台、电视台、报社等。

3. 地理要素的编码

为了能在 GIS 中更有效地管理和操作各地理信息要素，应对每个地理要素赋予唯一的标识码作为识别标志。

地理要素的编码由地理要素层标识和序列号两部分组成。地理要素层标识用于确定地理要素所属的层次，用两位十进制数表示。序列号用于确定某一给定地理要素层中的具体要素，其数位长度可根据所属层次中地理要素的多少确定。

4. 地理要素属性数据库结构设计

属性数据库的结构设计主要考虑了要素属性项的选择及命名、属性项类型及字段长度确定等。要素的属性是多方面的，如数量的、质量的等，它们分别反映了要素的不同侧面，选其属性项时，应选择与公路货物运输动态跟踪系统相关的方面，如要素名称、标志等。属性数据的类型根据要素的不同属性可选择整型、浮点型、字符型、日期型或逻辑型。设计属性数据库时，一个属性表唯一对应一地理要素层，属性表中的一个记录便对应该层中的一个要素。表 4 - 3 和表 4 - 4 所示分别是交叉口的属性表结构和各种公路路段的属性表结构。

表 4 - 3　交叉口属性表结构

序号	字段名	字段类型	字段长度
1	名称	Character	20
2	交叉口 ID	Character	10
3	交叉口节点名称	Character	20
4	交叉口节点 ID	Character	10
5	交叉路段总数	Integer	2
6	交叉路段 ID	Character	40

表 4 - 4　公路路段属性表结构

序号	字段名	字段类型	字段长度
1	名称	Character	20
2	公路路段 ID	Character	10
3	端点 1 名称	Character	20
4	端点 2 名称	Character	20
5	长度	Float	10
6	路段方向（斜率）	Float	10
7	交叉口总数	Integer	2
8	交叉口 ID	Character	40

三、监控软件功能模块

1. GIS 模块

根据省公路电子地图数据库，利用 VB 6.0 和 MapObjects 2.0 控件进行监控软件的 GIS 模块开发。GIS 操作模块具有如下功能：添加、删除、显示与隐藏图层；调整图层的空间叠加顺序；放大、缩小、漫游和全图显示；全景视图与局部视图的互动；显示地图图例；显示当前视图的比例尺；修改地图与图例的显示外观；查询地理实体；识别地理实体；标注地理实体；输出视图。利用开发的 GIS 模块，可进行公路货物运输动态跟踪系统的功能模拟。

2. 车辆定位跟踪

车辆定位跟踪功能模拟。其中，通过手工输入车辆位置经纬度坐标（数据格式与 GFS12L 型导航仪返回的数据格式相同），在电子地图上可显示车辆具体位置，并用车辆图标显示出来。

3. 货物跟踪功能的模拟

货物跟踪功能的模拟是利用车辆实际运输路线的实验数据进行车辆行驶轨迹回放，并模拟显示随车货物状态信息，实现货物跟踪的功能。其中，车辆运输路线举例如下。

去程：长安大学正门—南二环—昆明路—平安大道—咸阳—西宝高速公路—眉县—宝鸡。

返程：宝鸡—西宝高速公路—岐山县—西宝高速公路—昆明路—南二环—长安大学正门。

实验仪器：美洲豹（GRAMIN）GPS12XL 型导航仪（精度为 10 m RMS，坐标系为 WGS‒84，数据格式为经纬度坐标）。

其中，运输状态表示货物是否按规定时间安全运抵目的地；估计剩余时间是根据车辆当前位置与运输目的地之间的距离除以车辆运行时的平均行驶速度（如 70 km/h）求得的。运输货物的详细信息可通过单击"详细信息"按钮获得。

四、货运信息模块

货运信息模块是基于监控中心货运信息数据库开发的货运信息查询的功能模块，可针对运输货物、运输车辆、驾驶员、货运站场等进行信息查询。根据公路货物运输动态跟踪系统的方案设计，这些信息的查询是基于网络数据库的查询。在单机版监控软件功能模块设计中，用 Access 2000 模拟建立监控中心的小型货运信息数据库，并在此基础上进行货运信息模块的开发。

小结

（1）零担货物运输。托运人一次托运货物计费重量 3 吨及以下的，为零担货物运输。

（2）整车货物运输。托运人一次托运货物计费重量 3 吨以上或不足 3 吨，但其性质、体积、形状需要一辆汽车运输的，为整车货物运输。

（3）轻泡货物。是指密度小于 333 kg/m³ 的货物。其体积按最长、最宽、最高部位尺寸计算。

（4）公路货物运输一般业务流程为：托运受理、承运验货、计划配送、派车装货、起票发车、运送与途中管理、到达卸货交付、货运事故处理。

（5）托运人一次托运的货物其重量不足 3 吨者为零担货物。按件托运的零担货物，单件体积不得小于 $0.01 \ m^3$（单件重量超过 10 kg 的除外），不得大于 $1.5 \ m^3$（单件重量不得超过 200 kg），货物长度小于 3.5 m，宽度小于 1.5 m，高度小于 1.3 m。各类危险货物，易破损、易污染和鲜活货物等，一般不能作为零担货物办理托运。

（6）公路货运服务管理系统的组成主要包括两部分：车载单元和监控中心。车载单元是指安装在车内的可移动部分，包括 GPS、GSM 等模块，其功能主要是接受监控中心的指令，回传车辆的定位数据及状态信息。监控中心是系统中枢，能够运用公路电子地图数据库、货运信息数据库等对车辆和货物进行实时监控跟踪。

复习思考题

（1）公路运输的特点有哪些？
（2）公路货物运输一般分为哪几类？各有哪些特点？
（3）公路货物运输作业的基本业务包括哪些环节？各环节的主要内容是什么？
（4）零担货物运输的组织形式有几种？各有什么优缺点？
（5）公路货运服务管理系统的组成内容有哪些？其功能是什么？

实训

1. 案例分析

公路运输业牵手现代物流业：保定运输集团的问题之一

问题：业务组织形式单一，流程传统

经调研，保定运输集团（以下简称保运集团）目前主要沿用传统的作业程序，只是对经营业务活动的各项具体操作实现了计算机管理，在具体作业环节上实现了无纸化作业，但是计算机的应用水平低，运输信息相互交流速度慢，各部门的计算机没有实现联网，故使得车辆的可控制性很低，车辆的回程时间不能得到控制。

保运集团的货物运输组织形式主要是采用直线职能式，主要分为以下两种方式。

1）零担货物运输组织形式

根据零担货物运输的特点，汽车零担货运是按照流水线作业的一种生产方式。它的作业内容主要包括受理托运、验货司磅、起票收费、吊签入库、配货装车、货物运送、到站卸货和货物交付等。

2）整车货运商务作业

汽车整车货运商务作业的内容包括货物托运与承运、装卸、起票、发车、运送与到达交付、运杂费结算、货运事故处理等。

目前对于零担货物运输而言从承运到核对装车的时间平均为 5 天，对于整车货运而言从承运到发车的时间平均为 4 天，这样大部分的时间都浪费在运输公司的货场中。

就整车货运的业务组织来看：承运业务的发生需要0.5天，验货需要1天，配运及调车需要1.5天（有时因车辆的回程时间不能控制，车辆不能及时到位，使得调车时间更长一些），装车及起票发车需要1天，而货车在运行中的时间表就更不能够被及时监控，使得公路运输的准确到达率很难控制。

2. 技能训练

以小组为单位，分别对保运集团存在的"业务组织形式单一，流程传统"的问题进行讨论并提出自己的建议；与其他小组成员进行交流。

3. 运输软件仿真实训

项目五

航空货物运输与信息化技术

教学目标

1. 知识目标

（1）掌握航空货物运输的特点、分类。

（2）掌握航空货物运输业务流程。

（3）了解航空货物运输信息化应用原理。

2. 技能目标

（1）能够分析航空运输方式的技术经济特征。

（2）能够正确填写航空货物运输单证。

（3）能够制定和完善航空运输业务流程。

（4）初步具备组织航空货物运输的能力。

案例

1. 案例介绍

航空运输货物灭失

青岛某货主将一批价值 USD10 000，计 10 箱的丝织品，通过 A 航空公司办理空运经北京出口至法国巴黎。货物交付后，由 B 航空公司的代理人 A 航空公司于 2003 年 1 月 1 日出具了航空货运单一份。该货运单注明：第一承运人为 B 航空公司，第二承运人是 C 航空公司，货物共 10 箱，重 250 千克。货物未声明价值。B 航空公司将货物由青岛运抵北京，1 月 3 日，准备按约将货物转交 C 航空公司时，发现货物灭失。为此，B 航空公司于当日即通过 A 航空公司向货主通知了货物已灭失。为此，货主向 A 航空公司提出书面索赔要求，要求 A 航空公司全额赔偿。

2. 案例分析

这个案例告诉人们，不管是发货人、承运人或是其代理人，在货物的运输过程中，要严格按照作业流程操作，各负其责，各司其职，圆满完成运输任务。

3. 思考·讨论·训练

针对上述案例，谈谈你对下列问题的看法。

（1）货物灭失的原因可能有哪些？

（2）应该如何操作才能避免不该出现的问题？

教学内容

工作任务一　航空运输认知及其技术经济特征分析

一、航空运输业发展与展望

1. 国际航空运输的发展

世界航空运输的发展起步较晚，是在20世纪初开始的。世界上第一架飞机是在1903年由美国莱特兄弟发明创造的。1909年，法国最先创办了商业航空运输，随后德国、英国、美国等国家也相继开办。然而，航空运输作为一种货物运输方式，是在第二次世界大战以后才开始出现的，但发展十分迅速，在整个运输中所占的地位日益显著，航空货物运输量亦在逐步增大。目前，全球约有100余家航空公司，30 000余个民用机场，6 000余架民用喷气式飞机，货运量日渐增多，航线四通八达，遍及全球各地。

航空运输从发明到成熟，短短的几十年时间里，除了经济发展的需要外，航空运输技术的发展、管理水平的发展和政府对航空运输的管制水平对它的影响也很大。在初创阶段和发展阶段航空运输的技术水平发展很快，正是因为技术的支持，才有了成熟期航空运力、运量的显著增长。但是持续发展的势头一度被航空运输管制政策所遏制。直到1978年美国国会批准出台的《航空公司放松管制法》（The Airline Deregulation Act of 1978）减少了政府对航空运输的限制，才使航空运输又进入了蓬勃发展的时期。目前阶段航空运输业竞争激烈，是世界航空大联盟的阶段，竞争的手段更依靠高科技的发展，因此发展趋势之一是信息化。计算机技术广泛应用：航空公司的订座、收益管理、航材管理、航班管理、机场管理、常客管理等都离不开计算机技术。发展趋势之二是国际大联盟。通过联盟扩大规模经济效益，提高服务品质，是航空运输不可避免的发展趋势。

2. 我国航空运输的发展

我国民用航空运输业经历了曲折而艰苦的创业历程。1949年新中国成立后在中国共产党的领导下，我国民航才开始发展起来。而我国民航运输真正发展的历史，只有从1977年至今短短30年左右的时间，而且在世界民航高速发展的时期，我国正值战乱和战乱恢复时期，错过了与世界航空运输同步发展的大好时光。20世纪90年代，随着我国的经济高速发展，正当航空运输发展的时期，又遇上世界航空运输的变革期间，而我国航空运输却缺乏变革的基础和经验，国外先进的技术和经验，不可能照搬，因此我国经济高速发展后航空运输陷入了十分尴尬的局面。

目前我国民航运输增长速度过低，旅客运输量已低于国民经济增长速度，这种状况限制了民航为国家经济建设和改革开放服务的能力。

我国民航全国机队和航线网络规模大致相当于航空发达国家的一家航空公司，年人均乘坐飞机出行次数仅为 0.04，航空运输客运量在国家交通运输体系中仅占 0.44% 的比重，通航城市不足全国城市数的 1/4，通航国家不足已与我国目前签署双边航空协定国家的一半，与我国的大国地位很不相称。虽然 1998 年行业大滑坡的亏损势头已得到遏制，但亏损的危机依然存在。

3. 国际航空运输的发展趋势

（1）管理自由化。航空自由化主要是指改革国际航空运输的管理体制和方法。在 ICAO 第五次运输大会上提到了自由化在管理方面的 7 个关键问题，即航空承运人的所有权和控制权、市场准入、公平竞争、消费者利益、产品分销、争端解决和透明度等。需要进一步说明的是，在一国范围内，在经济全球化和国际航空运输自由化的大环境里，应该树立"行业一体化"的观念。一荣俱荣，一损俱损。

（2）产权多元化。20 世纪 80 年代，除北美洲外，世界上绝大部分航空公司的所有权都是属于本国政府的。私有化是指航空公司的所有权从政府持有转让给公众所有。有的全部出让，有的政府仍保留一部分股份。产权多元化有利于寻找战略投资伙伴，以促进航空公司自身的发展，有利于航空公司之间更密切地合作。中国东方航空公司及南方航空公司等的上市，标志着中国的航空承运人在产权多元化的道路上迈出了一大步。

（3）产品顾客化。产品顾客化是现代市场营销观念的体现，它要求航空公司各个部门都以市场为导向，为产品顾客化各尽其责。

（4）市场全球化。经济全球化必然导致航空运输市场全球化。任何一家航空公司的航线覆盖率都是有限的，但是市场是可以扩张的，通过扩张航空公司可实现全球化战略。

（5）航线网络化。航线网络化是航线结构发展的第三个阶段。20 世纪 40 年代到 70 年代，是管制市场下的点到点航线；80 年代是放松管制下的枢纽辐射式；90 年代航空市场呈现全球化趋势，同时又出现了国际航空联盟，航线结构进入网络化时代。

（6）企业联盟化。航空公司双边联盟是双赢之路，为了扩大市场规模，提高竞争能力，许多航空公司结成联盟集团，简化管理程序，突出联合销售、新产品开发和服务一体化，使联盟集团的优势得到进一步发挥。

（7）经营数字化。20 世纪，航空公司之间的较量是以资本为主的较量，21 世纪则是信息技术的较量。目前处在由传统经济向新经济转变的时期，新经济的特点之一就是数字化。航空运输本身是高科技行业，航空运输经济必须以信息技术为基础，实现数字化经营，包括营销系统、运行系统、财务和行政管理系统的数字化等。电子网络营销是航空运输业的第二次革命，彻底改变了传统的销售模式。

（8）公司虚拟化。由于互联网的应用，使未来将出现虚拟的航空公司。这种公司没有自己的飞机，没有机组人员，没有维修和商务人员，但他们可以通过商业化的方式解决上述问题，经营定期和不定期航班。

二、国际航空运输组织

目前，全球约有 1 000 余家航空公司，30 000 余个民用机场，6 000 余架民用喷气式飞机，货运量日渐增多，航线四通八达，遍及全球各地。

1. 国际民用航空组织

国际民用航空组织（International Civil Aviation Organization，ICAO）成立于1944年4月4日，是联合国所属专门机构之一，也是政府间的国际航空机构。其总部设在加拿大的蒙特利尔，现有成员150多个。其大会是最高权力机构，常设机构是理事会，由大会选出的成员组成。我国是该组织的成员，也是理事国之一。该组织的宗旨是发展国际航空的原则和技术，促进国际航空运输的规划和发展，以保证全世界国际民用航空的安全和有秩序地增长。

2. 国际航空运输协会

国际航空运输协会（International Air Transport Association，IATA）是各国航空运输企业之间的联合组织，其会员必须是国际民用航空组织成员的空运企业。该协会于1945年4月16日于哈瓦那成立。其最高权力机构是一年一度的全体大会，大会选举执行委员会主持日常工作，下设财会、法律、技术和运输等委员会。国际航空运输协会是一个自愿参加、非排他的、非政府的民间国际组织。其主要任务如下。

（1）促进安全、定期和经济的航空运输，以利世界人民扶助发展航空运输业以及研究与此有关的问题。

（2）提供各种方式，以促进直接或间接从事国际空运业务的空运企业之间的合作。

（3）促进与国际民用航空组织和其他国际组织的合作。

3. 国际货物运输代理协会

国际货物运输代理协会（International Federation of Freight Forwarders Association）于1926年5月31日成立于维也纳，其目的是解决日益发展的国际货运代理业务所产生的问题。国际货物运输代理协会的会员不仅限于货运代理企业，还包括海关、船务代理、空运代理、仓库、卡车、集中托运等部门，因为这些部门都是国际运输的一部分。国际货物运输代理协会下设10个技术委员会，其中之一为航空学会。它的主要任务是促进和维护货运代理在航空货运方面的利益以及协调在世界范围内各国货运代理协会的活动。

三、航空运输的技术经济特征

航空货物运输是指使用商业飞机或其他航空器进行货物运输的运输活动，是一种安全迅速的运输方式。由于航空运输航速高，因此在交通运输体系中具有特殊的地位及较好的发展潜力。与其他运输方式相比，航空运输具有以下几方面的技术经济特征。

1. 高速可达性

高速可达性是航空运输最突出的优点。飞机运行速度一般在800～1 000千米/小时，在空中较少受自然地理条件的影响和限制，航空线路距离一般较其他运输方式长。运输距离越长，航空运输所能节约的时间越多，快速的特点也越显著。因而航空运输适用于中长距离运送价值高、体积小、送达时效要求高的特殊货物，如高级电子仪器设备、精密仪器设备、鲜活易腐货物、时令性产品、邮件等产品。此外，在火车、汽车、船舶无法到达的地区，航空运输也有可能实现运输目的。

2. 安全性、准确性高

航空运输管理制度比较完善，货物的破损率低，可保证运输质量，如使用空运集装箱，则更为安全。按单位货运周转量或单位飞行时间损失率统计，航空运输的安全性比其他任何运输方式都高。飞机航行有一定的班期，可保证按时到达。

3. 经济价值独特

尽管从运输成本来说，航空运输比其他任何一种运输方式的运输成本高，但是如果考虑时间的价值，利用飞机运输鲜活产品、时令性产品和邮件却有其他运输方式所不具备的独特的经济价值。

4. 包装要求低

因为飞机航行的平稳性和自动着陆系统的使用，可大大降低货损的比率，所以空运货物的包装要求通常比其他运输方式简单，有时，一张塑料薄膜裹住托盘货物就可以保证货物不受破损。

5. 载运量小

航空运输由于飞机机舱容量和载重量都比较小，故不能承载大型、大批量的货物，只能承运小批量、体积小的货物。运载成本和运价比地面运输高。此外，航空运输速度快的优点在短途运输中难以发挥。

6. 投资大、成本高

发展航空运输的设备条件是添置飞机和修建机场。飞机造价高，购置、维修费用高，能耗大，运输成本比其他运输方式要高很多。但修建机场与修建铁路和公路相比，建设周期短、占地少、投资省、收效快。修铁路的投资是开辟航线的 1.6 倍，在运输能力相同的情况下，修铁路周期为 5～7 年，回收期为 33 年，开航线周期为 2 年，回收期为 4 年。

7. 易受气候条件限制

因飞行条件要求高，航空运输在一定程度上受自然气候条件的限制，如遇雷雨、大雾、台风等恶劣天气，不能保证客货运送的准点性和正常性。

8. 机动性差但相对灵活

通常情况下，航空运输难以实现"门到门"运输，必须借助其他运输工具进行集疏运。但飞机在空中运行，受航线条件限制的程度相对较小，可跨越地理障碍将任何两地连接起来。航空运输的这一优点使其成为执行救援、急救等紧急任务中必不可少的手段。

工作任务二　正确选择航空运输方式

工作任务：

安排一批货物从广州运往德国法兰克福，采用空运。运输货物：计算机配件；包装形式：纸箱；运输数量：25 箱；目的地：法兰克福；运输时间：5 天。请选择适合的空运方式。

一、班机运输

班机是指在固定的航线上定期航行的航班，所以，班机运输（Scheduled Airline）固定始发站、目的站和途经站。按照业务对象不同班机运输可分为客运航班和货运航班。客运航班一般采用客、货混合型飞机，一方面搭载旅客，一方面又运送小批量货物。货运航班只承揽货物运输，一般使用全货机。但考虑到货源方面的因素，货运航班一般只由一些规模较大的航空公司在货运量较为集中的航线上开辟。

班机运输具有以下特点。

（1）迅速准确。由于班机运输具有固定航线、始发目的港、中途挂靠港，并具有固定的班期，它可以准确、迅速地将货物送到目的港。

（2）方便货主。收发货人可以准确掌握货物的起运、到达时间，对于贸易合同的履行具有较高的保障。

（3）舱位有限。由于班机运输大多采用客货混合机型，随货运量季节的变化会出现舱位不足现象，不能满足大批量货物及时出运的要求，往往只能分批运送。

近年来随着航空运输业的发展，航空公司为实现航空运输快速、准确的特点，不断加强航班的准班率，并强调快捷的地面服务，在吸引传统的鲜活货物、易腐货物、贵重货物、急需货物的基础上，又提出为企业特别是跨国企业提供后勤服务，正努力成为跨国公司分拨产品、半成品的得力助手。

二、包机运输

当货物量较大，当班机运输不能满足需要时，则采用包机运输（Chartered Carrier）。包机可分为整包机和部分包机两类。

（1）整包机。整包机即租整架飞机，是指航空公司或包机代理公司，按照与租机人双方事先约定的条件和费率，将整架飞机租给租机人，从一个或几个航空港装运货物到指定目的港的运输方式。

整包机的费用是一次一议的，它随国际市场供求情况变化而变化。一般是按每飞行一千米固定费率收取费用，并按每飞行一千米费用的80%收取放空费。因此大批量货物使用包机时，要争取来回程都有货载，这样费用会降低。

（2）部分包机。部分包机是指由几家航空货运公司（或发货人）联合包租一架飞机，或者由航空公司把一架飞机的舱位分别卖给几家航空货运公司的货物运输方式。

相对而言，部分包机适合于运送1吨以上货量不足整机的货物，在这种形式下，货物运费较班机运输低，但由于需要等待其他货主备好货物，因此运送时间较长。

由于包机运输可以由承租人自行设定航程的起止点和中途停靠港，因此灵活性高，但由于各国政府为了保护本国航空公司利益，常对从事包机业务的外国航空公司实行各种限制，如申请入境、通过领空和降落地点等复杂烦琐的审批手续，大大增加了包机运输的营运成本。

三、集中托运

集中托运是指集中托运人将若干批单独发运的货物组成一整批，向航空公司办理托运，采用一份航空总运单集中发运到同一目的站，由集中托运人在指定的目的地代理收货，再根据集中托运人签发的航空分运单分拨给各收货人的运输方式。这也是航空货物运输中开展最为普遍的一种运输方式。

与货运代理人不同，集中托运人的地位类似多式联运中的多式联运经营人。他承担的责任不仅仅是在始发地将货物交给航空公司，在目的地提取货物并转交给不同的收货人，而且承担了货物的全程运输责任，在运输中具有双重角色。他对各个发货人负货物运输责任，地位相当于承运人，而在与航空公司的关系中，他又被视为集中托运的一整批货物的托运人。其各关系方承担的责任如图5-1所示。

集中托运作为最主要的一种航空货运方式给托运人带来了极大的便利，主要表现在以下几方面。

图 5-1　空运当事人责任划分

（1）更为低廉的费率。由于航空运费的费率随托运货物数量增加而降低，因此，当集中托运人将若干小批量货物组成一大批出运时，能够争取到更为低廉的费率。集中托运人会将其中一部分支付目的地的代理费用，另一部分会返还给托运人以吸引更多的客户，其余的作为集中托运人的收益。

（2）更高的服务质量。集中托运人的专业性服务也会使托运人收益，这包括完善的地面服务网络、拓宽了的服务项目以及更高的服务质量。

（3）更快的资金周转。因为航空公司的主运单与集中托运人的分运单效力相同，集中托运形式下托运人结汇的时间提前，资金的周转加快。

但是，集中托运也有它的局限性，主要表现在以下几点。

（1）贵重物品、危险品、活动物、外交信袋、一级文物等不能办理集中托运。

（2）由于集中托运的情况下，货物的储运时间不能确定，因此，不适合易腐烂变质的货物、紧急货物或其他对时间要求高的货物的运输。

（3）对可以享受航空公司优惠运价的货物来讲，使用集中托运的形式可能不仅不能享受到运费的节约，反而使托运人运费负担加重。

四、航空快递

航空快递业务又称快件、快运或速递业务，是由专门经营该项业务的航空货运公司派专人用最快的速度，在货主、机场、用户之间传送急件的运输服务业务。

1. 航空快递的主要业务形式

（1）门/桌到门/桌。门/桌到门/桌的服务形式是航空快递公司最常用的一种服务形式。首先由发件人在需要时电话通知快递公司，快递公司接到通知后派人上门取件，然后将所有收到的快件集中到一起，根据其目的地分拣、整理、制单、报关、发往世界各地，到达目的地后，再由当地的分公司办理清关、提货手续，并送至收件人手中。在这期间，客户还可依靠快递公司的计算机网络随时对快件（主要指包裹）的位置进行查询，快件送达之后，也可以及时通过计算机网络将消息反馈给发件人。

（2）门/桌到机场。与前一种服务方式相比，门/桌到机场的服务是指快件到达目的地机场后，不是由快递公司去办理清关、提货手续并送达收件人的手中，而是由快递公司通知收件人自己去办理相关手续。采用这种方式的大多是海关有特殊规定的货物或物品。

（3）专人派送。所谓专人派送，是指由快递公司指派专人携带快件在最短时间内将快件直接送到收件人手中。这是一种特殊服务，一般很少采用。

以上三种服务形式，门/桌到机场形式对客户来讲比较麻烦；专人派送最可靠、最安全，同时费用也最高；而门/桌到门/桌的服务介于二者之间，适合绝大多数快件的运送。

2. 航空快递的特点

航空快递在很多方面与传统的航空货运业务、邮政运送业务有相似之处，但作为一项专门的业务，它又有独到之处，主要表现在以下几方面。

（1）收件的范围不同。航空快递的收件范围主要有文件和包裹两大类。其中，文件主要是指商业文件和各种印刷品；对于包裹一般要求毛重不超过 32 kg（含 32 kg）或外包装单边不超过 102 cm，三边相加不超过 175 cm。近年来，随着航空运输行业竞争更加激烈，快递公司为吸引更多的客户，对包裹大小的要求趋于放松，而传统的航空货运业务以贸易货物为主，规定每件货物体积不得小于 5 cm×10 cm×20 cm。邮政业务则以私人信函为主要业务对象，对包裹要求每件重量不超过 20 kg，长度不超过 1 m。

（2）经营者不同。经营国际航空快递的大多为跨国公司，这些公司以独资或合资的形式将业务深入世界各地，建立起全球网络。航空快件的传送基本都是在跨国公司内部完成，而国际邮政业务则通过万国邮政联盟的形式在世界上大多数国家的邮政机构之间取得合作，邮件通过两个以上国家邮政当局的合作完成传送。国际航空货物运输则主要采用集中托运的形式，或直接由发货人委托航空货运代理人进行，货物到达目的地后，再通过发货地航空货运代理的关系人代为转交到收货人手中。业务中除涉及航空公司外，还要依赖航空货运代理人的协助。

（3）经营者内部的组织形式不同。邮政运输的传统操作理论是接力式传送。航空快递公司则大多采用中心分拨理论或称转盘分拨理论组织起全球的网络。也就是快递公司根据自己业务的实际情况，在中心地区设立分拨中心，各地收集起来的快件按所到地区分拨完毕，装上飞机。当晚各地飞机飞到分拨中心，各自交换快件后飞回。第二天清晨，快件再由各地分公司用汽车送到收件人办公桌上。这种方式可以减少中间环节，快件的流向简单清楚，减少了错误，提高了操作效率，缩短了运送时间。

（4）使用的单据不同。航空货运使用的是航空运单，邮政使用的是包裹单，航空快递业也有自己独特的运输单据——交付凭证。交付凭证一式四份：第一联留在始发地并用于出口报关；第二联贴附在货物表面，随货同行，收件人可以在此联签字表示收到货物（交付凭证由此得名），但通常快件的收件人在快递公司提供的送货记录上签字，而将此联保留；第三联作为快递公司内部结算的依据；第四联作为发件凭证留存发件人处，同时该联印有背面条款，一旦产生争议时可作为判定当事各方权益、解决争议的依据。

（5）航空快递的服务质量更高。主要体现在以下几个方面。

① 速度更快。一般洲际快件运送在 1～5 天内完成；地区内部只要 1～3 天。这样的传送速度无论是传统的航空货运业还是邮政运输都是很难达到的。

② 更加安全、可靠。在航空快递形式下，快件运送自始至终是在同一公司内部完成，各分公司操作规程相同，服务标准也基本相同，而且同一公司内部信息交流更加方便，对客户的高价值、易破损货物的保护也会更加妥善，所以运输的安全性、可靠性也更好。与此相反，邮政运输和航空货物运输因为都牵扯不止一位经营者，各方服务水平参差不齐，所以较容易出现货损货差的现象。

③ 更方便。航空快递不只涉及航空运输一种运输形式，它更像是陆空联运，通过将服务由机场延伸到客户的仓库、办公桌，航空快递真正实现了"门到门"服务，方便了客户。此外，航空快递公司对一般包裹代为清关，针对不断发展的电子网络技术，又率先采用了 EDI 报关系统，为客户提供了更为便捷的网上服务，快递公司特有的全球性计算机跟踪查询系统也为有特殊需求的客户带来了极大的便利。

3. 航空快递的局限性

航空快递服务所覆盖的范围不如邮政运输广泛。国际邮政运输综合了各国的力量，可以这样说，有人烟的地方就有邮政运输的足迹，但航空快递毕竟是靠某个跨国公司的一己之力，因此，各快递公司的运送网络只能包括那些商业发达、对外交流的地区。

工作任务三　完成国际航空货物运输业务流程

工作任务：

安排一批货物从广州运往德国法兰克福，采用空运。运输货物：计算机配件；包装形式：纸箱；运输数量：25 箱；目的地：法兰克福；运输时间：5 天。

(1) 完成货物出口业务流程。

(2) 向航空公司进行订舱。

要求：① 到网上查询"广州 — 法兰克福"的所有航空公司和航班信息；

② 选择合适的航班；

③ 填写航空公司的订舱单，完成订舱业务。

(3) 正确进行航空运输进出口的操作。

(4) 正确进行航空运输单证的制作。

一、国际航空货物运输业务

1. 出口货物运输流程及单证流转

航空货物出口程序是指航空货运公司从发货人手中接货到将货物交给航空公司承运这一过程所需通过的环节、所需办理的手续以及必备的单证，它的起点是从发货人手中接货，终点是货交航空公司。其操作流程如图 5-2 所示。

托运受理 → 订舱 → 货主备货 → 接单提货 → 缮制单证 → 报关 → 货交航空公司 → 信息传递 → 费用结算

图 5-2　航空出口货物运输流程

1) 托运受理

托运人即发货人。发货人在货物出口地寻找合适的航空货运公司，为其代理空运订舱、报关、托运业务。航空货运公司根据自己的业务范围、服务项目等接受托运人的委托，并要求其填制航空货物托运书，以此作为委托与接受委托的依据，同时，提供相应的装箱单、发票。

2）订舱

航空货运公司根据发货人的要求及货物本身的特点（一般来说，非紧急的零散货物可以不必预先订舱），填写民航部门要求的订舱单，注明货物的名称、体积、质量、件数、目的港、时间等，要求航空公司根据实际情况安排航班和舱位，也就是航空货运公司向航空公司申请运输并预订舱位。

（1）预审订舱单。国际货物航空订舱单（Cargo Booking Advance，CBA）由国际吨控室开具，作为配载人员进行配载工作的依据。配载人员一般应严格按照 CBA 的要求配货。

国际货物航空订舱单是指航空公司依据航班订舱情况制作的通知单，是地面操作部门对ULD（Unit Loading Device，装载货物的集装器、箱或板）发放、货物出仓等环节操作的依据。

根据 CBA 了解旅客人数、货邮订舱情况、有无特殊货物，对经停的国际航班，需了解前后站的旅客人数、舱位利用等情况。

（2）估算本航班最大可利用的货邮业载和货邮舱位。业载是指航班的有效载重（Payload）。其计算公式分别为：

$$货邮业载 = 商务业载 - 行李重量$$
$$货邮舱位 = 总货舱位 - 行李舱位$$

另外，还要考虑到航班的起飞油量（Take Off Fuel，TOF）、含油基重（Opelating Weight）、起飞全重（Take Off Weight，TOW）、落地全重（Landing Weight）、无油全重（Zero Fuel Weight）。

（3）预划平衡。根据订舱情况、旅客人数以及前、后舱分布，对飞机做到心中有数，如有问题，可在预配货物时，及时调整。

（4）了解相关航线上载运货物情况。结合 CBA 及时发现有无超订情况，如有疑问及时向吨控部门了解。

3）货主备货

航空公司根据航空货运公司填写的订舱单安排航班和舱位，并由航空货运公司及时通知发货人备单、备货。

4）接单提货

航空货运公司去发货人处提货并送至机场，同时要求发货人提供相关单证，主要有报关单证，如报关单、合同副本、商检证明、出口许可证、出口收汇核销单、配额许可证、登记手册、正本的装箱单、发票等。

对于通过空运或铁路等其他运输方式从内地运往境外的出口货物，航空货运公司可按发货人提供的运单号、航班号及接货地点、接货日期代其提取货物。

（1）整理单据。主要包括三个方面的单据：已入库的大货的单据、现场收运的货物的单据、中转的散货的单据。

① 已入库的大货的单据。检查入库通知单、交接清单（板箱号、高低板标示、重量及组装情况）是否清楚完整，运单是否和交接单一致。

核对 CBA，做好货物实际到达情况确认。如果出现未订舱货物，应将运单放回原处。

② 现场收运的货物的单据。根据代理提供的报关单、货物清单对运单进行审核，主要查看货物品名、件数、重量、运价及海关放行章，对化工产品要求提供化工部非危险品证明。

③ 中转的散货的单据。整理运单，询问货物到达情况及所在仓库区位。寻找并清点货物，决定组装方式。

（2）过磅和入库。检查货物板、箱的组装情况，高度、收口等是否符合规定；将货物送至电子磅，记录重量，并悬挂吊牌；对装有轻泡货物的板箱，查看运单，做好体积记录；在计算机中输入板箱号码、航班日期等，将货物上码放在货架上。

5）缮制单证

航空货运公司审核托运人提供的单证，缮制报关单，报海关初审。

缮制航空货运单，要注明收货人和发货人名称、地址、联络方法，始发港及目的港，货物的名称、件数、质量、体积、包装方式等并将收货人提供的货物随行单据订在运单后面。如果是集中托运的货物，要制作集中托运清单、航空分运单，一并装入一个信袋，订在运单后面。将制作好的运单标签粘贴或拴挂在每一件货物上。除此之外，航空货运公司还要制作以下相关单证。

（1）制作平衡交接单。配载平衡室配载人员在确认航班的配载计划以后，制作《出港航班交接单》，用于向相关部门传递配载货物的信息。

配载工作全部完成后，制作平衡交接单。注明航班、日期、机型、起飞时间、板箱号、重量、总板箱号、总重；鲜活、快件、邮件及特殊物品做出标识；标明高、中、低板。

平衡交接单一式四份，一份交配载平衡室，一份交外场，一份交内场出仓，一份交接后留底。

（2）制作舱单。对航班所配货的运单整理核对；将运单和货物组装情况输入计算机；制作舱单（Cargo Manifest）。

舱单是每一架飞机所装载货物、邮件的清单；是每一航班总申报单的附件；是向出境国、入境国海关申报飞机所装载货物、邮件情况的文件；是承运人之间结算运费的依据之一。

转运舱单（Cargo Transfer Manifest）由承运人填写。它是承运人之间交接货物、邮件的凭证；是承运人之间结算运费的依据之一。

（3）出口待装货物调整通知单。它是当货物不符合出运条件时，由配载人员开具并指定调整方式的单据。

6）报关

持缮制完的航空运单、报关单、装箱单、发票等相关单证到海关报关放行。海关将在报关单、运单正本、出口收汇核销单上盖放行章，并在出口产品退税的单据上加盖验讫章。

7）货交航空公司

将盖有海关放行章的航空运单与货物一起交给航空公司，由其安排航空运输，随附航空运单正本、发票、装箱单、产地证明、品质鉴定书等。航空公司验收单、货无误，在交接单上签字。

8）信息传递

货物发出后，航空货运公司及时通知国外代理收货。通知内容包括航班号、运单号、品名、数量、质量、收货人的有关资料等。

9）费用结算

费用结算主要涉及发货人、承运人和国外代理三个方面，即向发货人收取航空运费、地面运费及各种手续费、服务费，向承运人支付航空运费并向其收取佣金，可按协议与国外代理结算到付运费及利润分成。

2. 出口业务主要单证

1）出口货物报关单

出口货物报关单（如表 5-1 所示）一般由发货人自己填写。一般出口货物需填写报关单一式二份，转口输出货物需要填写报关单一式三份，需要由海关核销的货物，需增加一份，并使用专用报关单。出口货物报关单上一般应注明出口收汇核销单的编号。

2）国际货物托运书

国际货物托运书（如表 5-2 所示）由发货人填写并由其签字盖章，该托运书需用英文缮制出两份交给航空货运公司。

3）装箱单及发票

装箱单上应注明货物的唛头、体积、质量、数量及品名等。

发票上应注明收货人和发货人名称、地址，货物的品名、单价、总价、原产国家等。装箱单和发票都必须由发货人签字盖章。

4）航空运单

航空运单分为航空总运单和分运单两种，是航空运输中最重要的单据。它是承运人或代理人出具的一种运输合同，但不能作为物权凭证，是一种不可议付的单据。

5）商检证明

出口货物的商检分为法定商检和合同商检。法定商检是指国家为维护出口商品质量，而规定某些商品出口必须经过商检机构商检并出具检验证书；合同商检是指进口商为保证商品质量而要求出口方出具的商检证书。

商检证书（如表 5-3 所示）是出口业务中十分重要的单证，使用范围广泛，几乎每票出口货物都需要。常见的检验证书有品质检验证书、质量检验证书、数量检验证书、卫生检验证书、兽医检验证书、防毒检验证书和产地检验证书等。

6）出口许可证

凡出口国家限制出口的商品均应向出境地海关交验出口许可证。我国实行出口许可证管理的商品主要有珍贵稀有野生动植物及其制品、文物、金银制品、精神药物、音像制品等。

7）出口收汇核销单

我国《出口收汇核销管理办法》于 1991 年 1 月 1 日起实施。出口收汇核销单由出口单位向当地外汇管理部门申领，出口报关时交出境地海关审核。核销单上需加盖外汇管理部门的"监督收汇章"和出口单位的公章。

8）配额许可证

我国自 1979 年以来，先后与美国、加拿大、挪威、瑞典、芬兰、奥地利等国签订了双边纺织品贸易协定，这些国家对从我国进口纺织品的数量和品种进行限制。因此，凡向上述国家出口纺织品必须向外经贸部申领纺织品配额许可证。

9）登记手册

凡以来料加工、进料加工和补偿贸易等方式出口的货物，均需向海关交验《登记手册》。

表 5-1 出口货物报关单格式

中华人民共和国海关出口货物报关单

预录编号：　　　　　　　　　　　　　　　　　　　　　　　　海关编号：

出口口岸		备案号		出口日期		申报日期	
经营单位		运输方式		运输工具名称		提运编号	
发货单位		贸易方式		征免性质		结汇方式	
许可证号	运抵国（地区）		指运港		境内货源地		
批准文号	成交方式		运费		保费	杂费	
合同协议号	件数			包装种类		毛重（kg）	净重（kg）
集装箱号	随附单据			生产厂家			
标记唛码及备注							

项号	商品编号	商品名称	规格号	数量及单位	最终目的国（地区）	单价	总价	币制	征免

税费征收情况

录入员　录入单位	兹声明以上申报无讹并承担法律责任	海关审批批注及履行日期（签章）	
		审单	审价
报关员		征税	统计
单位地址	申报单位（签章）		
邮编　　　电话	填制日期	查验	放行

表 5-2　国际货物托运书格式

中国国际航空公司国际货物托运书

货运单号码：

SHIPPER'S LETTER OF INSTRUCTION

NO. OF AIR WAYBILL

托运人姓名及地址 SHIPPER'S NAME AND ADDRESS	托运人账号 SHIPPER'S ACCOUNT NUMBER	供承运人用 FOR CARRIER USE ONLY	
		航班/日期 FLIGHT/DAY	航班/日期 FLIGHT/DAY
收货人姓名及地址 CONSIGNEE'S AME AND ANDRESS	收货人账号 CONSIGNEE'S ACCOUNT NUMBER	已预留吨位 BOOKED	
		运费 CHARGES	
代理人的名称和城市 ISSUING CARRIER AGENT NAME AND CITY		ALSO NOTIFY	
始发站 AIPPORT OF DEPARTUER			
到达站 AIPPORT OF DESTINATION			

托运人声明及价值 SHIPPER'S DECLARED VALUE		保险金额 AMOUNT OF INSURANCE	所附文件 DOCUMENTS TO ACCOMPANY AIR WAYBILL
供运输用 FOR CARRIAGE	供海关用 FOR CUSTOMS		

处理情况（包括包装方式货物标志及号码等）

HANDLING INFORMATION（INCI. ME THOD OF PACKING IDENTIFYING MARKS AND NUMBERS. ETC）

件数 NO. OF PACKAGES	实际毛重（kg） ATUAL CROSS WEIGHT（kg）	运价类别 RATE CLASS	收费重量（kg） CHARGEABLE WEIGHT（kg）	费率 RATE/CHARGE	货物品名及数量（包括体积或尽寸）NATURE AND QUANTITY OR GOODS（INCI. DIMENSIONS OF VOLUME）

托运人证实以上所填全部属实并愿遵守承运人的一切载运章程

THE SHIPPER CERTIFIES THAT THE PARTICULARS ON THE FACE HEREOF ARECORRECT AND AGEES TO THE CONDITIONS OF CARRIAGE OF THE CARRIER

托运人签字	日期	经手人	日期
SIGNATURE OF SHIPPER	DATE	AGENT	DATE

表5-3 商检证书（出口）格式

中华人民共和国出入境检验检疫
出境货物通关单

编号：

1. 发货人			5. 标记及号码
2. 收货人			
3. 合同/信用证号	4. 输往国家或地区		
6. 运输工具名称及号码	7. 发货日期		8. 集装箱规格及数量
9. 货物名称及规格	10. H. S. 编码	11. 申报总值	12. 数/重量、包装数量及种类
13. 证明 上述货物业经检验检疫，请海关予以放行。 本通关单有效期至　　　年　　月　　日 　　　　　　签字：　　　　日期：　　年　　月　　日			
14. 备注			

C 7923718　　　　　　　　　① 货物通关　　　　　　　[2-2（2000.1.1）]

3. 进口货物运输流程及单证流转

航空货物进口程序是指航空货物从入境到提取或转运的整个过程中所需通过的环节、所需办理的手续以及必备的单证。航空货物入境后，要经过各个环节才能提出海关监管场所，而每经过一道环节都要办理一定的手续，同时，出具相关的单证，如商业单据、运输单据及所需的各种批文和证明等。在入境地海关清关的进口货物，流程如图5-3所示。

到货 ⇒ 分类整理 ⇒ 到货通知 ⇒ 缮制单证 ⇒ 报关 ⇒ 提货 ⇒ 费用结算

图5-3 航空进口货运流程

1）到货

（1）进港航班预报。

① 填写航班预报记录。以当日航班进港预报为依据，在航班预报册中逐项填写航班号、机号、预计到达时间。

② 预先了解货物情况。在每个航班到达之前，从查询部门拿取 FFM（舱单电报）、CPM（反映集装器装机位置及进出口信息的电报）、LDM（反映航班装载情况的载重电报）等，了解到达航班的货物装机情况及特殊货物的处理情况。

（2）业务文件袋收到后，将货运单送到海关办公室，由海关人员在货运单上加盖海关监管章，办理货物海关监管。航空货物入境后，相应的货物存在海关监管仓内。同时，航空公司根据运单上的收货人发出到货通知。若运单上的第一收货人为航空货运公司，则航空公司会把有关货物运输单据交给航空货运公司。

2）分类整理

航空货运公司在取得航空运单后，在每份货运单的正本上加盖或书写代理人代号、到达航班的航班号和日期。认真审核货运单，备注货运单上所列目的地、代理公司、品名和储运注意事项。根据自己的习惯对货物进行分类整理，如是联程货物则交中转部门。其中，集中托运货物和单票货物、运费预付和运费到付货物应区分开来。

集中托运货物需对总运单项下的货物进行分拨，对每一分运单的货物分别处理。

核对运单和舱单。若舱单上有分批发运货物，应把分批货物的总件数标在运单之后，并注明分批标志；把舱单上列出的特种货物、联运货物圈出；根据分单情况，在整理出的舱单上标明每票运单的去向；核对运单份数与舱单是否一致，做好多单、少单记录。将多单运单号码加在舱单上，多单运单交查询部门。分类整理后，航空货运公司可对每票货物编上公司内部的编号，以便于用户查询和内部统计。

根据标好的每一套舱单，将航班号、日期、运单号、数量、重量、特种货物、代理商、分批货、不正常现象等信息输入计算机，打印出国际进口货物航班交接单。将中转货物和中转运单、舱单交出港操作部门。邮件和邮政路单交邮局。

3）到货通知

航空货运公司根据收货人资料寄发到货通知，告知其货物已到港，催促其速办报关、提货手续。

4）缮制单证

根据运单、发票及证明货物合法进口的有关批文缮制报关单，并在报关单的右下角加盖报关单位的报关专用章。

5）报关

将制作好的报关单连同正本的货物装箱单、发票、运单等递交海关，向海关提出办理进口货物报关手续。海关在经过初审、审单、征税等环节后，放行货物。只有经过海关放行后的货物才能提出海关监管场所。

6）提货

凭借盖有海关放行章的正本运单到海关监管场所提取货物并送货给收货人，收货人也可自选提货。

7）费用结算

货主或委托人在收货时，应结清各种费用，如付运费、报关费、仓储费、劳务费等。

4. 进口业务主要单证

（1）进口货物报关单。进口货物报关单与出口货物报关单格式大体相同。报关单是货物办理报关手续时的必备文件。

（2）装箱单、发票。与出口业务的装箱单、发票相同。

（3）航空运单。

（4）进口许可证。凡进口国家限制进口的商品，均需申领进口许可证。我国属于进口许可证管理的商品很多，可参阅中国海关总署公布的"实行进口许可证商品目录"。

（5）商检证明。凡进口属于法定商检的商品均需向海关交验国家商检机构及有关检验部门出具的检验证书。

（6）其他单证。对于其他特殊货物或特殊情况应依海关规定提交不同的文件、证明、单证，如无线电管委会证明、登记手册、减免税证明、保证函、赠送函、接收函等。

二、国内航空货物运输业务

1. 航空货物托运

1）托运手续

托运人托运货物应填写《国内货物托运书》，并持有单位介绍信和个人身份证。托运活体动物、植物须事先办妥卫生检疫等与运输有关的手续。鲜活易腐物品、动物紧急办理托运手续。托运部门规定限制运输的货物以及需经公安、检疫等有关部门检查和检验的货物，应当随附有效证明。为了保证航空运输安全，中国各航空公司工作人员有权对托运人交运的货物进行安全检查。

2）包装

货物的包装要坚固、完好、轻便，符合全程运输要求。动物、鲜活易腐物品、贵重物品等特种货物的包装应符合对各种货物特定的要求。每件货物的外包装应详细注明收货人和托运人的姓名、地址、储运要求，原有的旧标志须清除干净。

3）体积与重量

货物重量按毛重计算，计量单位为 kg。重量不足 1 kg 的尾数四舍五入。每张航空货运单的货物重量不足 1 kg 时，按 1 kg 计算。贵重物品按实际毛重计算，精确到 0.1 kg。非宽体飞机载运的货物，每件货物重量一般不超过 80 kg，体积一般不超过 40 cm × 60 cm × 100 cm。宽体飞机载运的货物，每件货物重量一般不超过 250 kg，体积一般不超过 100 cm × 100 cm × 140 cm。超过以上重量和体积的货物，承运人可依据机型及出发地和目的地机场的装卸设备条件，确定可收运货物的最大重量和体积。每件货物的长、宽、高之和不得小于 40 cm。每千克货物体积超过 6 000 cm³ 的为轻泡货物。轻泡货物以每 6 000 cm³ 折合 1 kg 计重。

2. 航空货物的交付

1）货物提取

货物到达目的站后，中国各航空公司货运部门根据货运单所列收货人姓名、地址，用到货通知单或电话通知收货人提货。收货人凭单位介绍信、到货通知单或货运单联和本人有效身份证件到各公司指定的提货地点办理提货手续。如收货人委托他人提货时，须凭到货通知单或货运单联和货运单指定的收货人及被委托人的居民身份证或其他有效身份证件提货。收货人在提取货物前须付清相关费用（如到付运费、保管费等）。

发现货物短缺、损坏时，应当会同收货人当场查验，必要时填写货物运输事故记录，并由双方签字或盖章。收货人提货时，对货物外包装状态或重量如有异议，应当场提出查验或者重新过秤核对。收货人提取货物后并在货运单上签收而未提出异议，则视为货物已经完好交付。

危险物品自发出到货通知的次日起免费保管三日，超过免费保管期限的，按货物的重量，每日每千克收取保管费0.50元，保管期不足一日按一日计算。每份货运单最低收取保管费10.00元。

凡需冷藏的鲜活易腐、低温、冷冻物品，自航班到达后，免费保管6 h，超过6 h的按货物的计费重量，每日每千克收取保管费0.50元，保管期不足一日按一日计算。每份货运单最低收取保管费10.00元。

2）无法交付货物及其处理

货物自发出到货通知的次日起14日无人提取，到达站应当通知始发站，征求托运人对货物的处理意见；满60日无人提取又未收到托运人的处理意见时，按无法交付货物处理。对无法交付货物，应当做好清点、登记和保管工作。凡属国家禁止和限制运输物品、贵重物品及珍贵文史资料等货物，应当无价移交国家主管部门处理；凡属一般的生产、生活资料，应当作价移交有关物资部门或商业部门；凡属鲜活、易腐或保管有困难的物品，可由承运人酌情处理。如做毁弃处理，所产生的费用由托运人承担。经作价处理的货款，应当及时交承运人财务部门保管。从处理之日起90日内，如有托运人或收货人认领，扣除该货的保管费和处理费后的余款退给认领人；如90日后仍无人认领，应当将货款上交国库。对于无法交付货物的处理结果，应当通过始发站通知托运人。

工作任务四　计算航空货运费用

工作任务：

Routing：　　　　　BEIJING ，CHINA（BJS）to AMSTERDAM，HOLLAND（AMS）

Commodity：　　　PARTS

Gross Weight：　　38.6 kg

Dimensions：　　　101 cm×58 cm×32 cm

公布运价如下：

BEIJING	CN		BJS
Y. REMINBI	CNY		KG
AMSTERDAM	HL	M	320.00
		N	50.22
		45	41.53
		300	37.52

要求：（1）计算该批货物的航空运费。

（2）根据计算结果，填写航空运单运费计算栏。如表5-4所示。

表5-4 航空运单运费计算栏

No. of Pieces RCP	Gross Weight	Kg Lb	Rate Class Commodity Item No.	Chargeable Weight	Rate/ Charge	Total	Nature and Quantity of Goods (Incl. Dimension or Volume)

航空货物运价是指承运人为运输货物对规定的质量单位（或体积或货物的价值）所收取的费用。运价包括起运地机场至目的地机场间的空中费用，但不包括承运人、代理人或托运人收取的其他费用。运费是指根据适用的运价所计算的托运人或收货人应支付的每批货物的运输费用。

1. 国际航空货物运费

1）航空运输区划分

航空公司是按国际航空运输协会所制定的三个区划费率来收取国际航空运费的：一区主要指南美洲、北美洲、格陵兰等；二区主要指欧洲、非洲、伊朗等；三区主要指亚洲、澳大利亚、新西兰等。

2）计费重量

在实际计算一笔航空货物运输费用时，要考虑货物的计费重量、运价、费用以及货物声明价值。其中，计费重量是按实际重量和体积重量二者之中较高的一个计算，也就是在货物体积小、重量大时，以实际重量作为计费重量；在货物体积大、重量轻的情况下，以货物的体积重量作为计费重量。

（1）实际重量。实际重量是指一批货物包括包装在内的实际总重量。凡重量大而体积相对小的货物，用实际重量作为计费重量。具体计算时，重量不足0.5 kg的按0.5 kg计；0.5 kg以上不足1 kg的按1 kg计；不足1 lb（1 lb为0.453 6 kg）的按1 lb计算。

（2）体积重量。体积大而重量相对小的货物称为轻泡货物。体积重量的计算方法是：分别量出货物的最长、最宽和最高的部分，三者相乘算出体积，尾数四舍五入；然后将体积折算成千克（或磅）。

国际航空货物运输组织规定，在计算体积重量时，以7 000 cm^{3}折合为1 kg。我国民航则规定以6 000 cm^{3}折合为1 kg为计算标准。如一批货物体积为21 000 cm^3，实际重量为2 kg，则其体积重量为3 kg（21 000÷7 000）。计费重量是按货物的实际毛重和体积重量二者中较高的一个计算，如上例中以3 kg计费。当一批货物由几件不同货物所组成，如集中托运的货物有重货也有轻泡货，其计费重量采用整批货物的总毛重或总的体积重量二者之中较高的一个计算。

例如，一批货物的总毛重为500 kg，总体积为3 817 800 cm^3，我国航空公司便要按636.5 kg（3 817 800÷6 000）计收运费。尾数不足0.5 kg的按0.5 kg计，超过0.5 kg的按1 kg计。

2. 国际航空货物运价

1）普通货物运价

普通货物运价（GCR）又称一般货物运价，它是为一般货物制定的，仅适用于计收一般货物的运价。普通货物运价，以 45 kg 作为重量划分点。分为：45 kg（或 100 lb）以下的普通货物运价，运价类别代号为 N；45 kg（或 100 lb）及 45 kg（或 100 lb）以上的普通货物运价，运价类别代号为 Q。

2）等级货物运价

等级货物运价（CCR）是指适用于规定地区或地区间指定等级的货物所适用的运价。

等级货物运价是在普通货物运价的基础上增加或减少一定百分比而构成的。等级货物运价的种类主要包括：等级运价加价用"S"表示，适用商品包括活动物、贵重物品、尸体等，这类物品的运价按 45 kg 以下的普通货物运价的 200% 计收；等级运价减价用"R"表示，适用商品包括报纸、杂志、书籍及出版物、作为货物托运的行李，这类物品的运价是按 45 kg 以下的普通货物运价的 50% 计收。

3）特种货物运价

特种货物运价（SCR）又称指定商品运价，是指自指定的始发地至指定的目的地而公布的适用于特定商品、特定品名的低于普通货物运价的某些指定商品的运价。

特种货物运价是由参加国际航空协会的航空公司根据在一定航线上有经常性特种商品运输的发货人的要求，或者为促进某地区的某种货物的运输，向国际航空协会提出申请，经同意后制定的。

4）国际航空运价的选择

一般先使用特种货物运价，其次是等级货物运价，最后是普通货物运价。当使用等级货物运价或普通货物运价计算出的运费低于按特种货物运价计算出的运费时，则可使用等级货物运价或普通货物运价。

5）有关运价的其他规定

（1）起码运费。起码运费是航空公司承运一批货物所能接受的最低运费，即不论货物的重量或体积大小，在两点之间运输一批货物应收的最低金额。起码运费的类别代号为 M。它是航空公司为承运一批货物，即使是一笔很小的货物，所必须产生的固定费用而制定的，当货物运价少于起码运费时就要收起码运费。

不同的国家和地区有不同的起码运费。中国民航的起码运费是按货物从始发港到目的港之间的普通货物运价 5 kg 运费为基础，或根据民航和其他国家航空公司洽谈同意的起码运费率征收的。

（2）声明价值费。按《华沙公约》的规定，对由于承运人的失职而造成的货物损坏、丢失或错误等所承担的责任，其赔偿的金额为每千克 20 美元。若要求按货物的价值赔偿，则需由托运人在付运费的同时向承运人另外支付一笔声明价值费。声明价值费的计算公式为：

声明价值费 =（整批货物的声明价值 − 20 × 货物毛重）× 0.5%

（3）运费到付服务费。货到付款是由承运人接受发货人的委托在货物到达目的地交给收货人后，代为收回运单上规定的余额，承运人则按货到付款金额收取规定的劳务费用。

运费到付服务费的收取方法如下：凡是运费到付的服务费，应按货运单上重量计算的运费和声明价值费总额的 2% 收取，最低运费到付服务费为 10 美元。

例如，某公司从美国费城运送一箱仪器到北京，要求运费到付，货物重量为 30 kg，自费城到北京 45 kg 以下运价为 11 美元，计算我方应收取的运费到付服务费。具体方法为：

运费 = 30 × 11 = 330（美元）

其他费用 75 美元，合计 405 美元。

$$运费到付服务费 = 405 \times 2\% = 8.1（美元）$$

因 8.1 美元低于最低标准，所以应收运费到付服务费 10 美元。

3. 国内航空货物运费

1）国内航空货物运价类别

（1）普通货物运价。普通货物运价主要包括：基础运价（代号 N），民航总局统一规定各航段货物基础运价，基础运价为 45 kg 以下普通货物运价，金额以角为单位；重量分界点运价（代号 Q），国内航空货物运输建立 45 kg 以上、100 kg 以上、300 kg 以上三级重量分界点及运价。

（2）等级货物运价（代号 S）。急件、生物制品、珍贵植物和植物制品、活体动物、骨灰、灵柩、鲜活易腐物品、贵重物品、枪械、弹药、押运货物等特种货物实行等级货物运价，按照基础货物运价的 150% 计收。

（3）指定商品运价（代号 C）。对于一些批量大、季节性强、单位价值低的货物，航空公司可申请建立指定商品运价。

（4）最低运费（代号 M）。这是航空公司办理一票货物所能接受的最低价格，每票国内航空货物最低运费为人民币 30 元。

（5）集装箱货物运价。以集装箱、集装板作为一个运输单元运输货物可申请建立集装箱货物运价。

2）国内航空货物运价使用规则

（1）直达货物运价优先于分段相加组成的运价。

（2）指定商品运价优先于等级货物运价和普通货物运价。

（3）等级货物运价优先于普通货物运价。

3）国内航空货物运费计费规则

（1）货物运费计费以"元"为单位，元以下四舍五入。

（2）最低运费，按重量计算的运费与最低运费相比取其高者。

（3）按实际重量计算出的运费与按较高重量分界点运价计算出的运费比较取其低者。

（4）分段相加组成运价时，不考虑实际运输路线，不同运价组成点组成的运价相比取其低者。

4）国内航空货物运费

国内航空货物运费计算公式为：

$$国内航空货物运费 = 计费重量 \times 适用运价率$$

4. 航空货物运费的计算

1）航空运费计算步骤

第一步：先查询运价表，如始发地至目的地之间有公布的指定商品运价，则考虑使用指定商品运价。

第二步：查找 TACT RATES BOOK 的品名表，找出与运输货物品名相对应的指定商品代号。

第三步：计算计费重量。此步骤与普通货物的计算步骤相同。

第四步：找出适用运价，然后计算出航空运价。此时需要比较计费重量与指定商品运价的最低重量。

（1）如果货物的计费重量超过指定商品运价的最低重量，则优先使用指定商品运价作为商品的适用运价，此时航空运价为计费重量与适用运价的乘积。

（2）如果货物的计费重量没有达到指定商品运价的最低重量，则需要比较计算：

① 按普通货物运价计算，适用运价为 N 或 Q 的运价，航空运价为计费重量与适用运价的乘积；

② 按指定商品运价计算，适用运价为 SCR 的运价，航空运价为计费重量与适用运价的乘积；

③ 比较① 和② 计算出的航空运价，取低者。

第五步：比较第四步计算出的航空运费与最低运费 M，取高者。

2）普通货物运价计算步骤：

① 计算体积（Volume）。

② 计算体积重量（Volume Weight）。

③ 确定总重（Gross Weight）。

④ 确定计费重量（Chargeable Weight）。

⑤ 确定适用运价（Applicable Rate）。

⑥ 计算航空运费（Weight Charge）。

【例 5 - 1】

Routing：　　　　　SHANGHAI，CHINA（SHA）to PARIS，FRANCE（PAR）

Commodity：　　　TOY

Gross Weight：　　5. 6 kg

Dimensions：　　　40 cm × 28 cm × 22 cm

公布运价如下：

SHANGHAI	CN		SHA
Y. REMINBI	CNY		KG
PARIS	FR	M	320. 00
		N	50. 22
		45	41. 43
		300	37. 90

要求：（1）计算该批货物的航空运费。

（2）根据计算结果，填写航空运单运费计算栏。如表 5 - 5 所示。

表 5 - 5　航空运单运费计算栏

No. of Pieces RCP	Gross Weight	Kg Lb	Rate Class		Chargeable Weight	Rate/ Charge	Total	Nature and Quantity of Goods（Incl. Dimension or Volume）
			Commodity Item No.					
1	5.6	K	M			320. 00	320. 00	TOY 40 cm × 28 cm × 22 cm

解 1：

Volume：$\qquad$ $40 \times 28 \times 22 = 24\ 640$（$cm^3$）

Volume Weight：$\qquad$ $24\ 640 \div 6\ 000 = 4.11 \approx 4.5$（kg）

Gross Weight：$\qquad$ 5.6 kg

Chargeable Weight：$\qquad$ 6.0 kg

Applicable Rate：$\qquad$ GCR N 50.22 CNY/KG

Weight Charge：$\qquad$ $6.0 \times 50.22 = 301.32$（CNY）

因为 Minimum Charge 为 320.00 CNY，所以此运单航空运费应为 320.00 CNY。

解 2：填写航空运单运费计算栏。

【例 5 - 2】

Routing：$\qquad$ BEIJING, CHINA（BJS）to NAGOYA, JAPAN（NGO）

Commodity：$\qquad$ FAESH ORANGES

Gross Weight：$\qquad$ EACH47.8 kg, TOTAL 6 PIECES

Dimensions：$\qquad$ 128 cm $\times$ 42 cm $\times$ 36 cm $\times$ 6

公布运价如下：

BEIJING	CN		BJS
Y. REMINBI	CNY		KG
NAGOYA	JP	M	230.00
		N	37.51
		45	28.13
	0008	300	18.80

要求：（1）计算该批货物的航空运费。

（2）根据计算结果，填写航空运单运费计算栏。如表 5 - 6 所示。

表 5 - 6　航空运单运费计算栏

No. of Pieces RCP	Gross Weight	Kg Lb		Rate Class Commodity Item No.	Chargeable Weight	Rate/ Charge	Total	Nature and Quantity of Goods（Incl. Dimension or Volume）
6	286.8	K	C	0008	300.0	18.80	5 640.00	FAESH ORANGES DIMS 128 cm $\times$ 42 cm $\times$ 36 cm $\times$ 6

解 1：

Volume：$\qquad$ $128 \times 42 \times 36 \times 6 = 1\ 161\ 216$（$cm^3$）

Volume Weight：$\qquad$ $1\ 161\ 216 \div 6\ 000 = 193.536 \approx 194.0$（kg）

Gross Weight：$\qquad$ $47.8 \times 6 = 286.8$（kg）

Chargeable Weight：$\qquad$ 287.0 kg

由于计费重量没有满足指定商品代码 0008 最低重量要求 300 kg，因此，只能按普通商品运价来计算。

（1）按普通运价使用规则计算：

Applicable Rate：GCR Q45 28. 13 CNY/KG

Weight Charge：287. 0×28. 13 ＝ CNY8 073. 31

（2）按指定商品运价使用规则计算：

Actual Gross Weight：286. 8 kg

Chargeable Weight：300. 0 kg

Applicable Rate：SCR 0008/Q300 18. 80 CNY/kg

Weight Charge：300. 0×18. 80 ＝ CNY5 640. 00

对比（1）与（2），取运费较低者。所以，Weight Charge 为 CNY5 640. 00。

解2： 填写航空运单运费计算栏。

工作任务五　航空货运信息系统认知

一、航空货运信息系统功能

航空货运信息系统包括供应链管理（SCM）和企业资源计划（ERP）两大部分内容。供应链管理不是代理仓库的库存管理系统，也不是仅仅针对某个航空货运站的内部作业管理信息系统或航空公司内部的信息系统，而是对各个供应链之间的货物流动进行信息管理的系统。确切地说就是利用计算机网络技术全面规划供应链中的商流、物流、信息流、资金流等，并进行计划、组织、协调与控制。

企业资源计划主要是针对航空货运企业网络各个供应链内部进行生产管理的信息系统，通过前馈的物流和反馈的信息流、资金流，把上游的需求和企业内部的生产经营活动以及航班的资源整合在一起，完成各项航空货运作业。

1. 供应链管理信息系统

1）供应链管理信息系统概述

供应链管理信息系统是经过总体规划的、多层次、多功能的计算机网络系统。它覆盖航空公司主枢纽、集散基地和国际区域的货运营业点，覆盖货运代理人企业、直接用户企业等，与主枢纽内外的业务相关部门进行信息交换，与境外航空业务代理公司、国内其他运输主枢纽和铁路、公路、海运等运输方式的港站和企业进行信息交换，提供完整的供应链管理服务。

根据上述情况和业务覆盖面的要求，仅仅依据现有的民航货运信息系统或者租用的SITA（国际航空电信协会）系统等类似功能的系统，无论在覆盖面、成本费用、实现的可能性等方面显然是远远不够的。尤其是面向公众和代理人的市场营销、网上订舱、网上跟踪查询、客户管理、货运代理人管理、代理制单、公布报价、客户关系管理、电子邮件系统、电话语音查询、电子商务、航班运营管理、货运基地管理、卡车航班和车队调度管理、空地联运服务信息系统包括地理信息系统（GIS）和全球定位系统（GPS）等，不仅要能在民航专用网上访问，而且应该构筑在覆盖面更大、以国际互联网为基础的信息平台上，这样不仅可以覆盖所有的国家和用户，而且可以较大幅度降低运营成本。

2）供应链管理信息系统的功能

（1）利用网络技术不断搭建信息交换平台，将某一区域的各个供应链组合在一起，实现远程查询和信息交换。比如，代理将需要托运的货物的运单号及相关属性录入到本单位的信息管理系统中，接受委托的货运站或航空公司通过信息交换平台，将该运单的信息复制到本单位的信息管理系统中。航空公司可以通过信息交换，及早知道需要运输的货物信息，从而制订出相应的配载计划。

系统通过与 SITA 系统的连接，实现本区域内的各个供应链与海外相关单位进行报文信息交换，本区域内的各个供应链无须单独与 SITA 系统连接，以降低各个供应链的信息系统建设费用。

系统通过互联网络，实现国内各个区域内各航空货运供应链之间的信息交换。任意供应链通过系统能够对本供应链之后的货物流动进行全程跟踪，能够及时掌握上游供应链对本段供应链的资源或服务的请求，使本供应链能够及早进行必要的准备，制定出相关的作业。如航空货运的航班需求计划、配送需求计划（DRP）、配送资源计划（DRPII）、企业资源计划（ERP）等。

（2）系统具备各个供应链之间的财务决算功能，能够正确计算并分摊国内外各供应链环节的收取费用，包括航段运费分摊、活动汇率计算、代理服务费用、机场服务费、库存滞留、各种配载耗材费用、代收的运费等，实现网上及时结算，加快企业的流动资金周转速度，并实现电子商务。

（3）系统与海关的信息系统连接，实现电子报关及"电子卡口"。各个供应链，特别是各个代理，可通过信息系统与海关进行电子报关，加快报关速度。海关监管仓库可通过系统，实现进出"电子卡口"，提供快速"电子口岸"通道的功能。

（4）系统与本区域内的航空公司（或航空公司代表）信息系统连接，各个供应链（特别是代理）可随时将收集的货物信息传递给航空公司，也可随时获得航空公司对自己的货物是如何安排的信息。航空货运站可随时获得航班配载指令或配载变更信息，也可将预配、装机信息反馈给航空公司。

（5）系统与本区域内的机场信息系统连接，如航班信息系统、离港信息系统等。各个供应链随时可以获得动态航班信息，特别是那些对供应链自身作业影响巨大的航班变更信息。

（6）具有呼叫与应答功能，能够随时响应和处理客户的各项服务请求或解答各种问题。

（7）建立公共基础数据。对公共基础数据统一实施管理和维护。公共基础数据包括世界国家或地区编码、世界城市编码、世界空港编码信息、国内外（客）货运航班信息、国内外空港和货站信息、结算分摊信息、结算汇率信息等，各供应链可直接访问这些公共数据，而无须单独建设。

（8）系统具有严密的信息安全保障措施。能够杜绝各种恶意的信息攻击，如黑客、病毒、机密数据泄露等。

（9）系统具有良好的开放性和与其他系统的互联能力。系统能容纳国际标准和航空货运界所接受的事实上的约定方法。

2. 企业资源计划系统

1）企业资源计划系统概述

企业资源计划系统是辅助航空货运供应链上各个企业内部生产管理的信息系统，如航空公司企业生产管理，航空货运站内的业务管理信息系统，代理人企业的生产管理等。企业资源计划系统的主要职责是根据上游供应链的作业请求，进行生产，并使整个物流网络体系畅通无阻，做到准确无误、快速有序。

2）企业资源计划系统的功能

（1）与供应链管理信息系统连接，通过供应链管理信息系统，与海关、各航空公司、其他供应链进行信息交换。

（2）对企业内部各种物流作业信息实施管理，包括收运计重、各种柜台（营业厅）作业、货物存储、组板、ULD分解、进出港文件处理、预配计划、配载、出港出库、临时加拉货处理、退运处理、提货出库等，并能有效地对货物进行跟踪。作业过程中，支持自动读取电子称重读数，支持无线网络数据传送和读取条码数据。

（3）根据航空货运作业规范，对操作或信息流程进行控制。例如，没有通过安全检查的货物不能被配载。

（4）根据各作业信息，产生出港落下货物信息、出港临时加货信息、进港不正常货物信息、各种报文文本。

（5）根据企业的具体情况，对设备、生产调度等信息实施管理，包括设备维修、更新等信息。

（6）根据企业的具体情况和未来发展，对客户实施"门对门"服务调度和信息管理，如货物配送计划、车辆计划与调度等。

（7）具备丰富的查询统计功能，满足生产管理的需求。满足客户对某票货物的全程物流跟踪查询、满足电话语音查询、满足在互联网络上进行查询。能够进行各种生产分析，为企业市场决策提供分析数据。

（8）在库区出港出口或提货出口，运行海关的"电子卡口"系统。

（9）系统具有严密的信息安全保障措施。杜绝各种恶意的信息攻击，如黑客、病毒、机密数据泄露等。

（10）具备收益管理、财务管理、成本管理、计价和运费管理等，具备市场和营销管理、代理人、客户管理等。

（11）具备航班资源调配、设施资源调配、人力资源调配（包括机组管理）等。

（12）由于航空货运企业具有国内外广域分布的特点，系统具有良好的通达性、稳定性、连续工作的可操作性。

由于各个供应链环节上各企业的规模不同、分工不同、经营模式不同，因此，各个供应链根据自己企业的具体条件，对上述功能进行必要的剪裁，建立适合自己的企业资源计划系统。比如，代理人企业一般就不需要出港落下货物信息、出港临时加货信息、进港不正常货物信息。

3. 货运站监控和快件自动分拣系统

在年吞吐量15万吨以上的航空货运站或代理仓库，通常需要建立立体仓库。各供应链根据其立体仓库规模，考虑建立设备自动化监控系统，通过监控系统对立体仓库进行存储作业。

在年处理量达到100万件以上的航空快件处理中心，为了保证货物处理的时效性，通常建立自动化分拣生产线，并将自动化控制系统与信息系统联机后进行快速处理，充分发挥立体仓库效益。

监控系统具备以下功能。

（1）同企业资源计划系统和设备控制单元连接，将企业资源计划系统对设备的各项作业指令进行分解并优化，下达给设备控制单元，然后由设备控制单元驱动设备作业，同时将设备完成作业的信息反馈给企业资源计划系统，企业资源计划系统接到反馈信息后自动调整货物存储信息。

（2）在计算机屏幕上显示各种自动化设备当前的运行状态，自动记录并能够查询统计设备的各种故障信息，为管理人员检修维护提供各种数据。

（3）根据各种作业信息，在某些入、出口显示处理指示信息。比如，在分拣出口处显示当前分拣的目的地和需要搭乘的航班号等。

（4）监控系统与企业资源计划系统实现无缝连接，任何设备动作后，信息都自动反馈到企业资源计划系统中，而无须人工再次录入。

（5）监控系统与海关的自动报关、通关系统以及现场检查实现无缝连接，保证海关检查和核查指令的执行。

二、条码标识系统和设备

目前我国在航空货运方面代理制占主导地位，按照专业化分工的原则，货物的物流处理经过了货主、代理、承运人、转运站、代理、最终用户等多层次处理，因此需要进行多次交接、清点、验收、文件记录等手续。航空运输和货运站处理的主要目标是进行规模经营，特点是流动速度快、转运模式多等。通过使用现代信息设备来充分挖掘各种设施的潜力，达到快速、高效、集约经营的高效益，因此，在货物流动的整个过程中使用条码系统进行标识，尽量减少手工处理的中间环节。航空货运企业和代理应使用条码系统，使用条码标识货物，可以减少货物流通中识别的错误和极大地提高作业效率，减少错差，减少数据的录入量。条码具有成本低廉、认读方便、对环境的要求宽松、标准化和通用化程度高等特点，条码设备的使用普及程度最高，为此，应首选条码作为生产处理各环节的标识系统。并选择国际使用频度较高的航空货运编码标准以便于交换货物信息。

条码的认读设备按照通信方式分为有线式和无线式两种。其中，无线式设备具有携带方便、具有运算和记忆功能，已经实现了小型化，可以移动使用。有线式设备具有价格便宜的特点。此外还有全角、多方位等各种设备可供选择。

目前国内航空货运使用条码存在的主要问题是标准化和通用化，就是信息标准的统一问题。作为航空运输的货物，来源不仅是货主和代理，包括了空运、海运、铁路等多种运输和多式联运，国内和境外各航空公司使用 IATA 统一运单识别码，其余的信息不同，码长、含义、印刷等都不同，建议航空货运系统制定统一的行业或国家条码补充标准。

三、接口系统

信息系统必须与外部连接，否则就会成为信息孤岛。作为货运企业的系统工程，必须设计好信息接口，以便预先获得各地的定期货运信息、变更信息和货物信息乃至客户信息。这些信息对于货运企业提前安排航班和运力，实现航空货运的飞跃，预先制订各种资源计划是非常重要的。

接口系统的另一个主要部分是电子数据交换系统（EDI）接口和与外部信息系统（货代

或其他合作伙伴的信息系统）的通用接口。由于航空货运业务涉及 SITA、海关、联检、机场、客户、代理、航空公司等，各家采用的系统不同、通信协议不同。为保证企业资源管理系统能与供应链整合成完整的系统，必须通过接口将各功能有机联系起来，将不同的信息通过接口转换为本系统可以处理的信息。为此，接口系统的工作是必不可少的环节。

接口系统包含与各货运站、基地所在的机场、无线通信服务商、客户、代理、运输公司等，还有与海关、铁路、空运、银行、税务、民航信息中心、地区空管中心、各地货运枢纽等系统的接口和中间件。货运企业由于主要业务对象为航空运输，因此，需要与各地（各国）的机构、合作伙伴、地区分站、客户、代理、运输公司等系统进行通信。接口依据国际航空行业和国家标准制定接口规范，由于系统隶属不同的行业和地区，需要按照各行业的标准分别确定接口规范。

航空货运系统与外部主要的接口有以下几个。

（1）与 SITA 货运管理系统交换数据的通信接口（报文等）。

（2）与海关报关系统交换数据的接口（报关、清关、电子卡口）。

（3）与其他航空公司交换数据的接口。

（4）与货运代理和货主交换数据的接口。

（5）与其他机场系统的接口，接受航班、气象、运单、舱单等。

（6）与 CAAC 的信息中心接口。

（7）EDI 接口。

（8）GPS 系统和移动通信系统的接口。

（9）与 FAA 导航系统和航管系统的接口（接受飞机实时状态数据）。

（10）其他接口，如铁路、公路、港口等。

上述接口系统中，关键是双方要依据标准进行配合。各航空公司和货运代理企业既是合作的伙伴也是竞争的对手，接口需要双方付出代价（资金和技术）。因此，依据国际标准和国家、行业标准进行外部接口，由政府进行行业间的协调工作，尽量利用公共数据网的接口标准协议，例如，可以透过航空信息网与国外航空信息网接口，减少接口的复杂性和专用性要求。

四、系统安全性

由于航空货运供应链系统和企业资源管理系统是搭建在各种网络上的，按照开放的原则进行构建和互联，尤其是在电子商务的环境下，安全性成为首要考虑。

通过网上交易系统接受客户订单。只有通过技术手段解决网上支付，才能实现真正意义上的网上安全交易，这种技术手段包括通信安全系统的 CA 认证系统。航空货运企业作为一个独立的航空业务法人，电子商务必须采用开放的模式，因此，电子商务系统必须建立在通信的安全体系上。

航空货运企业的通信安全建设的原则如下。

（1）网络安全。整个电子商务建立在网络基础之上，并且连接到 Internet 上，因此，网络安全是首先要考虑的问题。

（2）通信安全。保证基于 Internet 的电子商务的任何交易活动、信息交换、传输不被窃听、假冒和篡改。

（3）应用安全。安全基础设施应提供一套机制来帮助实现应用系统的安全实施、恢复及记录交易凭证。客户可在此安全基础设施上实现安全的应用系统。

（4）安全体系的管理、监视、报警、日志及处理。

（5）安全体系若要建立在国际或工业标准之上，以提供与其他系统和产品的互操作能力，客户可以在此安全设施上自由选择应用系统平台，易于与其他信息子系统集成和部署其电子商务系统。

（6）安全的电子商务系统需要完成对通信双方的增强认证，系统必须同时支持本方认证和第三方认证功能。

小结

（1）航空运输方式包括班机运输、包机运输（整包机、部分包机）、集中托运和航空快递等。

（2）航空货物出口程序是指航空货运公司从发货人手中接货到将货物交给航空公司承运这一过程所需通过的环节、所需办理的手续以及必备的单证，它的起点是从发货人手中接货，终点是货交航空公司。

（3）航空货物进口程序是指航空货物从入境到提取或转运的整个过程中所需通过的环节、所需办理的手续以及必备的单证。

（4）在实际计算一笔航空货物运输费用时，要考虑货物的计费重量、运价、费用及货物声明价值费。其中，计费重量是按实际重量和体积重量二者之中较高的一个计算。实际重量是指一批货物包括包装在内的实际总重量。凡重量大而体积相对小的货物，用实际重量作为计费重量。具体计算时，重量不足 0.5 kg 的按 0.5 kg 计；0.5 kg 以上不足 1 kg 的按 1 kg 计；不足 1lb（1 lb 为 0.453 6 kg）的按 1 lb 计算。在计算体积重量时，我国民航则规定以 6 000 cm^3 折合为 1 kg 为计算标准。

（5）起码运费是航空公司承运一批货物所能接受的最低运费，即不论货物的重量或体积大小，在两点之间运输一批货物应收的最低金额。起码运费的类别代号为 M。

复习思考题

（1）什么叫班机运输？

（2）什么是包机运输？

（3）集中托运是一种怎样的运输方式？

（4）简述航空货物运输的进出口流程。

（5）国际、国内航空货物运输的运价是如何确定的？

实训

1. 案例分析

货主未办理声明价值在航空运输中货灭

一票从上海经法兰克福飞往哥德堡的货物，共 2 箱，毛重 90 kg。货物价值为 USD

32 000。运单号为 999 - 83340165 。货物未办理声明价值，在法兰克福机场等待转机时，该两箱货物不慎遗失。收货人因此向航空公司提出索赔。

2. 技能训练

以小组为单位，分别讨论货物灭失的可能原因。航空公司是否应该赔偿？赔偿金额应该是多少？并与其他小组成员进行交流。

3. 运输软件仿真实训

项目六

管道运输管理认知

1. 知识目标

（1）掌握管道运输的概念、特点、分类。

（2）了解管道的组成及其设备。

（3）了解输油管道的工艺和流程。

2. 技能目标

（1）能够分析管道运输方式的技术经济特征。

（2）初步具备完善输油管道工艺流程的能力。

教学内容

工作任务一　管道运输认知

　　管道运输是近几十年发展起来的一种新型运输方式，也是五大运输方式之一。管道运输的运输形式是靠物体在管道内顺着压力方向顺序移动实现的。和其他运输方式的重要区别在于管道设备是静止不动的。目前，全球的管道运输承担着很大比例的源物质运输，包括原油、成品油、天然气、油田伴生气、煤浆等。近年来，管道运输也被进一步研究用于解决散状物料、成件货物、集装物料的运输，以及发展容器式管道输送系统。

一、管道运输的发展概况

　　中国是世界上最早使用管道运输流体的国家，早在公元前 200 多年，先人已建造了用打通的竹管连接起来的管道，用于运送卤水。这可以说是现代管道运输的雏形。现代管道运输于 19 世纪中叶始于美国。1865 年 10 月，美国人锡克尔用管径 50 mm 的熟铁管，修建了世界上第一条 9 km 长的管道，用于输送石油。第二次世界大战期间，美国修建了当时称雄世界的两条长距离管道：一条是原油管道，从得克萨斯州到宾夕法尼亚州，全长 2 158 km，管径 600 mm；另一条是成品油管道，从得克萨斯州到新泽西州，全长 2 745 km。20 世纪 70

年代以后，由于科学技术的发展，管道运输又有长足进步，一些大型管道相继问世。1972年前苏联与东欧各国建成"友谊"输油管道，总长9 700 km，管径为1 220 mm和820 mm。1977年，美国在阿拉斯加州也建设了世界著名的输油管道，这是一条伸入北极圈的管道，全长1 277 km，管径1 220 mm，沿线穿越三条山脉、34条河流和长700 km的冻土带。80年代，苏联兴建的原油管道、天然气管道，最大管径已达1 420 mm。世界著名的输气管道当属横贯加拿大全境的管道，管道总长8 500 km，管径500～1 000 mm。

我国在1958年建设了第一条长输管道——克拉玛依至独山子炼油厂双线输油管道，全长300 km，管径159 mm。1963年建成第一条输气管道，将四川南部的天然气输送至重庆市，全长54.7 km。

我国于1975年建成了庆抚线、庆铁线、铁大线、铁秦线、抚辽线、抚鞍线、盘锦线、中朝线8条管线，总长2 471 km，率先在东北地区建成了输油管网。

20世纪90年代以来，我国天然气管道得到快速发展，天然气消费领域逐步扩大，城市燃气、发电、工业燃料、化工用气大幅度增长。2004年投产的"西气东输"工程横贯中国西东，放射型的支线覆盖中国许多大中城市，并于2005年通过冀宁联络线与陕京二线连通，构成我国南北天然气管道环网。忠武输气管道也于2004年年底建成投产。到2005年初步形成"西气东输"、陕京二线、忠武线三条输气干线，川渝、京津冀鲁晋、中部、中南、长江三角洲5个区域管网并存的供气格局。

至2010年年底，我国油气管道累计长度约85 000 km。其中，原油管道22 000 km，天然气管道45 000 km，成品油管道18 000 km。近几十年来，我国长输管道从无到有，最后发展到约9万多km。

"十二五"期间，我国将加快西北、东北、西南和海上进口油气战略通道建设。重点建设项目包括中哈原油管道二期、中缅油气管道境内段、中亚天然气管道二期，以及"西气东输"三线、"西气东输"四线工程。"十二五"期间，全国将新建天然气管道45 000 km、原油管道9 000 km、成品油管道20 000 km，到2015年我国油气管道总长度将达到15万km左右。

目前，世界上长输油气管道的总长度已超过了200万km，我国现在仅有长输油气管道不足9万km（包括海上天然气管道），不到世界长输油气管道总长度的2.5%，管道运输与我国经济发展还很不适应。

二、管道运输的优缺点及运输管道的分类

管道运输是指用加压设施加压流体（液体或气体）或流体与固体混合物，通过管道输送到使用地点的一种运输方式。所输送的货物主要是油品（原油和成品油）、天然气（包括油田伴生气）、煤浆以及其他矿浆。

1. 管道运输的优点

管道运输与其他运输方式相比，具有以下优点。

（1）运量大。一条管径720 mm的管道，可年输易凝高黏原油2 000万吨以上，相当于一条铁路的运量。管径大，则运量更大。

（2）永久占用土地少。这是因管道总长的95%是埋入地下的。

（3）受恶劣气候条件影响小，可长期稳定运行。由于管道基本埋藏于地下，恶劣多变

的气候条件对其运输过程的影响小，可以确保运输系统长期稳定地运行。

（4）建设周期短、费用低。国内外交通运输系统建设的大量实践证明，管道运输系统的建设周期与相同运量的铁路建设周期相比，一般来说要短 1/3 以上。历史上，我国建设大庆至秦皇岛全长 1 152 km 的输油管道，仅用了 23 个月的时间，而若要建设一条同样运输量的铁路，至少需要三年时间；新疆至上海市的全长 4 200 km 的天然气运输管道，预期建设周期不会超过两年，但是如果新建同样运量的铁路专线，建设周期在 3 年以上，特别是地质地貌条件和气候条件相对较差，大规模修建铁路难度将更大，周期将更长。统计资料表明，管道建设费用比铁路建设费用低 60% 左右。

天然气的管道输送与使用液化船运输（LNG）的投资比较如下：以输送 300 亿立方米/年的天然气为例，如建设 6 000 km 管道投资约 120 亿美元；而建设相同规模（2 000 万吨）的 LNG 厂的投资则需 200 亿美元以上；另外，需要容量为 12.5 万 m^3 的 LNG 船约 20 艘，一艘 12.5 万 m^3 的 LNG 船造价在 2 亿美元以上，总的造船费约 40 亿美元。仅就以上投资比较，采用 LNG 就大大高于管道。

（5）便于管理，易于远程监控。

（6）耗能低、运费低廉、效益好。发达国家采用管道运输石油，每 t·km 的能耗不足铁路的 1/7，在大量运输时的运输成本与水运接近，因此在无水条件下，采用管道运输是一种最为节能的运输方式。管道运输是一种连续工程，运输系统不存在空载行程，因而系统的运输效率高。理论分析和实践经验已证明，管道口径越大，运输距离越远，运输量越大，运输成本就越低。以运输石油为例，管道运输、水路运输、铁路运输的运输成本之比为 1:1:1.7。

（7）油气挥发损耗小、安全可靠、连续性强。由于石油、天然气易燃、易爆、易挥发、易泄漏，采用管道运输方式，既安全，又可以大大减少挥发损耗，同时由于泄漏导致的对空气、水和土壤的污染也可大大减少。也就是说，管道运输能较好地满足运输工程的绿色化要求，对所运的商品来说损失的风险很小。

（8）沿途无噪声，污染少。长输管道绝大部分为埋设，污染环境可能性小，有利于生态平衡。

（9）受地形条件的限制少。管道运输方式不同于铁路或公路运输方式，对地形没有严格的限制，甚至没有限制，因而管线线路没有铁路或公路的迂回曲折问题，易于克服地形障碍，输送路径最短，从而可为节约投资、加快建设进度创造有利条件。

2. 管道运输的缺点

管道运输的缺点如下。

（1）运输对象受到限制，承运的货物比较单一。

（2）灵活性差。管道运输不如其他运输方式（如汽车运输）灵活，不易随便扩展管线，实现"门到门"的运输服务，对一般用户来说，管道运输常常要与铁路运输或汽车运输、水路运输配合才能完成全程输送。战线往往完全固定，服务的地理区域十分有限。

（3）设计量是个常量，所以与最高运输量之间协调的难度较大，且在运输量明显不足时，运输成本会显著增加。

（4）仅提供单向服务。

（5）运速较慢。

（6）浆体需进行脱水处理。浆体管道输送物料到达终点后，须进行脱水（过滤甚至干燥），以供用户使用。

管道运输的上述优缺点，使得管道运输主要担负单向、定点、量大的流体状货物（如石油、油气、煤浆、某些化学制品原料等）的运输。对于运输量较小或者不连续需求的物料（包括液体和气体物资），也不适合用管道运输，而常采用容器包装运输。

3. 运输管道的分类

1）按所输送的物品不同分

（1）输油管道。输油管道又可分为原油管道和成品油管道。原油运输主要是自油田将原油输给炼油厂，或输给转运原油的港口或铁路车站、或二者兼而有之。因此其运输特点是：输量大、运距长、收油点和交油点少，特别适宜用管道输送。世界上的原油约有85%以上是用管道输送的。成品油管道输送汽油、煤油、柴油、航空煤油和燃料油，以及从油气中分离出来的液化石油气等。成品油管道的任务是将炼油厂生产的大宗成品油输送到各大城镇附近的成品油库，然后用油罐汽车转运给城镇的加油站或用户。有的燃料油则直接用管道输送给大型电厂，或用铁路油槽车外运。其运输特点是：批量多、交油点多。因此，管道的起点段管径大，输油量大；一经多处交油分输以后，输油量减少、管径亦随之变小，从而形成成品油管道多级变径的特点。

（2）输气管道。输气管道是输送天然气和油田伴生气的管道，包括集气管道、输气干线和供配气管道。就长距离运输而言，输气管道系指高压、大口径的输气干线。这种输气管道约占全世界管道总长的一半。

（3）固体料浆管道。固体料浆管道主要用于输送煤、铁矿石、磷矿石、铜矿石、铝矾土和石灰石等矿物，配置浆液主要用水，还有少数采用燃料油或甲醇等液体作载体。其输送方法是将固体粉碎、与适量的液体配置成可泵送的浆液，再用泵按液体管道输送工艺进行输送。到达目的地后，将固体与液体分离送给用户。

2）按用途的不同分

（1）集输管道。集输管道（或集气管道）是指从油（气）田井口装置经集油（气）站到起点压力站的管道，主要用于收集从地层中开采出来的未经处理的原油（天然气）。

（2）输油（气）管道。以输气管道为例，它是指从气源的气体处理厂或起点压气站到各大城市的配气中心、大型用户或储气库的管道，以及气源之间相互连通的管道，输送经过处理符合管道输送质量标准的天然气，是整个输气系统的主体部分。

（3）配油（气）管道。对于油品管道来说，它是指在炼油厂、油库和用户之间的管道。对于输气管道来说，是指从城市调压计量站到用户支线的管道。该类管道压力低、分支多、管网稠密、管径小，除大量使用钢管外，低压配气管道口也可用塑料管或其他材质的管道。

3）按管道的材料不同分

主要有金属管道、塑料管道、玻璃钢管道和其他管道等。

4）按管线的铺设方式不同分

主要分为地下管道、地上管道和架空管道。

三、管道运输系统的基础设施

1. 管道

管道是管道运输系统中最主要的部分，它的制造材料可以是金属、混凝土或塑胶，完全依靠输送的货物种类及输送过程中所要承受的压力大小而决定。

2. 储存库

由于管道运输的过程是连续进行的，因此管道两端必须建造足够容纳其所承载货物的储存库。

3. 压力站（泵站）

压力站是管道运输动力的来源，靠压力推动货物经由管道从甲地输送到乙地。一般管道运输压力的来源可有气压式、水压式、重力式及最新的超导体磁力式。通常气体的输送动力来源靠压缩机来提供，这类压力站彼此的设置距离一般为 80～160 km。液体的输送动力来源则是靠泵提供，这类压力站的设置距离为 30～160 km。

4. 控制中心

管道运输虽具有高度自动化的特点，但它仍需要有良好的控制中心，并配合最现代的监测器及熟练的管理与维护人员，随时检测、监视管道运输设备的运转情况，以防止意外事故发生时所造成的漏损及危害。

四、输油管道系统

1. 输油管道的组成

（1）输油站。输油站包括首站、末站、中间输油站等。输油管道的起点称为首站，其任务是集油，经计量后加压向下一站输送，故首站的设备除输油机泵外，一般有较多的油罐。输油管道沿途设有中间输油站，其任务是对所输送的原油加压、升温，也俗称中间泵站。中间泵站的主要设备有输油泵、加热炉、阀门等设备。输油管道末站接受输油管道送来的全部油品，供给用户或以其他方式转运，故末站有较多的油罐和准确的计量装置。

（2）管线。输油管道的线路（即管线）部分包括管道，沿线阀室，穿越江河、山谷等的设施和管道阴极防腐保护设施等。为保证长距离输油管道的正常运营，还设有供电和通信设施。

2. 输油管道设备

（1）离心泵。泵是一种将机械能（或其他能）转化为液体能的液力机械，是输油管线的心脏。离心泵通过离心力作用完成介质的输送任务。

（2）输油泵站。输油泵站设于首站和中间输油站，它的基本任务是供给油流一定的能量（压力能或热能），将油品输送到终点站（末站）。

（3）输油加热炉。在原油输送过程中对原油采用加热输送的目的是使原油温度升高，防止输送过程中原油在输油管道中凝结，减少结蜡，降低动能损耗。

（4）储油罐。油罐是一种储存石油及其产品的设备。

（5）管道系统。输油系统一般采用有缝或无缝钢管，大口径者可采用螺旋焊接钢管。

（6）清管设备。油品在运输过程中，管道结蜡使管径缩小，造成输油阻力增加，能力下降，严重时可使原油丧失流动性，导致凝管事故。处理管道结蜡有效而经济的方法是机械清蜡，即从泵站收发装置处放入清蜡球或其他类型的刮蜡器械，利用泵输送原油在管内顶挤清蜡工具，使蜡清除并随油输走。

（7）计量及标定装置。为保证输油计划的完成，加强输油生产管理，长输管线上必须对油品进行计量，以便及时掌握油品的收发量、库存量及耗损量。

3. 管道输油工艺

（1）油品输送方法。油品的输送方法，根据油品性质和管道所处的环境确定。轻质成品油和低凝固点、低黏度的原油常采取等温输送方法，即炼油厂或油田采出的油品直接进入管道，其输送温度等于管道周围的环境温度。油品开始进入长输埋地管道时的温度可能不等于入口处的地温，但由于输送过程中管内油品与周围介质间的热交换，在沿线大部分管段中，油温将等于地温。对轻质成品油大多采用顺序输送方法；对易凝高黏油品目前常用加热、掺轻油稀释、热处理、水悬浮、加改性剂和减阻剂等输送方法。

（2）油品输送流程。管道沿线上下两泵站之间的连接方式，有开式流程和密闭流程两种。开式流程是指上站来油通过中间泵站的常压油罐输往下站的输送流程。密闭流程是在中间泵站不设油罐，上站来油直接进泵，沿管道全线的油品在密闭状态下输送。

（3）泵站布置。油品在输油首站加压进入管道后，在流动中要克服摩擦阻力，能量不断减少，长距离输送油品，必须建立中间加压泵站。每个泵站供给油品的最大压力能，受泵的管材性能和强度的限制。输送距离越长，所需的中间泵站越多。沿线各中间泵站的位置，是在管道设计时，用水力坡降线在管道纵断面图上作图并初步选定，最后经现场勘察确定的。

五、输气管道系统

1. 输气管道的组成

输气管道系统主要由矿场集气网、干线输气管道（网）、城市配气管网以及与此相关的站、场等设备组成。这些设备从气田的井口装置开始，经矿场集气、净化及干线输送，再经配气网送到用户，形成一个统一的、密闭的输气系统。

2. 输气管道的主要设备

（1）矿场集气设备。集气过程从井口开始，经分离、计量、调压净化和集中等一系列过程，到向干线输送为止。集气设备包括井场、集气管网、集气站、天然气处理厂、外输总站等。

（2）输气站。其核心设备是压气机和压气机车间，任务是对气体进行调压、计量、净化、加压和冷却，使气体按要求沿着管道向前流动。由于长距离输气需要不断供给压力能，故沿途每隔一定距离（一般为 110～150 km）设置一座中间压气站（或称压缩机站），首站是第一个压气站，最后一站即干线网的终点——城市配气站。输气站也可按作用分为压气站、调压计量站、储气库三类。调压计量站多设在输气管道的分输处或末站，其作用是调节气体压力、测量气体流量，为城市配气系统分配气量并分输到储气库；储气库则设于管道沿线或终点，用于解决管道均衡输气和气体消费的昼夜及季节不均衡问题。

（3）干线输气。干线是指从矿场附近的输气首站开始到终点配气站为止。压气机站与管路是一个统一的动力系统。输气管线可以有一个或多个压气机站。

（4）城市配气系统。城市配气是指从配气站（即干线终点）开始，通过各级配气管网和气体调压所按用户要求直接向用户供气的过程。配气站是干线的终点，也是城市配气的起点与枢纽。

3. 管道输气工艺

（1）输气流程。来自气井的天然气先在集气站进行加热、降压、分离，计量后进入天然气处理厂，脱除水、硫化氢、二氧化碳，然后进入压气站，除尘、增压、冷却，再输入输气管道。在沿线输送过程中，压力逐渐下降，经中间压气站增压，输至终点调压计量站和储气库，再输往配气管网。气田井口压力降低时，则需建矿场压气站增压。

输气管道沿线各压气站与管道串联构成统一的密闭输气系统，任何一个压气站工作参数发生改变都会影响全线。

（2）输气管道计算。是指输气管道的管径、壁厚、起点压力、压缩比（压气机出口与进口压力之比）和压气站间距等参数的计算。参数间的相互关系反映在输气量计算式上。对于大管径、高压输气管道的输气量计算和中小管道、矿场集气管道的输气量计算应分别采用不同的计算公式。

（3）压气站设置。为提高天然气压力或补充天然气沿管道输送所消耗的压力，需要设置压气站。长距离输气管道必须在沿线建设若干个中间压气站。中间压气站的数目主要由输送距离和压缩比决定。站距主要由输气量确定，每个压气站都要消耗一部分天然气作燃料，因此输气量逐站减少，从而使各站距也有所不同。在确定站距时，应根据通过该站的实际输气量和进出口压力值，按输气量公式计算。还应综合考虑压气站址的地理、水源、电力、交通等条件。

（4）末端储气。利用输气管道末端的工作特点作为临时储气手段。末端长度对管道管径及压气站站数的确定有影响，因此也是输气工艺应考虑的问题。输气管道末端与中间各段的工作条件的差别是：中间各段的起终点流量基本相同，而末端的起终点天然气流量和压力则随终点外输量的变化而变化。气体外输量少时，多余的天然气就积存在末端；外输量大于输气管前段的输气量时，不足就由积存在末端中的天然气来补充。

六、固体料浆管道系统

1. 料浆管道系统的组成

料浆管道的基本组成部分与输气、输油管道大致相同，但还有一些制浆、脱水干燥设备。以煤浆管道为例，整个系统包括煤水供应系统、制浆厂、干线管道、中间加压泵站、终点脱水与干燥装置。它们也可分为三个不同的组成部分：浆液制备厂、输送管道、浆液后处理系统。

料浆管道的主要设备如下。

1）浆液制备系统

以煤为例，煤浆制备过程包括洗煤、选煤、破碎、场内运输、浆化、储存等环节。从煤堆场用皮带运输机将煤输送至储仓后，经振动筛粗选后进入球磨机进行初步破碎，再经第二级振动筛筛分后进入第二级棒磨机掺水细磨，所得粗浆液进入储浆槽，由提升泵送至安全筛筛分，最后进入稠浆储罐。煤浆管道首站一般与制浆厂合在一起，首站的增压泵从外输罐中抽出浆液，经加压后送入干线。

2）中间泵站

中间泵站的任务是为煤浆补充压力能，停运时则提供清水冲洗管道。输送煤浆的泵也可分容积式与离心式两种，其特性差异与输油泵大致相同。泵的选用要结合管径、壁厚、输量、泵站数等因素综合考虑。

3）后处理系统

煤浆的后处理系统包括脱水、储存等部分。管输煤浆可脱水储存，也可直接储存。浆液先进入受浆罐或储存池，然后再用泵输送到振动筛中区分为粗、细浆液。粗浆液进入离心脱水机，脱水后的煤粒可直接输送给用户，排出的废液输入浓缩池与细粒浆液一起，经浓缩后再经压滤机压滤脱水，最后输送给用户。

2. 煤浆管道典型流程

1）制浆

将待输送的固体破碎到所需粒度范围，并经筛选，组成适当的颗粒级配，再掺水制成浓度适宜的浆液。煤浆液的重量浓度一般在 50 左右，铁矿浆液的重量浓度约为 66。

2）管道输送

根据年输送量选择适宜的管径，确定临界流速，以高于临界流速的速度输送配制好的浆液。因浆液是固液两相的混合物，流态多变，在相同的流速下，当为均质流态时，管道断面上的颗粒均匀悬浮，不会出现固体颗粒沉淀；当为半均质流态时，细颗粒均匀分布在管道断面的上部，大颗粒则在下部，因而下部浓度大，上部浓度小，但也不至于出现固体颗粒沉淀；当为非均质流态时，管道全断面上浓度分布很不均匀，则会出现固体颗粒沉淀，在管道底部形成沉淀层。出现沉淀时的流速为浆液临界流速。只有采用临界流速以上的速度输送浆液，才能使浆液稳定流动，不致形成沉淀层。

3）固液分离

对由管道输送至末站的浆液进行脱水，分离出固体，然后供给用户。浆液输送过程中，靠增压设备为浆液提供输送动力。

工作任务二　管道运输生产管理及管道物流认知

管道运输是国民经济综合运输的重要组成部分之一，也是衡量一个国家的能源与运输业是否发达的特征之一。目前，长距离、大管径的输油气管道均由独立的运营管理企业来负责经营和管理。

一、管道运输生产管理

生产管理是管道在最优化状态下长期安全而平稳运行的保证。

1. 管道的生产管理内容

管道的生产管理内容包括管道输送计划管理、输送技术管理、输送设备管理和管道线路管理。

管道输送计划管理是按管道承担的运输任务及管道设备状况编制输送的年度计划及月计划、批次计划、周期计划等，并据以安排管道全线的运行计划及其他有关计划。

管道输送技术管理是根据所输送货物的特性，确定输送方式、工艺流程和管道运行的基本参数等，以实现管道运输最优化。

管道输送设备管理是对管道输油站、输气站进行维护和修理，以保证管道正常运行。

管道线路管理是对管道线路进行巡线检查和维修，防止线路受到自然灾害和其他因素的破坏。

2. 实施管道生产管理的技术手段

实施管道生产管理的技术手段主要有管道监控、管道流体计量和管道通信。

管道监控是利用仪表和信息传输技术对管道运行工况进行监测，将测得的工况参数作为就地控制的依据，或输给控制室作为对全线运行工况进行监视和管理的依据。

管道流体计量是利用流量计测量管道运输的流体货物的流动量，为管道管理提供输量和油、气质量的基本参数，是履行油品交接、转运和气体调配所必需的。

管道通信是利用通信系统交流管道全系统的情况，传递各种参数信息，下达调度指令，实现监控。

二、管道物流

管道运输由于具有运量大、运输成本低、易于管理等特点而备受青睐，呈快速发展的趋势。但随着科学技术的发展，各国越来越重视发展城市地下物流以及管道物流的研究和应用。随着运行管理的自动化，进入21世纪后，城市地下物流以及管道物流将会发挥越来越大的作用。

1. 管道物流运输发展现状

传统的管道运输主要担负单向、定点、量大的流体状货物的输送，这些货物都是连续性的介质，而发展城市管道固体货物的输送则是把地面上以车辆配送为主要形式的物流转向地下和管道中，这是一个崭新的思路和具有划时代意义的研究和发展领域。通过实施地下管道物流，可以消灭城市地面60%的车辆，大大地优化城市环境，提高物流配送的速度、效率和安全性，适应电子商务和网上购物发展的要求，改善人们的生活质量。

输送固体货物的这类管道可分为以下三种：气力输送管道（Pneumatic Pipeline）、浆体输送管道（Slurry Pipeline/Hydraulic Transport）和囊体运输管道（Capsule Pipeline）。

1）气力输送管道

气力输送管道是利用气体为传输介质，通过气体的高速流动来携带颗粒状或粉末状的物质完成物流过程的管道。

在20世纪，开始通过管道采用气力或水力的方法来运输颗粒状的大批量货物。该方法输送的物质种类通常有煤炭和其他矿物、水泥、谷物、粉煤灰以及其他固体废物等。第一个气力输送管道系统是1853年在英国伦敦建立的城市管道邮政系统；随后，在1865年，由Siemens & Halske Company在柏林建立了德国第一个管道邮政网，管道直径为65 mm，该系统在其全盛时期的管道总长度为297 km，使用达100余年，在西柏林该系统一直运行到1971年，在东柏林直到1981年才停止使用。近年来，管道气力输送开拓了一个新的应用领域——管道废物输送。在欧洲和日本的许多大型建筑系统，都装备了这种自动化的垃圾处理管道，位于美国奥兰多的迪斯尼乐园也采用了这种气力管道系统，用于搜集所产生的垃圾。在管道气力输送中，最重要的是吹动固体颗粒需要较高的气流速度，特别是固体颗粒直径或密度较大时，就更是如此。在气力输送中，管道的磨损和能量消耗也是较高的。因此，管道气力输送的经济、实用的输送距离通常是很短的，一般不超过1 km。在特殊情况下，如美国在建造胡佛大坝和大古力水坝时，就采用了大约2 km长的气力输送管道来输送水泥，这是相当长的气力输送管道。

气力输送管道多见于港口、车站、码头和大型工厂等，用于装卸大批量的货物。美国土木工程师学会（ASCE）在报告中预测：在21世纪，废物的管道气力输送系统将成为许多建筑物（包括家庭、医院、公寓和办公场所等）常规管道系统的一部分，可取代卡车，将垃圾通过管道直接输送到处理厂。这种新型的垃圾输送方法有望成为一个快速增长的产业。

2）浆体输送管道

浆体输送管道是将颗粒状的固体物质与液体输送介质混合，采用泵送的方法运输，并在目的地将其分离出来而完成物流过程的管道。浆体输送管道的介质通常采用清水。

浆体输送管道一般可分为两种类型，即粗颗粒浆体输送管道和细颗粒浆体输送管道。前者借助于液体的紊流使得较粗的固体颗粒在浆体中呈悬浮状态并通过管道进行输送。而后者输送的较细颗粒一般为粉末状，有时可均匀悬浮于浆体中，和气力输送类似。粗颗粒浆体输送管道的能耗和对管道的磨损都较大，通常只适用于特殊材料（如卵石或混凝土）的短距离输送；而细颗粒浆体输送管道则相反，由于能耗低、磨损小，在运输距离超过100 km时，其经济性也比较好。例如，美国的 Black Mesa 煤浆输送管道总长438 km，管道直径为456 mm，每年从亚利桑那州的一个煤矿运输460万吨的煤到内华达州的一个发电厂，该管道系统从1970年一直成功地运行到现在。美国土木工程师学会预测，这种方法将来可应用于从自来水厂或污水处理厂向污泥处理厂或污泥填埋场输送污泥，这方面的应用虽然目前还没有，但将来可能会变得非常普遍。

3）囊体运输管道

囊体运输管道（Capsule Pipeline）又可分为气力囊体运输管道（Pneumatic Capsule Pipeline，PCP）和水力囊体运输管道（Hydraulic Capsule Pipeline，HCP）两类。

气力囊体运输管道是利用空气作为驱动介质，囊状体作为货物的运载工具而完成物流过程的管道。气力囊体运输管道分为圆形管道和方形管道两种。

水力囊体运输管道是利用水液体作为驱动介质，囊状体作为货物的运载工具而完成物流过程的管道。

由于空气远比水轻，囊体不可能悬浮在管道中，必须采用带轮的运输囊体。PCP 系统中的囊体运行速度（10 m/s）远高于 HCP 系统（2 m/s）。所以，PCP 系统更适合于需要快速输送的货物（如邮件或包裹，新鲜的蔬菜、水果等）；而 HCP 系统在运输成本上则比 PCP 系统更有竞争力，适合于输送如固体废物等不需要即时运输的大批量货物。

大部分气力管道系统是在19世纪的下半叶到20世纪的上半叶兴建并投入运行的，这里值得一提的是20世纪60年代初德国汉堡的大直径管道邮政系统，其管道直径为450 mm，由于运输工具的尺寸和重量较大，其下部安装有滚轮，运输速度为36 km/h。从技术上来看，该系统运行一直非常良好，但是由于该系统的时代性，终于在1976年经历了16年之后由于经济原因而关闭。英国伦敦在1927年建成了一个被称为"Mail Rail"的地下运输系统，用于在伦敦市区的邮局之间进行邮件传送，该系统至今仍在运行中；另外，在伦敦还有一条新的自动化地下管道运输系统，管道的内径为2.74 m，每辆运输车的运输能力为1吨，行驶速度可达60 km/h。第二次世界大战以后，在其他一些国家也分别建立了各具特色的气力管道输送系统，其直径达到或者超过1 000 mm，其中有两个具有代表性的例子：一是前苏联的"Transprogress"系统，该系统采用直径为1 220 mm 的钢制运输管道，可输送单个的集装箱或者装有集装箱的运输车；二是建于美国佐治亚州的"Tubexpress"系统。

目前日本在 PCP 技术领域处于世界领先地位。在1972年，日本的住友株式会社将管道运输的应用领域进一步扩大，建立了一条货物运输管道，用于从一个石灰石矿向水泥厂运送石灰石，从1983年开始，其年输送能力达到200万吨。其采用的管道形式有两种：圆形管道和方形管道，这两种系统均由日本Somitomo金属工业兴建并成功地运行。其中，圆形管道是用来运输石灰石等；方形管道是用来在施工较长隧道或高速公路时，运输挖掘下来的岩石和建筑材料等。另外，日本的邮政和通讯部还提出要在东京的深部地下空间（50～70 m）修建一个"Tokyo L-net"，用来连接东京市中心的邮政局并用来运送其他货物（包括纸张、杂志和食品等）。

以上应用的实例，只是初级形式的管道物流。美国、荷兰以及日本的研究主要集中在管道的水力输送和气力输送以及大型的地下货物运输系统（UFTS）上，而德国于1998年则开始研究Cargo Cap地下管道物流配送系统。这一系统应该是目前管道物流系统的最高级形式。运输工具按照空气动力学的原理进行设计，下面采用滚轮来承受荷载，在侧面安装导向轮来控制运行轨迹，所需的有关辅助装置直接安装于管道中。

该系统的最终发展目标是形成一个连接城市各居民楼和生活小区的地下管道物流运输网络，并达到高度智能化，人们购买任何商品都只需点一下鼠标，所购商品就像自来水一样通过地下管道很快地"流入"家中。

2. 管道物流运输的关键技术

管道物流，特别是城市地下管道物流，是一项综合性、跨学科的复杂系统工程，涉及经济学、地下工程、机械工程、电子工程、运输工程和信息技术等多个领域，需要考虑城市布局、交通规划、物流管理、物资分拨与配送、地下管道工程施工、机械传输自动化和信息网络化等多个方面。对管道物流运输的关键技术，我国还处于研究初期，可以先就以下方面的问题开展研究。

（1）分析论述适合我国国情的管道物流系统模式、发展前景和重大社会与历史意义以及对社会生产力和国民经济发展的贡献。

（2）分析研究地下管道物流对城市配送物流、城市可持续发展、城市环境改善与城市生活质量提高的作用和影响。

（3）地下物流管道的工程建设技术即现代非开挖地下管线工程技术。

（4）运输工具的结构设计、驱动方式和驱动技术。

（5）监控技术。

（6）地下物流运输管道直径的合理选择和优化。

小结

（1）管道运输是指用加压设施加压流体（液体或气体）或流体与固体混合物，通过管道输送到使用地点的一种运输方式。

（2）管道运输系统的基础设施包括管道、储存库、压力站（泵站）、控制中心。

（3）输油管道的组成：输油站、管线。输油管道的线路（即管线）部分包括管道，沿线阀室，穿越江河、山谷等的设施和管道阴极防腐保护设施等。为保证长距离输油管道的正常运营，还设有供电和通信设施。

（4）输油管道设备包括离心泵、输油泵站、输油加热炉、储油罐、管道系统、清管设备、计量及标定装置。

（5）油品输送方法。根据油品性质和管道所处的环境确定。轻质成品油和低凝固点、低黏度的原油常采取等温输送方法，即炼油厂或油田采出的油品直接进入管道，其输送温度等于管道周围的环境温度。油品开始进入长输埋地管道时的温度可能不等于入口处的地温，但由于输送过程中管内油品与周围介质间的热交换，在沿线大部分管段中，油温将等于地温。对轻质成品油大多采用顺序输送方法；对易凝高黏油品目前常用加热、掺轻油稀释、热处理、水悬浮、加改性剂和减阻剂等输送方法。

（6）管道沿线上下两泵站之间的连接方式，有开式流程和密闭流程两种。开式流程是指上站来油通过中间泵站的常压油罐输往下站的输送流程。密闭流程是在中间泵站不设油罐，上站来油直接进泵，沿管道全线的油品在密闭状态下输送。

（7）输气管道系统主要由矿场集气网、干线输气管道（网）、城市配气管网以及与此相关的站、场等设备组成。

（8）输气流程：来自气井的天然气先在集气站进行加热、降压、分离，计量后进入天然气处理厂，脱除水、硫化氢、二氧化碳，然后进入压气站，除尘、增压、冷却，再输入输气管道。在沿线输送过程中，压力逐渐下降，经中间压气站增压，输至终点调压计量站和储气库，再输往配气管网。气田井口压力降低时，则需建矿场压气站增压。

（9）管道的生产管理内容包括管道输送计划管理、输送技术管理、输送设备管理和管道线路管理。实施管道生产管理的技术手段主要有管道监控、管道流体计量和管道通信。

（10）气力输送管道是利用气体为传输介质，通过气体的高速流动来携带颗粒状或粉末状的物质完成物流过程的管道。浆体输送管道是将颗粒状的固体物质与液体输送介质混合，采用泵送的方法运输，并在目的地将其分离出来而完成物流过程的管道。气力囊体运输管道是利用空气作为驱动介质，囊状体作为货物的运载工具而完成物流过程的管道。气力囊体运输管道分为圆形管道和方形管道两种。水力囊体运输管道是利用水液体作为驱动介质，囊状体作为货物的运载工具而完成物流过程的管道。

复习思考题

（1）管道运输有哪些优缺点？

（2）管道如何分类？

（3）输油管道系统的设备及其功能有哪些？

（4）管道运输生产管理包括哪些部分？

（5）实施管道生产管理的技术手段有哪些？

（6）什么是气力输送管道、浆体输送管道、囊体运输管道？

项目七

运输业务绩效优化与车辆
管理调度信息化

教学目标

1. 知识目标
（1）掌握集装箱的种类、特点。
（2）掌握集装箱运输业务流程。
（3）掌握大陆桥运输、多式联运的概念及其特点。
（4）了解货物运输生产计划。

2. 技能目标
（1）能够根据货物属性选择集装箱并进行装载。
（2）能够进行集装箱的交接。
（3）能够完善集装箱运输业务流程。
（4）初步具备组织货物多式联运的能力。
（5）能够初步进行运输排程。
（6）能够进行运输线路的优化。
（7）初步具备运输车辆调度的能力。

案例

1. 案例介绍

集装箱外表状况有较严重破损招致货物受损

A 公司（以下称发货人）将装载布料的 6 个集装箱委托一家国际货运代理公司（以下称货代）拖运到香港装船去西雅图港，集装箱在西雅图港卸船后再通过铁路运抵交货地（底特律）。

该批布料由货代出具全程提单，提单记载装船港香港港，卸船港西雅图港，交货地点底特律，运输条款 CY-CY，提单同时记载"由货主装载、计数"的批注。集装箱在香港装船后，船公司又签发了以货代为托运人的海运提单，提单记载装船港香港港，卸船港西雅图港，运输条款 CY - CY。

集装箱在西雅图港卸船时，6 个集装箱中有 3 个外表状况有较严重破损，货代在西雅图港的代理与船方代理对此破损做了记录，并由双方在破损记录上共同签署。3 个集装箱在运抵底特律后，收货人开箱时发现外表有破损的集装箱内布料已严重受损，另一集装箱尽管箱子外表状况良好，但箱内布料也有不同程度的受损。此后，收货人因货损与发货人、货代和船公司发生争执，要求赔偿。

2. 案例分析

这个案例告诉人们，发货人、货运代理人、承运人等各方都要严格按照业务流程进行操作，否则在货物的发运过程中必然会产生货损、货差、货灭的状况，引起纠纷。

3. 思考·讨论·训练

针对上述案例，谈谈你对下列问题的看法。

（1）可能引起集装箱损坏的环节会是在哪里？

（2）发货人、货代、承运人是否要承担货损的责任？

教学内容

工作任务一　集装箱及集装箱运输认知

工作任务：

浙江某贸易公司准备使用集装箱向沈阳发运几种货品。一种是真丝布料服装，共 200 箱；一种是鲜竹笋，共 10 吨；一种是新鲜蔬菜，共 6 吨；最后一种是新鲜鸡肉，共 10 吨。请根据货品特性，分别正确选择适货集装箱来装运（包括箱型、对应类型和代码）。

集装箱运输是以集装箱作为运输单位进行货物运输的一种先进运输方式，目前已成为国际货物运输中一种重要的运输方式。伴随着现代社会物流业的迅猛发展，集装箱运输在现代物流组织中发挥着越来越重要的作用。

一、集装箱概述

1. 集装箱的含义

集装箱又称"货柜"、"货箱"，是指具有一定强度、刚度和规格的专供周转使用的大型装货容器。由于它的外形像一只箱子，又可以集装货物，因而我国多称其为"集装箱"。根据国际标准化组织 104 技术委员会的规定，凡具有以下条件的货物运输容器，都可称为集装箱：能长期反复使用、具有足够的强度；各种运输方式联运或中途中转时，途中不需进行倒装；可以进行机械装卸，并可从一种运输形式较方便地直接换装到另一种运输形式（如从公路运输可转为铁路或河运、海运输送）；便于货物的装卸作业和充分利用容积；内部几何容积在 1 立方米以上。

2. 集装箱的种类

随着集装箱运输的快速发展，为适应不同种类货物的装载需要，出现了不同种类的集装箱，这些集装箱的结构、强度、尺寸甚至外观都不相同。根据集装箱的用途不同分为以下几种。

1）干货集装箱

干货集装箱又称通用集装箱或杂货集装箱（如图7-1所示），适用于装载各种干杂货，包括日用百货、食品、机械、仪器、医药、仪器及机器零件、纺织品等，是目前使用最多的标准集装箱。国际标准化组织建议使用的13种规格的集装箱均为此类集装箱。

图7-1　干货集装箱

2）开顶集装箱

开顶集装箱又称敞顶集装箱，是一种没有刚性箱顶的集装箱，但有可折式顶梁支撑的帆布或涂塑布遮盖货物。这种集装箱适于装载玻璃板、钢制品、机械等重货，一般通过起重机从顶部进行装卸。为了使重物在运输中不发生移动，一般在箱内底板两侧各埋入几个索环，用以穿过绳索捆绑箱内货物。

3）台架式及平台式集装箱

也称柜架集装箱，这种集装箱一般没有箱顶和箱壁，甚至有的边端壁也去掉，而只有底板和四个角柱来承受货载，便于机械装卸货物，主要用于装载长大件、重件、轻泡货、重型机械、钢管、裸装机床和设备等货物。

4）散货集装箱

散货集装箱除了有箱门外，在箱顶部还设有2～3个装货口，适于装载粮食、化工原料等各种散装颗粒状货物。使用这种集装箱的优点是可以节约包装费用、提高装卸效率，但在使用时要注意保持箱内清洁干净，两侧保持光滑，便于货物从箱门卸货。

5）动物集装箱

这是一个专门供装运牲畜的集装箱。为了实现良好的通风，箱壁用金属丝制造，侧壁下方设有清扫口和排水口，并设有喂食装置。

6）通风集装箱

通风集装箱是具有两侧和顶板的集装箱，在箱壁上有很多通风口，箱体的内壁也涂有塑料涂层，通常用来运输不需要冷冻而需要通风、防止潮湿的货物，如新鲜的水果和蔬菜。通风孔的存在可以让车辆在行驶的过程中，保持车厢内有足够的空气流通，可以让新鲜的瓜果蔬菜能够被新鲜地存放。如将通风孔关闭，可作为杂货集装箱使用。

7）冷藏集装箱

冷藏集装箱是专门为运输要求保持一定温度的冷冻货或低温货设计的集装箱。它分为带冷冻机的内藏式机械冷藏集装箱和没有冷冻机的外置式机械冷藏集装箱，适用装载肉类、水果等物。冷藏集装箱造价较高，营运费用较高，使用中应注意冷冻装置的技术状态及箱内货物所需的温度。

8）罐装集装箱

适用于酒类、油类、化学品等液体货物，是具有特殊结构的集装箱。它一般由罐体和箱体框架两部分组成，装货时货物由罐顶部装货孔进入，卸货时则由排货孔流出或从顶部装货孔吸出。

3. 集装箱的标记

国际标准化组织规定的集装箱标记有必备标记和自选标记两类，每一类标记中又分识别标记和作业标记。具体来说，集装箱上有箱主代号、箱号或顺序号、核对数字、集装箱尺寸及类型代号。

1）必备标记

（1）识别标记。它包括箱主代号、顺序号和核对数字。

① 箱主代号。国际标准化组织规定，箱主代号由 4 个大写的拉丁字母表示，前三位由箱主自己规定，第四个字母一律用 U 表示。例如，中远集团的箱主代号为 COSU。

② 顺序号。又称箱号，由 6 位阿拉伯数字组成。如果有效数字不是 6 位时，则在有效数字前用"0"补足 6 位，如"053842"。

③ 核对数字。核对数字是用来核对箱主代号和顺序号记录是否准确的依据。它位于箱号后，以一位阿拉伯数字加方框表示。

（2）作业标记。

① 额定重量和自定重量标记。额定重量即集装箱总重，自定重量即集装箱空箱质量（或空箱重量），规定应以公斤（kg）和磅（lb）同时表示。

② 空陆水联运集装箱标记。由于该集装箱的强度仅能允许堆码两层。因而国际标准化组织对该集装箱规定了特殊的标志，该标记为黑色，位于侧壁的左上角，并规定标记的最小尺寸为：高 127 mm，长 355 mm，该标记字体高度至少为 76 mm。

③ 登箱顶触电警告标记。该标记为黄色底三角形，一般设在罐式集装箱和位于登箱顶的扶梯处，以警告登顶者有触电危险。

2）自选标记

（1）识别标记。

① 国家和地区代号。如中国用 CN；美国用 US。

② 尺寸和类型代号（箱型代码）。由两位数字表示集装箱的尺寸大小。用数字或字母表示集装箱类型，如 CN 22G1。

（2）作业标记。

① 超高标记。该标记为在黄色底上标出黑色数字和边框，此标记贴在集装箱每侧的左下角，距箱底约 600 mm 处，同时贴在集装箱主要标记的下方。凡高度超过 2 600 mm 的集装箱应贴上此标记。

② 国际铁路联盟标记。凡符合《国际铁路联盟条例》规定的集装箱，可以获得此标记。该标记是在欧洲铁路上运输集装箱的必要通行标记。

3）通行标记

集装箱在运输过程中能顺利地通过或进入他国国境，箱上必须贴有按规定要求的各种通行标记。否则，必须办理烦琐的证明手续，延长了集装箱的周转时间。

集装箱上主要的通行标记有：安全合格牌照、集装箱批准牌照、防虫处理板检验合格标志及国际铁路联盟标记等。

4. 集装箱箱型代码

集装箱箱型代码对照表如表 7 - 1 所示。

表 7 - 1　集装箱箱型代码对照表

类别	箱型	对应类型	代码
20 ft	干货箱	GP	22G1
	干货高箱	GH（HC，HQ）	25G1
	挂衣箱	HT	22V1
	开顶箱	OT	22U1
	冷冻箱	RF	22R1
	冷高箱	RH	25R1
	油罐箱	TK	22T1
	框架箱	FR	22P1
40 ft	干货箱	GP	42G1
	干货高箱	GH（HC，HQ）	45G1
	挂衣箱	HT	42V1
	开顶箱	OT	42U1
	冷冻箱	RF	42R1
	冷高箱	RH	45R1
	油罐箱	TK	42T1
	框架箱	FR	42P1
45 ft	干货箱	GP	L2G`
	干货高箱	GH（HC，HQ）	L5G1
	挂衣箱	HT	L2V1
	开顶箱	OT	L2U1
	冷冻箱	RF	L2R1
	冷高箱	RH	L5R1
	油罐箱	TK	L2T1
	框架箱	FR	L2P1

二、集装箱运输的特点

集装箱运输具有装卸快、效率高、费用省、运输质量好、车船周转快、便于多式联运等优点。但开展集装箱运输还必须具备一些基本条件，其中最主要的两个基本条件如下。

（1）要有稳定而大量的集装箱适箱货源。由于国际集装箱运输大部分采用定期班轮运输，开航日期、开航时间、停靠港口是固定的，如果货源不足，将可能造成运营亏损。

（2）要有良好的基础设施。开展国际集装箱运输的基础设施除了集装箱船舶、集装箱外，还要有快速装卸集装箱的大型现代化集装箱港或码头以及发达的内陆运输系统，以保证进出口集装箱及时集、散。这就要求一国及各国间的公路、铁路、内河运输能满足集装箱运输的要求。

具备了基本条件的集装箱运输使货物流通过程中各个环节发生重大改变，使各行业的运输生产走向机械化、自动化。

现阶段，集装箱运输具有以下特点。

1. 集装箱运输是一种高效率的运输方式

由于货物的标准化和装卸机械、运输工具的专业化和大型化，集装箱运输已成为一种高效率的运输方式，具体表现在以下几方面。

（1）运输工具的高利用率。由于货物的标准化与装卸机械的工具的专业化，使货物的装卸效率大大提高，也使各种运输工具在港站停留时间大大缩短。因此，运输工具每个航次（班次）中运行时间与航次（班次）总时间的比值明显增大，运输工具的利用率得到大大提高。

（2）流动资金的高周转率。由于货物装卸效率提高，货物在港站停留的时间减少，加上集装箱货物在运输过程中（特别是长距离运输）采用大批量高速的运输组织方式（如铁路的直达专列、海运的干线运输等）和行政手续的简化，使货物的运达时间比传统的零担运输时间明显缩短。这样可以缩短买方货物占用资金的周期。对于卖方来说，由于集装箱货物交接地点已从港口、车站交接转变为内陆地区以至"门到门"交接，卖方在交货后即可取得运输单据，使结汇时间提前。因此对于买卖双方来讲，使用集装箱运输使货物运输而占用的流动资金周转率都有较明显的提高。

（3）库场的高使用率。由于集装箱的强度远远大于货物运输包装的强度，集装箱货物在库场中堆码时，最多可达 4 层，因而可以大大减少货物堆码占用的面积，提高库场利用率。

2. 集装箱运输是一种较经济的运输方式

由于集装箱本身是一种具有较高强度的容器，在运输途中可以起到保护货物的作用，货物使用集装箱运输时，可以简化运输包装，节省包装费用。在集装箱运输过程中各港口、车站对装卸费、中转费大都采用优惠价格，加之可以减少运输途中由于换装而引起的理货和办理海关手续次数，因而采用集装箱运输可以减少运杂费用。

3. 集装箱运输是一种高质量的运输方式

集装箱运输是高质量的运输方式主要体现在以下两个方面。

（1）运输过程中货物损坏、丢失的可能性小。集装箱运输是以箱为运输单元的，其装卸、换装、运输暂存过程中都是以箱为单位整体进行的。在运输过程中，集装箱有较高强度和较好的封闭性，货物都是装在箱内并对货物装载又有较高要求，因此使用集装箱运输货物，可以减少全程运输过程中，由于各种原因引起的货损、货差、被盗、丢失的可能性。

（2）为了保证集装箱运输的高效率，货物全程运输所涉及的各环节（托运、装卸、通关等）都简化了手续，大大方便和简化了货主办理单据和各种财务及行政手续。

4. 集装箱运输是一种高资金投入、高人员素质要求的运输方式

集装箱运输中的集装箱，各类运输工具的现代化，各种港站设施、机械设备及整个集疏运系统都需要投入大量的资金。随着运输工具的现代化、大型化，装卸机械的大型化、专业化和管理的现代化，集装箱运输需要的人力资源将会进一步减少，但对人员素质会提出更高的要求。

5. 集装箱运输是一种专业化、标准化的运输方式

集装箱运输的标准化主要体现在以下几个方面：箱型的标准化及货物装在箱内运输带来的货物重量和外形尺度的标准化；各种运输方式中运输工具的专业化和标准化；各类港、站设施的专业化和结构、布局及设计要求的标准化；各类装卸、搬运机械设备的标准化；运输管理组织、运输装卸技术工艺标准化；运输法规、运输单据的统一化、标准化等。

三、集装箱货物形态

集装箱化以后，由于集装箱类型的多样性带来了适箱货物的多样性，所以集装箱货物的分类的方法也具有了集装箱运输的性质。一般而言，集装箱货物分类方式包括以下几种。

1. 按货物性质分类

1）普通货物

普通货物（General Cargo）一般统称为百杂货，是指在货物性质上不需要特殊方法进行装卸和保管，可以按件计算的货物。其特点是货物批量不大，但其货价较高，具有较强的运费负担能力。普通货物按其包装形式和货物的性质可分为以下两小类。

（1）清洁货（Clean Cargo）。又称细货（Fine Cargo）或精良货，是指清洁而干燥，在积载和保管时，货物本身无特殊要求，如与其他货物混载不会损坏或污染其他货物的货物。

（2）污货（Dirty Cargo）。又称粗货（Rough Cargo, Troublesome Cargo），是指按货物本身的性质和状态，容易发潮、发热、风化、溶解、发臭，或者可能渗出液汁、飞扬货粉、产生害虫而使其他货物遭受严重损失的货物。

2）特殊货物

特殊货物（Special Cargo）是指货物在性质上、质量上、价值上或货物形态上具有特殊性，运输时需要用特殊集装箱装载的货物。如冷藏货、牲畜与植物、重货、高价货、危险货、液体货、易腐货和散货等。

（1）冷藏货（Refrigerated Cargo）。冷藏货是指需用冷藏集装箱或保温集装箱运输的货物，如水果、蔬菜、鱼类、肉类、鸡蛋、奶油、干酪等。

（2）牲畜与植物（Livestock and Plants）。牲畜与植物指活的家禽、家畜及其他动物以及树苗和其他苗木等植物。

（3）重货（Heavy Cargo）。重货指单件货物质量特别大，如重型机械等货物。

（4）高价货（Valuable Cargo）。高价货是指价格比较昂贵的货物，如生丝、绸缎、丝织品、照相机、电视机以及其他家用电器。

（5）危险货（Dangerous Cargo）。危险货是指本身易燃、易爆、有毒、有腐蚀性、放射性等有危险性的货物。

（6）液体货（Liquid Cargo）。液体货是指装在罐、桶、瓶、箱等容器内进行运输的液体或半液体货物。

（7）易腐货（Perishable Cargo）。易腐货是指在运输途中因通风不良，或遇高温、高湿等原因容易腐败变质的货物。

（8）散货（Bulk Cargo）。散货是指食物、盐、煤、矿石等无特殊包装的散装运输的货物。

2. 按照一个货主一批货物是否能够装满一个集装箱分类

1）整箱货物

整箱货物（Full Container Load，FCL）是指一个货主托运的足以装满一个集装箱的货物。整箱货物可由发货人自行装箱，向海关办理货物出口报关手续，经海关检验后，由海关对集装箱进行施封。

2）拼箱货物

拼箱货物（Less than Container Load，LCL）是指一个货主托运的货物不能装满一个集装箱，须由集装箱货运站或货运代理人将分居于不同货主的同一目的地的货物合并装箱的货物。拼箱货物经海关检验后，由海关对集装箱进行施封。

在集装箱货物运输中，为了船、车及货、箱的安全，必须根据货物的种类、性质、重量、体积、形状等选择适当的集装箱，如表7-2所示。

表7-2 货物适用集装箱表

货物分类	可选用的集装箱
清洁货物	杂货集装箱、通风集装箱、开顶集装箱、冷藏集装箱
污秽货物	杂货集装箱、通风集装箱、开顶集装箱、冷藏集装箱
易碎货物	杂货集装箱
易腐货物	冷藏集装箱、通风集装箱
冷藏货物	冷藏集装箱、通风集装箱
笨重货物	开顶集装箱、平台式集装箱
动物或植物	动物集装箱、通风集装箱
危险货物	开顶集装箱、平台式集装箱
散　　货	散货集装箱、罐装集装箱

3. 按适合装箱程度分类

尽管集装箱运输发展很快，但并不是所有的货物都适合集装箱运输。根据适合装箱的程度，货物可分为以下几类。

1）最适合装箱货物

最适合装箱货物（Prime Suitable Containerizable Cargo）是指货价高、运费也较高、体积不很大的商品。这类货物有针织品、酒、医药品、打字机、各种小型电器、光学仪器、电视机、收录机、小五金类等。

2）适合装箱货物

适合装箱货物（Suitable Containerizable Cargo）是指货价、运费较适合集装箱运输的货物，如线、电缆、面粉、生皮、炭精、皮革、金属制品等。

3）临界装箱货物

临界装箱货物（Marginal Containerizable Cargo）又称边际装箱货物、边缘装箱货物。这种货物可用集装箱来装载，但其货价和运价都很低，用集装箱来运输，在经济上不合算。而且，这类货物的大小、质量、包装也难以标准化，如钢锭、生铁、原木、砖瓦等。

4）不适合装箱货物

不适合装箱货物（Unsuitable Containerizable Cargo）是指从技术上装箱是有困难的货物，或货流量大时用专用运输工具（如专用车、专用船）运输更适宜的货物。如原油、矿砂等均有专门的油船、矿砂船及其他散货船装运，不宜装箱运输。

四、集装箱货源组织

1. 集装箱货源

《关于发展我国集装箱运输若干问题的规定》中规定的集装箱适箱货为 12 个品类，即家电、仪器、小型机械、玻璃陶瓷、工艺品、印刷品及纸张、医药、烟酒食品、日用品、化工品、针纺织品和小五金等，贵重、易碎、怕湿的货物均属于集装箱运输货物。集装箱货源从运输组织上分为整箱货和拼箱货两类。

2. 日常货源组织工作

做好日常货源的组织工作，对于组织合理运输，充分利用现有设备能力有着十分重要的意义。日常货源组织对于货物的品种、数量、流向、时间都有着一定的要求。对于不同品种的货物要详细了解其尺寸、外形、重量和需要的集装箱类型及数量等；在流向上要提出货物到站、港，以便组织拼装货；在时间上要按照运输作业的需要进行货源的组织工作。日常货源组织工作是一项十分重要又十分细致的工作，需要产、运、销共同配合完成。

工作任务二　集装箱运输业务及组织管理

工作任务：

广州某公司现要根据贸易合同规定发往鹿特丹港两个装有五金件的集装箱，公司准备在香港港装船发运。请你确定该批集装箱发运的业务操作流程。

一、集装箱运输业务概述

1. 集装箱运输作业的主要活动

在集装箱运输作业过程中涉及许多活动。所谓集装箱运输基本活动，实际上是指在集装箱运输流程中对货物或货物的载体（集装箱）所进行的一系列操作，包括货物的移动和货物与集装箱的连接与分离，由这些基本活动可构成一个完整的集装箱运输流程。这些基本活动主要如下。

（1）与集装箱连接和分离有关的装箱、拆箱、拼箱的操作可以发生在收（发）货人所在地，也可以发生在整个运输路径的某个节点的货运站上。

（2）与使集装箱发生位移的运输活动有关的活动，主要包括将集装箱从始发地运往内陆某集散地；由集散地将集装箱经内陆集疏运系统运往港口；集装箱海上运输将集装箱从目的港运往另一内陆集散地；从内陆集散地将集装箱运至收货人手中。上述各种运输活动还可进一步分解为更小的运输活动。如内陆运输，除了直达运输外，还可分解为几段不同运输方式承担的运输活动。但具体运输方式应视具体情况而定。

（3）对集装箱进行操作的活动包括空箱的领取与归还、集装箱堆存、对集装箱进行维修、加拆签封等。

（4）集装箱交接活动。由于集装箱运输过程是由多个不同环节构成，并由不同关系的人完成，因而集装箱交接在整个集装箱运输流程中占有相当重要的地位。

2. 集装箱运输的机构

（1）无船公共承运人。集装箱运输通常是从一个国家的内陆点收货，然后起运至另一个国家的内陆点交货，大都为国际多式联运，中途要经过多次换装。这种复杂的运输方式若单独由海运或铁路或公路承运人负责全程运输存在很大困难。无船承运人就是为了解决这一难题而产生的，他本身一般不具有运输工具，他一方面以承运人的身份向货主揽货，另一方面又以托运人的身份向实际承运人托运。

（2）实际承运人。实际承运人是指拥有大量集装箱和集装箱船只的航运公司。如我国的中远集团等。

（3）集装箱码头经营人。它是专门办理码头的装卸、交接、保管的部门，它受托运人或其代理人以及承运人或其代理人的委托提供各种集装箱运输服务。

（4）集装箱货运站。集装箱货运站是在内陆交通比较便利的大中城市设立的供集装箱交接、中转或其他运输服务的专门场所。

（5）集装箱租赁公司。这是随集装箱运输发展而兴起的一种新兴行业，它专门经营集装箱的出租业务。

（6）联运保赔协会。一种由航运公司互保的保险组织，对集装箱运输中可能遭受的一切损害进行全面统一的保险。这是集装箱运输发展后所产生的新的保险组织。

3. 集装箱货物的交接地点与交接方式

集装箱货物在实际运输过程中，在托运人与承运人之间有两种不同形态：整箱货和拼箱货。根据整箱货、拼箱货的不同，其交接地点可以是装运地发货人的工厂或仓库和交货地收货人的工厂或仓库，装运地和交货地的集装箱的堆场（CY），装运地和卸货地的集装箱货运站（CFS）。

集装箱运输中，根据整箱货和拼箱货在承运人从发货人手中接收货物和向收货人交付货物的地点不同组合，集装箱货物的交接方式有以下几种。

（1）门到门交接（Door to Door）。是指在发货人的工厂或仓库接收货物，并负责将货物运至收货人的仓库或工厂交货。门到门交接的货物为整箱货物。

（2）门到场交接（Door to CY）。是指在发货人的工厂或仓库接收货物，并负责运至卸船港集装箱码头堆场交货的交接方式。

（3）门到站交接（Door to CFS）。是指从发货人的工厂或仓库接收货物，并负责运至目的地集装箱货运站的交接方式。

（4）场到门交接（CY to Door）。是指在起运地装船港的集装箱码头堆场接收货物，并负责运至收货人工厂或仓库交货的交接方式。

（5）场到场交接（CY to CY）。是指从装船港的集装箱码头堆场接收货物，并负责运至目的港集装箱码头堆场的交接方式。

（6）场到站交接（CY to CFS）。是指从起运地或装箱港的集装箱装卸区堆场接收货物，并负责运至目的地或卸箱港的集装箱货运站的交接方式。

（7）站到门交接（CFS to Door）。是指从起运地集装箱货运站接收货物，并负责运至目的地收货人的工厂或仓库的交接方式。

（8）站到场交接（CFS to CY）。是指从起运地的集装箱货运站接收货物，并负责运至目的地集装箱码头堆场的交接方式。

（9）站到站交接（CFS to CFS）。是指从起运地或装箱港的集装箱货运站运至目的地或卸箱港的集装箱货运站的交接方式。

二、集装箱水路运输组织的一般程序

（1）订舱。订舱又称"暂定订舱"，是指发货人或托运人根据贸易合同或信用证的有关规定，向船公司或其代理人、经营人申请订舱，填制订舱单。如发货人已与货运代理签订运输合同，则由货运代理代替发货人向船公司或其代理人申请订舱。订舱单的内容主要有以下各项。

① 起运港和目的港。

② 每箱的总重量。

③ 集装箱的种类、箱型和数量。

④ 在备注中注明特种箱的特性和运输要求。

（2）接受托运申请。接受托运申请又称"确定订舱"。接受托运申请前，船公司或其代理人应考虑航线、港口、运输条件等能否满足托运人的具体要求；接受托运申请后，船公司或其代理人应着手编制订舱清单分送码头堆场和货运站，据以安排空箱调动和办理货运交接手续。

（3）发放空箱。发放空箱时，应区别整箱托运还是拼箱托运两种情况。

① 整箱货空箱由发货人或其货运代理人到码头堆场领取。

② 拼箱货空箱由集装箱货运站负责领取。

（4）拼箱货装箱应由发货人将货物送到集装箱货运站，由集装箱货运站根据订舱清单核对场站收据后装箱。

（5）整箱货交接应由发货人或其货运代理人自行负责装箱，并加海关封志，然后将整箱货送至码头堆场。码头堆场根据订舱清单，核对场站收据及装箱单后，验收货物。

（6）集装箱交接签证。码头堆场在验收货物和集装箱后，应在场站收据上签字，并将已签署的场站收据交还给收货人或其货运代理人，据以换取提单。

（7）换发提单。发货人或其货运代理人凭已签署的场站收据，向船公司或其代理人换取提单，作为向银行结汇的凭证。

（8）装船。码头堆场根据待装船的货箱情况，制订装船计划，待船舶靠泊后，即安排装船。

（9）海上运输。

（10）卸船。船舶抵达卸货港前，卸货港码头堆场根据装货港代理人寄送的有关货运单证，制订卸船计划，待船舶靠泊后，即安排卸船。

（11）整箱货交货。如果内陆运输由收货人或其货运代理人自行安排，则由码头堆场根据收货人或其货运代理人出具的提货单，将整箱货交付。否则，将由承运人或其代理人安排内陆运输，将整箱货运至指定地点交付。

（12）拼箱货交付。拼箱货一般先在指定的集装箱货运站掏箱，然后由集装箱货运站根据提货单将拼箱货交付给收货人或其代理人。

（13）空箱回运。收货人或集装箱货运站在掏箱完毕后，应及时将空箱运回到指定的集装箱码头堆场。

三、集装箱水路货运进出口业务流程

1. 集装箱运输出口业务流程（以 CY – CY 为例）

（1）订舱托运。按照贸易合同的要求，如果是 CFR、CIF 或 CPT、CIP 条款，应由发货人负责订舱托运。发货人按照合同规定的交货期，根据集装箱班轮公司公布的船期表，选择合适的船名、航次，向船公司或船代订舱托运。集装箱班轮运输订舱的单证是场站收据，一式十联，故俗称"十联单"。场站收据的第一联为集装箱货物托运单，由货主自行填制或委托货代填制后，提交船公司或船代订舱，后者审核无误后，在第一联、第二联（船代留底联）和第五联（装货单）加盖公章以确认订舱。

（2）投保。在 CIF 或 CIP 条款下，由发货人根据确认的订舱单向保险公司投保，支付保险费。

（3）申请空箱。目前集装箱的箱主绝大多数为船东箱，因此发货人在完成订舱托运后，通常要向船公司或船代申请空箱，以装箱出运。后者根据订舱资料，签发集装箱空箱发放凭证交发货人。

（4）装箱发货人提运空箱至装箱点，负责装箱、填制装箱单，并在海关监管下施封。

（5）重箱进场。通常在装船前三天，发货人负责将出口重箱送入集装箱码头。

（6）出口报检、报关。目前我国实行的是先备货、后报关制度，即发货人装箱后才能报关，在报关前还应先报检，通关后，海关在装货单上加盖海关放行章，准以出口装运。

（7）装船理箱。集装箱码头在收到发货人加盖海关放行章的装货单后，在第七联（场站收据正本）上签章后交还发货人，根据集装箱船配载图组织实施装船工作。装船时，由外轮理货公司代表承运人理箱并与码头在船边进行集装箱交接。

（8）签发提单。出口重箱装船开航后，发货人凭码头签发的场站收据正本向船公司或船代换取提单，后者审核无误、结清运费和其他费用后，收下场站收据正本，签发提单交发货人。

（9）结汇。发货人凭提单和其他货运单证向议付行结汇，收取货款。

2. 集装箱进口业务流程（以 CY – CY 为例）

（1）进口货运资料预到。出口货物在装运港装船开航后，装运港船代根据装船实际情况编制一系列出口货运单证，寄往卸船港船代，使其及时掌握进口货运情况，做好接船接货准备。

（2）发出到货通知书。卸货港船代根据船期在船舶到港前，根据预到的进口货运资料，按照提单号编制交货记录一式五联，并将第一联"到货通知书"寄收货人，使其做好提货准备。

（3）换取提单。收货人向开证行办妥手续、结清货款及有关费用后，取得提单。

（4）卸船、理箱。集装箱码头根据预到的进口船图、进口舱单等资料，制订卸船作业计划，并按计划组织卸船。外理公司代表承运人理箱并与码头在船边进行集装箱交接。

（5）换取提货单。收货人凭"到货通知书"和提单向船代换取提货单。

（6）进口报关、报检。收货人凭提货单等单证向口岸监管部门报关、报检，海关审核后在提货单上加盖海关放行章，准予进口箱提运。

（7）提运重箱。收货人凭通过报关的提货单向集装箱码头办理提运重箱手续后，提运重箱出场。

（8）拆箱。收货人拖重箱至拆箱点负责自行拆箱。

（9）还空箱。收货人拆箱后，清扫空箱，并在规定的还箱期内拖空箱至指定的还箱点。

3. 集装箱货物进出口的主要单证

（1）订舱单。订舱单是承运人或其代理人在接受发货人或货物托运人订舱时，根据发货人的口头或书面申请货物托运的情况，据以安排集装箱货物运输而制订的单证。该单证一经承运人确认，便作为承、托双方订舱的凭证。

（2）装箱单。集装箱装箱单是详细记载集装箱和货物名称、数量等内容的单据，每个载货的集装箱都要制作这样的单据，它是根据已装进集装箱内的货物制作的。在以集装箱为单位进行运输时，装箱单是极其重要的单据，它的主要作用如下。

① 在装货地点作为向海关申报货物出口的代用单据。

② 作为发货人、集装箱货运站与集装箱码头堆场之间货物的交接单。

③ 作为向承运人通知集装箱内所装货物的明细表。

④ 在进口国、途经国作为办理保税运输手续的单据之一。

⑤ 单据上所记载的货物与集装箱的总重量是计算船舶吃水差、稳性的基本数据。

因此，装箱单内容记载准确与否，对保证集装箱货物的安全运输有着密切的关系。集装箱装箱单一式五联，分别为码头联（白色）、承运人联（粉色）、船代联（黄色）、发货人联（蓝色）和装箱人联（绿色）。

（3）码头收据（场站收据、港站收据）。码头收据一般由发货人或其代理人根据公司已制定的格式填制并跟随货物一起运至集装箱码头堆场，由接收货物人在收据上签字后交还给发货人，证明托运的货物已收到。

（4）提单。集装箱提单凭码头收据换取，是一张收货待运提单。所以，在大多数情况下，航运公司根据发货人的要求，在提单上填注具体的装船日期和船名后，该收货待运提单也就具有了一般提单的性质。

（5）设备收据（设备交接单）。设备收据作为集装箱以及其他载货设备交接的证书，由借方和出借方共同签字。当集装箱或机械设备在集装箱码头堆场或货运站借出、回收时，由集装箱堆场制作设备收据。经双方签字后，作为二者之间设备交接的证书。

（6）进出口货物海关申报单。我国海关对进出口集装箱及所装货物规定：凡进口的集装箱货物直接运往内地设有海关的地点，则由口岸货运代理向海关申请办理转运（转关）手续，口岸海关将有关申报单证（关封）转交承运人负责带交内陆地海关，由内陆地海关查验放行。

四、公路集装箱运输业务操作流程

1. 港口进出口国际集装箱集疏运业务及其作业流程

1）出口集装箱进港发送作业流程

（1）接受托运人或其代理人提出的集装箱出口托运申请。

（2）汇总托运申请，编制运输计划，并据此向货运代理和船公司联系提供空箱。

（3）将集装箱出口运输通知单和放箱单交集装箱码头，换取集装箱设备交接单、集装箱装箱单和封具，并提取空箱。

（4）将空箱连同装箱单和封具一起自集装箱码头堆场运往托运人工厂、仓库或中转站。

（5）自托运人工厂或仓库将拼箱货接运至中转站拆装箱库。

（6）在货运代理、海关、商检等部门的监督下，把货物装箱加封后，将集装箱连同已填写、签署的装箱单送往集装箱码头或中转站，待船舶到港后准备装船。

（7）将装箱单和集装箱设备交接单提交集装箱码头，经核查后取得签发的集装箱交付收据。

2）进口集装箱出港送达作业流程

（1）接受货主或其代理人提出的集装箱进口托运申请。

（2）汇总托运申请，编制运输计划，并据此向船公司和货运代理联系提箱。

（3）将集装箱进口运输通知单和提货单交集装箱码头，换取集装箱设备交接单，并在集装箱堆场提取重箱装车。

（4）整箱货集装箱运送至收货人工厂或仓库，拼箱货集装箱运回中转站集装箱作业区。

（5）拆箱后将空箱和设备交接单送回集装箱码头堆场或中转站集装箱堆场。

（6）将集装箱设备交接单提交集装箱码头堆场，送回集装箱并经检查后取得签署的集装箱退回收据。

（7）将属于不同收货人的拼箱货在有关部门的监督下，理货后分送有关收货人。

2. 国内集装箱公铁联运上下站接取送达业务及其作业流程

1）公铁联运集装箱上站发送作业流程

（1）接受托运人或其代理人提出的货物托运申请。

（2）向铁路货运站提出联运申请和空箱要箱计划。

（3）待联运申请被答复后，领回铁路进货证和集装箱交接单，凭单提取空箱至托运人工厂或仓库，或运回中转站堆场。

（4）将拼箱货自托运人工厂或仓库运至中转站，按铁路货运站配箱计划和积载要求装箱，并填写装箱单。

（5）按计划将重箱运送至铁路货运站，并按铁路有关规定办理集装箱交接。

（6）托运人按铁路运价交付运费，领回托运人报销联及铁路运单副本。

2）公铁联运集装箱下站送达作业流程

（1）接受收货人或其代理人提交的货物托运单、到货通知和领货凭证。

（2）将到货通知、领货凭证提交铁路货运站办理提箱手续，领取出门证及集装箱交接单。

（3）按计划到铁路货运站提取重箱，将重箱运至收货人仓库或中转站并办理交接手续。

（4）将拼箱货在中转站拆箱后通知货主提货，或送至收货人。

（5）将用毕的空箱送回铁路货运站，并办理集装箱交接手续。

（6）按规定向收货人收取运费和附加费。

3. 公路干线集装箱直达运输业务及其作业流程

（1）接受托运人或其代理人提出的货物运输申请。

（2）审核托运单填写内容与货物实际情况是否相符，检查包装，过秤量方，粘贴标签、标志。

（3）按有关规定向托运人核收运杂费、附加费。

（4）按照零担运输作业程序核对装箱，当场进行铅封并编制装箱单。

（5）按班期将集装箱货物运送到对方站，凭铅封进行交接，明确相互责任。

（6）到站后将货物从集装箱内掏出，并以最快的速度通知收货人在最短时间内将货物提走，以加速物资和仓库的周转。

五、国内段公路集装箱运输在多式联运中的货运形式及业务范围

1. 货物运输的形式

（1）整箱港到门直达运输。

（2）整箱港到站或堆场运输。

（3）整箱门到港直达运输。

（4）整箱门到场或站运输。

（5）空箱场到门或站到门运输。

（6）空箱站到场或场到站运输。

（7）空箱站到站或场到场运输。

2. 业务范围

1）进口货运业务

（1）编制进口箱运量计划。根据港务局提供的船期动态表以及船公司或货代提供的进口船、载箱数，结合本公司运力编制运量计划。

（2）接受汽车托运。货主或其代理向集卡公司提出进口集装箱陆上运输申请，集卡公司在了解箱包货物和卸货地点情况以后，符合条件的接受托运。

（3）申请整箱放行计划。集卡公司在接受托运之后，应向联合运输营业所申请整箱放行计划，拼箱货应由陆上运输管理处批准。

（4）安排运输作业计划。集卡公司应根据"先重点后一般"原则，合理安排运输计划。如遇超重箱或超标准箱应向有关部门申请超限证，跨省运输则应开具路单等。

（5）向码头申请机械和理货、卫检等。无论整箱还是拼箱应及时向港区提出作业申请，由港区根据需要配备机械和人力。集卡公司还应代收货人提出理货、卫检或一些特殊需要的申请。

（6）从堆场提取重箱。集卡公司在取得放行单和设备交接单后应到指定地点提取整箱，并办理出场集装箱设备交接。

（7）交箱。集装箱送至收货人处拆箱时，须由理货公司派员理货。货主接收货物后，在交接单上签收，集卡公司运输责任在交接后才告结束。

（8）送还空箱。集装箱空箱应按指定时间、地点送回。在交接空箱时，应凭进场集装箱设备交接单办理集装箱交接。

2）出口集装箱货运业务

（1）掌握货源。集卡公司应广泛开展货源组织工作，掌握船公司和货运代理近期内待装运的箱源，预先做好运力安排。

（2）接受托运。集卡公司在了解、掌握待装货物和装箱地点情况后，符合条件的予以承运并订立运输契约。

（3）安排作业计划。接受托运后，应及时编制作业计划。超重、超限、跨省运输应向有关部门办理申请。

（4）向码头申请机械。所承运的货物，根据船期计划应在前一天向码头申请机械。

（5）领取空箱。集卡公司凭货代签发的出场集装箱设备交接单和托运单到指定地点提取空箱。

（6）装箱和送交重箱。空箱在托运人处装箱，经过理货公司理货，由装箱人提供装箱单，集卡公司将重箱连同装箱单、设备交接单到指定港区交付，并办理集装箱设备交接。

六、航空集装箱运输的一般流程

（1）托运人或其空运代理人向航空公司订舱及申请装货设备。

（2）托运人或其空运代理人将装货设备提取后运回自己的工厂或仓库，将货物装入集装箱或成组器，并缮制装箱单。

（3）托运人或其空运代理人填制国际货物托运书。

（4）托运人或其空运代理人向口岸或内地监管部门报关、报检，经查验符合规定后获得出口货物放行证明。

（5）托运人或其空运代理人通过内陆运输将集装箱、成组器货物按期限运抵出口口岸空港。

（6）托运人或其空运代理人将填制好的国际货物托运书、装箱单和其他有关单证交给航空公司核验，并提供起运地海关的关封。航空公司根据托运人或其空运代理人填制的国际货物托运书检查核对，必要时可以开箱或拆组检查，其中包括衡量货物的重量及大件货物的体积。同时为托运人办理保险。

（7）收受的集装箱、成组货物经核对准确无误后，航空公司向托运人或其空运代理人开具经双方共同签署的航空货运单。

（8）航空公司与托运人或其空运代理人算航空运费和其他有关费用并按规定方式计收和结清运费及其他款项。

（9）航空公司对受理的货物进行全面的安全检查后，根据有关货运单证编制整个航班的货物舱单并连同航空货运单一并交海关申请验放。

（10）航空公司将货物从起运地机场运至目的地机场，将集装箱、成组器货物从航班货舱卸下，搬运至目的港货运仓库指定的位置，经核对货运单与集装箱、成组器货物齐备无误后，将集装箱、成组器货物存放在货运站的临时库区中。

（11）由航空公司以书面或电话通知收货人提货。收货人接到通知后应自行办妥海关手续并当场检查货物有无损害。

工作任务三　大陆桥运输及国际多式联运认知

工作任务：

新疆乌鲁木齐某公司用 4 个中国远洋运输集团的 20 ft 集装箱从韩国现代汽车公司进口

汽车配件。请你设计该批集装箱货物从韩国釜山港运抵新疆乌鲁木齐某公司仓库的运输方案及操作流程。

一、大陆桥运输

1. 大陆桥运输概述

大陆桥运输（Land Bridge Transport）是指使用横贯大陆的铁路（公路）运输系统作为中间桥梁，把大陆两端海洋连起来的运输方式。从形式上看，是海—陆—海的连贯运输，但实际在做法上已在世界集装箱运输和多式联运的实践中发展成多种多样。

大陆桥运输一般是以集装箱为运输单位，可以大大简化理货、发货、搬运、储存、保管和装卸等操作环节，同时集装箱经海关铅封后，途中不用开箱检验，而且可以迅速直接转换运输工具。

大陆桥运输是集装箱运输开展以后的产物，出现于1967年。当时苏伊士运河封闭，航运中断，而巴拿马运河又堵塞，远东与欧洲之间的海上货运船舶，不得不改道绕航非洲好望角或南美，致使航程距离和运输时间倍增，加上油价上涨航运成本猛增，而当时正值集装箱运输兴起。在这种历史背景下，大陆桥运输应运而生。从远东港口至欧洲的货运，于1967年年底首次开辟了使用美国大陆桥运输路线，把原来全程海运改为海—陆—海运输方式，结果取得了较好的经济效果，达到了缩短运输里程、降低运输成本、加速货物运输的目的。

2. 大陆桥运输的线路

1）西伯利亚大陆桥

西伯利亚大陆桥是利用俄罗斯的西伯利亚铁路为主的铁路线作为陆地桥梁，把太平洋远东地区与波罗的海和黑海沿岸以及西欧大西洋口岸连起来，此大陆桥运输线东自海参崴的纳霍特卡港口起，横贯欧亚大陆，至莫斯科，然后分三路，一路自莫斯科到波罗的海沿岸的圣彼得堡港，转船往西欧、北欧港口；一路从莫斯科至俄罗斯西部出国境站，转欧洲其他国家铁路（公路）直运欧洲各国；另一路从莫斯科至黑海沿岸转船往中东、地中海沿岸。所以，从远东地区至欧洲，通过西伯利亚大陆桥有海—铁—海、海—铁—公和海—铁三种运送方式。

自20世纪70年代初到80年代末，西伯利亚大陆桥是远东地区往返西欧的一条重要运输路线。日本是利用此条大陆桥的最大顾主，其每年利用此大陆桥运输的货物数量都在10万个集装箱以上。但是，西伯利亚大陆桥也存在三个主要问题：一是运输能力易受冬季严寒影响，港口有数月冰封期；二是货运量西向大于东向约二倍，来回运量不平衡，集装箱回空成本较高，影响了运输效益；三是运力仍很紧张，铁路设备陈旧。为了缓解运力紧张情况，前苏联又建成了第二条西伯利亚铁路。随着新亚欧大陆桥的正式行运，这条大陆桥的地位正在下降。

2）北美大陆桥

北美大陆桥是指北美的加拿大和美国都有横贯东西的铁路公路大陆桥。它们的线路基本相似，其中美国的大陆桥的作用更为突出。

美国有两条大陆桥运输线：一条是从西部太平洋口岸至东部大西洋口岸的铁路（公路）运输系统，全长约3 200千米；另一条是西部太平洋口岸至南部墨西哥港口岸的铁路（公路）运输系统，长约500～1 000千米。

3）新亚欧大陆桥

1990 年 9 月 11 日，我国陇海—兰新铁路的最西段，乌鲁木齐至阿拉山口的北疆铁路与哈萨克斯坦的德鲁贝巴站接轨，第二座亚欧大陆桥运输线全线贯通，于 1992 年 9 月正式通车。此条运输线东起我国连云港，西至荷兰鹿特丹，跨亚欧两大洲，连接太平洋和大西洋，穿越中国、哈萨克斯坦、俄罗斯等国，与第一条亚欧大陆桥重合，经白俄罗斯、波兰、德国到荷兰，辐射到欧洲 20 多个国家和地区，全长 1.08 万千米，在我国境内全长 4 134 千米。与第一条亚欧大陆桥相比，总运距缩短 2 000 ～ 2 500 千米，可缩短运输时间 5 天，减少运费 10% 以上。

4）其他运输形式陆桥

北美地区的陆桥运输不仅包括大陆桥运输，而且还包括小陆桥运输（Minibridge）和微桥运输（Microbridge）等运输组织形式。

小陆桥运输从运输组织方式上看与大陆桥运输并无大的区别，只是其运送的货物的目的地为沿海港口。目前北美小陆桥运送的主要是日本经北美太平洋沿岸到大西洋沿岸和墨西哥湾地区港口的集装箱货物，当然也承运从欧洲到美洲及海湾地区各港的大西洋航线的转运货物。

微桥运输与小陆桥运输基本相似，只是其交货地点在内陆地区。北美微桥运输是指经北美东、西海岸及墨西哥湾沿岸港口到美国、加拿大内陆地区的联运服务。

二、国际多式联运

1. 国际多式联运概述

1）国际多式联运的产生

随着货物流通过程的变化，货物运输方式由杂货运输转向集装箱运输。而随着货物贸易结构的变化和运输经营方式的变化，集装箱运输逐渐由海上的两端间运输延伸发展为与陆运、空运结合的国际多式联运。通过国际多式联运，可以提供优质服务，方便货主，货主只要指定交货地点，运输经营人在条件许可的情况下将各种运输方式组合起来，制定最佳运输路线，提供统一货运单证、统一责任限制、统一费率。

1980 年 5 月于日内瓦通过的《联合国国际货物多式联运公约》规定："国际多式联运指由多式联运经营人按照多式联运合同，以至少两种不同的运输方式，将货物从一国境内接管货物的地点运至另一国境内指定地点交货的运输方式。"这里所指的至少两种以上的运输方式可以是海—陆、陆—空、海—空等方式。

2）国际多式联运的特征

（1）必须要有一个多式联运合同，明确规定多式联运经营人和联运人之间的权利、义务、责任、豁免的合同关系和多式联运的性质。

（2）必须使用一份全程多式联运单据，即证明多式联运合同及证明多式联运经营人已接管货物并负责按照合同条款交付货物所签发的单据。

（3）必须是至少两种不同运输方式的连贯运输。这是确定一票货运是否属于多式联运的最重要的特征。

（4）必须是国际间的货物运输。

（5）必须有一个多式联运经营人，对全程的运输负总的责任。

（6）必须对货主实现全程单一运费费率。

3）国际多式联运的优点

（1）责任统一，手续简便。发货人只办一次托运，签订一份运输合同，付一次运费，取得一份多式联运提单。出了运输责任上的问题，只找一方承运人解决就可以。

（2）中间环节少、货物运输时间短，货损货差事故率低、货运质量高。多式联运系通过集装箱为运输单元进行直达运输，货物在发货人工厂或仓库装箱后，可直接运送至收货人的工厂或仓库。运输途中换装时无须掏箱、装箱，从而减少了中间环节。尽管货物经过多次换装，但由于使用专用机械装卸，且又不涉及箱内的货物，因而货损货差事故、货物被窃现象大为减少，从而在一定程度上提高了货运质量。

（3）运输成本低，运杂费用少。由于多式联运可实行"门到门"运输，因此，对货主来说，在将货交由第一承运人后即可取得货运单证，并据以结汇。结汇时间提前，不仅有利于加速货物资金的周转，而且减少了利息的支出。又由于货物装载集装箱运输，从某种意义上说可节省货物的包装费用和保险费用。此外，多式联运可采用一张货运单证、统一费率，因而也就简化了制单和结算手续，节省了人力、物力。

（4）提高运输组织水平，实现合理化运输。多式联运可提高运输组织水平，实现合理化运输，改善不同运输方式间的衔接工作。在国际多式联运开展之前，各种运输方式的经营人各自为政、自成体系，而现在进行国际多式联运，其经营的业务范围可大大扩展，并且可以最大限度地发挥其现有设备的作用，选择最佳运输路线，组织合理化运输。

2. 国际多式联运经营人的性质和责任范围

1）国际多式联运经营人的性质

国际多式联运经营人是一个独立的法律实体，具有双重身份。一方面，他作为承运人与货主签订多式联运合同；另一方面，他又作为托运人与实际承运人签订运输合同。他是总承运人，对全程运输负责，对货物灭失、损坏、延迟交付等均承担责任。

2）国际多式联运经营人的责任范围

（1）托运人委托多式联运经营人负责装箱、计数的，应对箱内货物不是由于商品自身包装和质量问题而造成的污损和灭失负责。

（2）托运人委托装箱时，对未按托运人要求，结果因积载不当、衬垫捆扎不良而造成串味、污损、倒塌、碰撞等货损负责。

（3）对在责任期间内因责任事故，致使货物损坏或灭失负责。

（4）对货物延迟交付负责。

但对下列原因造成的货损或灭失不负责。

（1）托运人所提供的货名、种类、包装、件数、重量、尺码及标志不实，或由于托运人的过失和疏忽而造成的货损或灭失，则由托运人自行承担责任。如对多式联运经营人或第三者造成损失，即使托运人已将多式联运单转让，托运人仍应承担责任。

（2）由托运人或其代理人装箱、计数或封箱的。

（3）货物品质不良，外包装完好而内装货物短缺变质。

（4）货物装载于托运人自备的集装箱内的损坏或短少。

（5）由于运输标志不清而造成的损失。

（6）对危险品等特殊货物的说明及注意事项不清或不正确而造成的损失。

（7）对有特殊装载要求的货物未加标明而引起的损失。

（8）由于海关、商检、承运人等行使检查权所引起的损失。

3. 国际多式联运经营人应具备的条件

当多式联运经营人从发货人那里接管货物时起，即表明责任业已开始，货物在运输过程的任何区段发生灭失或损害，多式联运经营人均以本人的身份直接承担赔偿责任，即使该货物的灭失或损害并非由多式联运经营人本人的过失所致。因为，作为多式联运经营人的基本条件如下。

（1）多式联运经营人本人或其代表就多式联运的货物必须与托运人本人或其代表订立多式联运合同，而且，该合同至少使用两种运输方式完成货物全程运输，合同中的货物系国际间的货物。

（2）从发货人或其代表那里接管货物时起即签发多式联运单证，并对接管的货物开始负有责任。

（3）承担多式联运合同规定的与运输和其他服务有关的责任，并保证将货物交给多式联运单证的持有人或单证中指定的收货人。

（4）对运输全过程中所发生的货物灭失或损害，多式联运经营人首先对受损货物的所有人负责，并应具有足够的赔偿能力。

（5）多式联运经营人应具备与多式联运所需要的、相适应的专业能力，对自己签发的多式联运单证确保其流通性，并作为有价证券在经济上有令人信服的担保程度。

三、联合运输方式的选择

物流运输，不仅限于单一的运输手段，而是通过多数运输手段的合理组合实现物流的合理化。可以在不同运输方式间自由变换运输工具，也即"联运"，它是运输性质不断改变的一个反映，标志着物流管理者将两种或更多种运输方式的优势集中在一起，并较完美地融入一种运输方式的能力，从而比单一方式运输能够为顾客提供更快、风险更小的服务。联合运输方式有以下多种：

（1）铁路运输和公路运输；
（2）铁路运输和水路运输；
（3）铁路运输和航空运输；
（4）铁路运输和管道运输；
（5）公路运输和航空运输；
（6）公路运输和水路运输；
（7）公路运输和管道运输；
（8）水路运输和管道运输；
（9）水路运输和航空运输；
（10）航空运输和管道运输。

这些组合并不是都实用，而其中有些可行的组合也未被采用。铁路运输和公路运输的组合（"驮背运输"）、公路运输和水路运输的组合（"鱼背运输"）、公路运输与航空运输的组合、铁路运输与水路运输的组合得到广泛使用。铁路运输的联运使运输人既能享受到公路运输时接送和发运的灵活性，又能获得火车在远程运输中的效率。几乎所有的航空运输都是联合运输，因为它需要由汽车将货物接装到飞机上，然后由汽车运至目的地。公路运输提供灵活、定期和短途的服务，使联合运输的方式更有效率。

联运可以提高运输效率，简化手续，方便货主，保证货物流通过程的畅通，它把分阶段的不同运输过程，联结成一个单一的整体运输过程，不仅给托运人或货运人带来了方便，而且加速了运输过程，有利于降低成本，提高运输质量。因此，发展联合运输是充分发展我国运输方式的优势，使之相互协调、配合，建立起运输体系的重要途径。

大多数运输过程会涉及上述两种运输方式及以上的服务，而且各种运输模式的均衡必须在整体物流系统的更大框架下完成。物流的运输系统的目标是实现物品迅速安全和低成本的运输，而运输时间和运输成本则是不同运输方式相互竞争的重要条件，运输时间与成本的变化必然带来所选择的运输方式的改变。目前企业对缩短运输时间、降低运输成本的要求越来越强烈，这主要是在当今经营环境较复杂、困难的情况下，只有不断降低各方面的成本，加快商品周转，才能提高企业经营效率，实现竞争优势。缩短运输时间来降低运输成本是物流各项活动之间的"效益背反"（Trad off）的体现。所以选择运输方式时一定要有效地协调二者的关系，实现物流过程的合理运输。即从物流系统的总体目标出发，运用系统理论和系统工程原理和方法，充分利用各种运输方式，选择合理的运输路线和运输工具，以最短的路径，最少的环节，最快的速度和最少的劳动消耗，组织好物质产品的运输活动。

优化、匹配运输方式有利于物流运输合理化，有利于做好物流系统决策，有着重大的意义。设计出合理的物流系统，精确地维持运输成本和服务质量之间的平衡，做好运输管理工作是保证高质量物流服务的主要环节。

工作任务四　运输生产计划的编制和车辆调度

运输生产计划是运输企业经营计划的重要组成部分。它是运输企业计划期内应完成运输工作量的计划，是对计划期内应完成的客货运输量、运输车辆构成和车辆利用程度等方面进行的必要部署和具体安排。

运输生产计划是企业组织运输生产活动的重要依据，在运输生产经营管理工作中，有着十分重要的作用，主要表现在以下几方面：一是满足市场对运输服务的需要，二是是编制企业经营目标的依据，三是是确定后勤供应的基础。

一、运输生产计划的编制

1. 运输量计划

运输量计划是反映运输企业计划期内预计完成的客货运量及周转量。一般以市场需求作为编制运输量计划的依据，主要包括市场调查与预测资料、指令性计划任务、运输合同和企业的生产能力等几方面。

2. 车辆计划

车辆计划是企业计划期内的运输能力计划，主要反映企业在计划期内的平均运力、营运车辆类型及车辆数量增减变化情况。它是衡量企业运输生产能力大小的重要标志。编制车辆计划的过程应确定车辆数量、确定车辆增减时间，结合车辆运用效率编制车辆计划。

3. 车辆运用计划

车辆运用计划是运输企业计划期内营运车辆应用效率指标达到的具体水平，是车辆计划中的营运车辆生产能力利用程度的反映。根据车辆运用效率各项指标计算出来的、在计划期内可能完成的运输工作量，应该与运输量计划相一致，因而它是平衡运输量计划与车辆计划的计划。

编制车辆运用计划的方法如下。

（1）顺编法。顺编法是根据车辆生产率计算的顺序，从确定各项车辆运用效率的质量指标开始，逐项计算各项数量指标，如工作车日数、总行程、载运行程、载运行程吨（座）位公里、总行程吨（座）位公里，最后计算得出运输工作量。

（2）逆编法。逆编法是以"可能"为出发点，即以各项车辆运用效率指标可能达到的水平来确定可能完成的工作运输量。

4. 车辆运行作业计划

车辆运行作业计划是运输生产计划的具体化。它是有计划地、均衡地组织企业日常运输生产活动，建立正常生产秩序的一种组织措施。车辆运行作业计划根据时间的长短分为长期运行作业计划、短期运行作业计划、日及运次作业计划三种。

1）车辆运行作业计划编制的依据

（1）已经受理的托运货物和运输合同确定的货物及客运班次时刻表。

（2）运输市场及旅客、货物流量、流向、流时的调查预测资料的长期运输合同。

（3）车辆技术状况以及维修作业计划。

（4）装卸货物站点的环境与能力。

（5）车辆运行作业计划的各项技术参数。

（6）车辆运用计划中车辆运用效率指标的要求。

（7）计划运行作业期间的天气、道路通阻等客观条件变化情况的预测资料。

2）车辆运行作业计划编制的程序

（1）根据有关资料，编制客运班车时刻、货运汇总和分期（日）载运计划。

（2）核实全部营运车辆的出车能力以及出车顺序，逐车维护修理时间。

（3）逐车编制运行作业，合理确定行驶路线，妥善安排运行周期，交付运行调度组织执行。

（4）检查各车运行作业计划执行情况，及时发现计划执行出现的问题并予以解决，并为编制下期运行作业计划做好准备。

（5）编制下期运行作业计划。

二、车辆运行调度

1. 货流

货物在运输线路上有目的的运动就构成了货流。货流是物流中最主要的组成部分，但货流中止并不等于物流的中止，掌握货流及其分布与变化规律，是合理组织货物运输工作的基础，是组织与安排车流的依据。

国家间、区域间、城市间、城乡间的物资在空间的移动，即为货物的运输联系。货流是一定时期、一定范围、一定种类和数量的货物沿着一定方向进行有目的的位移。货流是一个经济范畴的概念，本身包含着货物的类别、数量、方向、距离和时间5个方面的要素。

货流通常可借助货流量表示。某一线路上的任一段面上的货流量是指单位时间沿该线路某方向所运送货物的数量（吨/小时）。货流量大的方向一般称为货流顺向，反之称为货流逆向。为了清晰地反映出货物种类、数量、方向等因素构成的货流量和流向，可运用货流图。

2. 货物运输作业

1）托运

（1）订立合同。进行货物运输首先要订立合同。汽车货物运输合同由承运人和托运人本着平等、自愿、公平、诚实、信用的原则签订。

① 货物运输合同。主要包含以下内容：托运人、收货人和承运人的名称、地址、电话、邮政编码；货物名称、性质、质量、数量、体积；装货地点、卸货地点、运距；货物的包装方式；承运日期和运到期限；装卸责任；货物价值，是否保价、保险；运输费用的结算方式；违约责任；解决争议的方法。

② 货物运单。托运人按运单填写以上相关内容，并注意以下内容：一张运单托运的货物，必须是同一托运人、收货人；危险货物与普通货物以及性质相互抵触的货物不能用一张运单；若自行装卸货物，需在运单内注明；字迹清楚，内容准确；托运的货物品种不能在一张运单内逐一填写的，应填写货物清单；已签订运输合同的，运单由承运人填写，并在运单托运人签字盖章处填写合同序号。

（2）货物托运。托运人应根据货物性质和运输要求，按照国家规定，正确使用运输标志和包装储运图示标志。使用旧包装运输货物，托运人应将包装上与本批货物运输无关的运输标志、包装储运图示标志清除干净，并重新标明、制作标志。

2）承运

（1）货物承运。承运标志着企业对发货人托运的货物开始承担运送义务和责任。承运以签章合同或签章返还道路货物运单托运人存查联为凭。

（2）变更和解除。允许运输合同变更和解除的原因主要如下：由于不可抗力使运输合同无法履行；由于合同当事人一方的原因在合同约定的期限内确实无法履行运输合同；合同当事人违约，使合同的发行成为不可能或不必要；经合同当事人双方协商同意解除或变更，但承运人提出解除运输合同的应退还已收的运费。

（3）运输装卸。货物装车、卸车是货物始发或到达所不可缺少的作业。货物装卸作业应做到按车辆的额定吨位装货，不得任意超载。

3）到达

货物运到承、托双方约定的地点后，到达站或收货人应组织卸车。卸车时，对卸下货物的品名、件数、包装和货物状态应做必要的检查。

3. 运输调度的基本工作

车辆运输调度工作以车辆运行作业为依据，以计算机和现代通信设备为手段，以用户需求为导向，正确地处理生产中出现的各种矛盾，使各个生产环节和作业工序能协调有序地工作，保证车辆运行作业计划的完成。运输调度的基本工作内容如下。

1）货流是组织车流的基础

分析货流，了解货流的流量、流向、流时、运输距离、类别，这是科学调度、合理组织车辆的基础工作，也是提高车辆运输效率的关键。

2）分析处理随机因素

在组织运输生产过程中，运输生产环节中经常会有变化，如何及时处理问题，也是调度工作的经常性内容。一般可能发生变化的随机因素包括货源、装卸、保修、驾驶员、调度工作、道路、气候等方面。

3）加强作业计划检查工作

如何提高调度工作的效率，正确地处理生产中出现的各种矛盾，使各个生产环节和作业工序能协调有序地工作，保证车辆运行作业运行计划的完成，加强作业计划检查也是非常重要的一项工作。

4. 车辆运行调度

1）行驶路线

在一定货流条件下，货运车辆的行驶路线可分为以下三种类型。

（1）往复式行驶路线。是指车辆在两个作业点之间的线路上，做一次或多次重复运行的行驶路线。可分为单程有载往复式、回程部分有载往复式和双程有载往复式三种。

（2）环形式行驶路线。是指车辆在由若干个装卸作业点组成的封闭回路上做连续单向运行的行驶路线。由于运输方向的相互位置不同，又可分为简单环形式、交叉或三角形式、复合环形式三种。

（3）汇集式行驶路线。是指车辆沿分布于运行路线上各装卸作业点，依次完成相应的装卸作业，且每次货物装（卸）量均小于该车额定装载质量，直到整个车辆装满（或卸空）后返回出发点的行驶路线。可分为分送式、收集式和分送—收集式三种。

道路运输点多面广，路线成网，车辆调度工作十分复杂。如果借助于数学方法，会取得良好的效果。目前应用较为广泛的数学方法是图上作业法和表上作业法，一般用来解决物资调运和车辆调度问题。

2）发车和收车原则

在合理调度空车的同时，也要注意发车和收车的问题。在实际工作中，一般采用"就近派车，就近收车"的经验调度法。这在多数情况下是可行的，但有时也不一定是最优方案。为保证空车总行驶里程最小，收发车一般要遵循以下一些原则。

（1）"两点"循环路线的发车原则。两点货物量相等，就近发车；两点货物量不相等，向货物多的一点发车。

（2）"多点"循环的发车原则。当一个循环线路图上，装货与卸货点至少两个以上，则称之为"多点"循环路线。其发车原则是向"调车里程"最小的装货点发车。

调车里程的计算公式为：

调车里程 = 出场空驶里程 + 回场空驶里程 − 第一个装点到最后一个卸点的距离

3）循环运输的组织

组织循环运输，就是在求得空车调度最优方案的基础上，将空驶和重驶组成一个连锁的运行路线，作为编制运行作业计划和车辆调度的重要依据。

组织循环运输的程序是：列出空车差额表，绘制车辆流向图，列出基本循环作业表，编制循环作业表。

工作任务五　运输路线决策

在物流工作中，经常出现各种运输活动，而如何选择正确的路线，降低物流成本就成为物流运输中的关键。

一、表上作业法

基本思路如下：
(1) 建立供需平衡运价表；
(2) 用最小元素法求出初始调运方案；
(3) 用位势法检验初始调运方案；
(4) 用闭合回路法调整初始调运方案；
(5) 重复步骤 (3) 和 (4)，直到出现最优调运方案；
(6) 计算最少总运费。

【例 7 – 1】设有 5 个产地 A1、A2、A3、A4、A5 和 4 个销地 B1、B2、B3、B4 的运输问题，它们的供应量和需求量及单位运费如表 7 – 3 所示，试计算其最小运输成本（以供销平衡为例）。

表 7 – 3　供应量和需求量及单位运费表

	B1	B2	B3	B4	供应量
A1	10	20	5	7	10
A2	13	9	12	8	20
A3	4	15	7	9	30
A4	14	7	1	0	40
A5	3	12	5	19	50
需求量	60	60	20	10	150

解：

(1) 该案例属于供需平衡，下面直接用最小元素法求出初始调运方案。

在所有运价中，找出最小运价为 0，该运价对应的需求量为 10，供应量为 40，即需求量可以得到全部满足。将调运数量和 A4、B4 的剩余供需数量在表上做出记号，同时由于 B4 的需求已经满足，可以划去该列其他的各个运价。结果如表 7 – 4 所示。

表 7 – 4　最小运价为 0 时的调运方案

	B1	B2	B3	B4	供应量
A1	10	20	5	7	10
A2	13	9	12	8	20
A3	4	15	7	9	30
A4	14	7	1	0/10	40/30
A5	3	12	5	19	50
需求量	60	60	20	10/0	150

同理，在剩下的运价中，最小运价为 1，调运结果如表 7-5 所示。

表 7-5　最小运价为 1 时的调运方案

	B1	B2	B3	B4	供应量
A1	10	20	5	7	10
A2	13	9	12	8	20
A3	4	15	7	9	30
A4	14	7	1/20	0/10	40/30/10
A5	3	12	5	19	50
需求量	60	60	20/0	10/0	150

在剩下的运价中，最小运价为 3，调运结果如表 7-6 所示。

表 7-6　最小运价为 3 时的调运方案

	B1	B2	B3	B4	供应量
A1	10	20	5	7	10
A2	13	9	12	8	20
A3	4	15	7	9	30
A4	14	7	1/20	0/10	40/30/10
A5	3/50	12	5	19	50/0
需求量	60/10	60	20/0	10/0	150

在剩下的运价中，最小运价为 4，调运结果如表 7-7 所示。

表 7-7　最小运价为 4 时的调运方案

	B1	B2	B3	B4	供应量
A1	10	20	5	7	10
A2	13	9	12	8	20
A3	4/10	15	7	9	30/20
A4	14	7	1/20	0/10	40/30/10
A5	3/50	12	5	19	50/0
需求量	60/10/0	60	20/0	10/0	150

在剩下的运价中，最小运价为 7，调运结果如表 7-8 所示。

表 7-8　最小运价为 7 时的调运方案

	B1	B2	B3	B4	供应量
A1	10	20	5	7	10
A2	13	9	12	8	20
A3	4/10	15	7	9	30/20
A4	14	7/10	1/20	0/10	40/30/10/0
A5	3/50	12	5	19	50/0
需求量	60/10/0	60/50	20/0	10/0	150

在剩下的运价中，最小运价为 9，调运结果如表 7-9 所示。

表 7 – 9　最小运价为 9 时的调运方案

	B1	B2	B3	B4	供应量
A1	10	20	5	7	10
A2	13	9/20	12	8	20/0
A3	4/10	15	7	9	30/20
A4	14	7/10	1/20	0/10	40/30/10/0
A5	3/50	12	5	19	50/0
需求量	60/10/0	60/50/30	20/0	10/0	150

在剩下的运价中，最小运价为 15，调运结果如表 7 – 10 所示。

表 7 – 10　最小运价为 15 时的调运方案

	B1	B2	B3	B4	供应量
A1	10	20	5	7	10
A2	13	9/20	12	8	20/0
A3	4/10	15/20	7	9	30/20/0
A4	14	7/10	1/20	0/10	40/30/10/0
A5	3/50	12	5	19	50/0
需求量	60/10/0	60/50/30/10	20/0	10/0	150

在剩下的运价中，最小运价为 20，调运结果如表 7 – 11 所示。

表 7 – 11　最小运价为 20 时的调运方案

	B1	B2	B3	B4	供应量
A1	10	20/10	5	7	10/0
A2	13	9/20	12	8	20/0
A3	4/10	15/20	7	9	30/20/0
A4	14	7/10	1/20	0/10	40/30/10/0
A5	3/50	12	5	19	50/0
需求量	60/10/0	60/50/30/10/0	20/0	10/0	150

至此，求得初始调运方案如表 7 – 12 所示。

表 7 – 12　初始调运方案

	B1	B2	B3	B4
A1	10	20/10	5	7
A2	13	9/20	12	8
A3	4/10	15/20	7	9
A4	14	7/10	1/20	0/10
A5	3/50	12	5	19

（2）用位势法检验初始方案是否为最优。

① 设有调运数量的运价 $D_{ij} = U_i + V_j$，其中 D_{ij} 表示运价，U_i 表示产地的位势量，V_j 表示销地的位势量，i 为行数，j 为列数。可以列出如下方程组：

$$20 = U_1 + V_2$$
$$9 = U_2 + V_2$$
$$4 = U_3 + V_1$$
$$15 = U_3 + V_2$$
$$7 = U_4 + V_2$$
$$1 = U_4 + V_3$$
$$0 = U_4 + V_4$$
$$3 = U_5 + V_1$$

因为位势量 U_i，V_j 的总数（即未知数个数）比方程的总个数多 1，因此可任设一未知数为已知数，来解出所有位势量，如本例可设 $U_4 = 0$，分别求出 $U_1 \sim U_5$ 和 $V_1 \sim V_4$，如表 7 – 13 所示。

表 7 – 13　各数值最终结果表

	B1	B2	B3	B4	
A1	10	20/10	5	7	$U_1 = 13$
A2	13	9/20	12	8	$U_2 = 2$
A3	4/10	15/20	7	9	$U_3 = 8$
A4	14	7/10	1/20	0/10	$U_4 = 0$
A5	3/50	12	5	19	$U_5 = 7$
	$V_1 = -4$	$V_2 = 7$	$V_3 = 1$	$V_4 = 0$	

② 设没有调运量的运价为 C_{ij}，如果 C_{ij} 不小于 $U_i + V_j$（即 $C_{ij} \geqslant U_i + V_j$），检验通过；否则在该运价上做记号，等待下一步调整。例如，$C_{13} = 5 < U_1 + V_3 = 14$，因此检验未通过。最终检验结果如表 7 – 14 所示。

表 7 – 14　最终检验结果表

初始方案	B1	B2	B3	B4	
A1	10	20/10	5	7	$U_1 = 13$
A2	13	9/20	12	8	$U_2 = 2$
A3	4/10	15/20	7	9	$U_3 = 8$
A4	14	7/10	1/20	0/10	$U_4 = 0$
A5	3/50	12	5	19	$U_5 = 7$
	$V_1 = -4$	$V_2 = 7$	$V_3 = 1$	$V_4 = 0$	

③ 第一次调整。对 C_{13} 调整。为其寻找另外三个有调运量的价格元素，使这 4 个元素在表中形成矩形，即闭合回路，如 C_{13}、C_{43}、C_{42}、C_{12}、C_{13} 形成闭合回路。以始点 C_{13} 为偶点，其他顶点依此为奇点、偶点、奇点……直至到始点与终点重合为止。再按照"最小运量，偶加奇减"的原则进行调整，过程如下。

20/10　　5

7/10　　1/20

调整为：

20　　　5/10

7/20   1/10

第一次调整后的调运方案和新的 U、V 如表 7-15 所示。

表 7-15　第一次调整后的调运方案及新的 U、V 结果表

	B1	B2	B3	B4	
A1	10	20	5/10	7	$U_1 = 4$
A2	13	9/20	12	8	$U_2 = 2$
A3	4/10	15/20	7	9	$U_3 = 8$
A4	14	7/20	1/10	0/10	$U_4 = 0$
A5	3/50	12	5	19	$U_5 = 7$
	$V_1 = -4$	$V_2 = 7$	$V_3 = 1$	$V_4 = 0$	

第一次调整后用位势法对该方案进行检验，结果如表 7-16 所示。

表 7-16　用位势法对第一次调整后的调运方案进行检验结果表

	B1	B2	B3	B4	
A1	10	20	5/10	7	$U_1 = 4$
A2	13	9/20	12	8	$U_2 = 2$
A3	4/10	15/20	7	9	$U_3 = 8$
A4	14	7/20	1/10	0/10	$U_4 = 0$
A5	3/50	12	5	19	$U_5 = 7$
	$V_1 = -4$	$V_2 = 7$	$V_3 = 1$	$V_4 = 0$	

④ 第二次调整。对 C_{33} 调整。过程如下。

15/20   7

7/20   1/10

调整为：

15/10   7/10

7/30   1

第二次调整后的调运方案和新的 U、V 如表 7-17 所示。

表 7-17　第二次调整后的调运方案和新的 U、V 结果表

	B1	B2	B3	B4	
A1	10	20	5/10	7	$U_1 = -2$
A2	13	9/20	12	8	$U_2 = -6$
A3	4/10	15/10	7/10	9	$U_3 = 0$
A4	14	7/30	1	0/10	$U_4 = -8$
A5	3/50	12	5	19	$U_5 = -1$
	$V_1 = 4$	$V_2 = 15$	$V_3 = 7$	$V_4 = 8$	

对该方案进行检验，结果如表 7-18 所示。

表 7 - 18　对第二次调整的调运方案进行检验结果表

	B1	B2	B3	B4	
A1	10	20	5/10	7	$U_1 = -2$
A2	13	9/20	12	8	$U_2 = -6$
A3	4/10	15/10	7/10	9	$U_3 = 0$
A4	14	7/30	1	0/10	$U_4 = -8$
A5	3/50	12	5	19	$U_5 = -1$
	$V_1 = 4$	$V_2 = 15$	$V_3 = 7$	$V_4 = 8$	

⑤ 第三次调整。对 C_{52} 调整。过程如下。

4/10　　　15/10

3/50　　　12

调整为：

4/20　　　15

3/40　　　12/10

第三次调整后的调运方案和新的 U、V 如表 7 - 19 所示。

表 7 - 19　第三次调整后的调运方案和新的 U、V 结果表

	B1	B2	B3	B4	
A1	10	20	5/10	7	$U_1 = 11$
A2	13	9/20	12	8	$U_2 = 9$
A3	4/20	15	7/10	9	$U_3 = 13$
A4	14	7/30	1	0/10	$U_4 = 7$
A5	3/40	12/10	5	19	$U_5 = 12$
	$V_1 = -9$	$V_2 = 0$	$V_3 = -6$	$V_4 = -7$	

对该方案进行检验，结果如表 7 - 20 所示。

表 7 - 20　对第三次调整后的调运方案进行检验结果表

	B1	B2	B3	B4	
A1	10	20	5/10	7	$U_1 = 11$
A2	13	9/20	12	8	$U_2 = 9$
A3	4/20	15	7/10	9	$U_3 = 13$
A4	14	7/30	1	0/10	$U_4 = 7$
A5	3/40	12/10	5	19	$U_5 = 12$
	$V_1 = -9$	$V_2 = 0$	$V_3 = -6$	$V_4 = -7$	

⑥ 第四次调整。对 C_{53} 调整。过程如下。

4/20　　　7/10

3/40　　　5

调整为：

4/30　　　　7

3/30　　　　5/10

第四次调整后的调运方案和新的 U、V 如表 7 − 21 所示。

表 7 − 21　第四次调整后的调运方案和新的 U、V 结果表

	B1	B2	B3	B4	
A1	10	20	5/10	7	$U_1 = 12$
A2	13	9/20	12	8	$U_2 = 9$
A3	4/30	15	7	9	$U_3 = 13$
A4	14	7/30	1	0/10	$U_4 = 7$
A5	3/30	12/10	5/10	19	$U_5 = 12$
	$V_1 = -9$	$V_2 = 0$	$V_3 = -7$	$V_4 = -7$	

经过检验，所有的 C_{ij} 均大于 $U_i + V_j$，此调运方案为最优方案，如表 7 − 22 所示。

表 7 − 22　最优调运方案表

	B1	B2	B3	B4
A1	10	20	5/10	7
A2	13	9/20	12	8
A3	4/30	15	7	9
A4	14	7/30	1	0/10
A5	3/30	12/10	5/10	19

其最小总运输成本 $= 5 \times 10 + 9 \times 20 + 4 \times 30 + 7 \times 30 + 0 \times 10 + 3 \times 30 + 12 \times 10 + 5 \times 10 = 820$

二、图上作业法

在物流运输中，由于运力安排不合理，常常出现两种浪费现象：一是对流，二是迂回。所谓对流，是指在一段路线上有同一种货物在进行往返运输。所谓迂回，是指在构成回路的路线上，从一地点到另一地点可经由两条路线到达，其中一条是小半圈路线，另一条是大半圈路线，如果选择运输的路线距离大于全回路程的一半及其以上时，则是迂回运输。

图上作业法可以让人们避免对流和迂回运输。

运用线性规划理论可以证明，一个运输方案，如果没有对流和迂回运输，它就是一个运力最省的最优方案。

1. 不含回路的图上作业方案

运输路线上不含回路的作业方案的确定比较简单。方法就是从各个端点开始，按"各端供需归邻站"的原则进行调配。如图 7 − 2 所示。在图 7 − 2 中，有 4 个起运站，分别为①、③、⑥、⑧，供应量分别为 7、8、6、4；另有 4 个终点站（目的地），分别是②、④、⑤、⑦，需求量分别为 2、8、7、8。圆圈内的数字表示站号，圆圈旁的数字表示供需量。其中有负号的数字表示需求量，没有负号的数字表示供应量。

为了便于检查对流现象，可把流向箭头统一标在右旁。箭头线旁带括号的数字表示调运

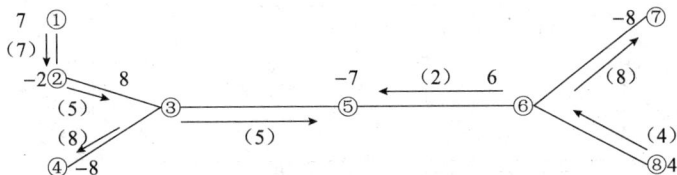

图7-2　不含回路的调运方案

量。从端点①开始，把7个单位的物资供给②，②多余的5个单位再供给③。

端点④的8个单位物资由③供给，③剩余的5个单位供给⑤。

端点⑧的4个单位供给⑥，端点⑦的8个单位由⑥供给，⑥剩余的2个单位供给⑤。

这样，就得出一个最优调运方案。

2. 含有回路的图上作业方案

运输路线中有回路，可以分三步逐渐求解，直至求解到最优方案。

第一步：在每个回路中，去掉一段路线，使它不含回路。并按上述方法作出调运方案。

第二步：检查有无迂回情况。因为流向画在路线右旁，所以圈内圈外都画有一些流向。分别检查每个回路，如果圈内和圈外路线流向的总长度都不超过路线回路总长度的一半，则这个回路上就没有迂回情况了，这个方案就是最优方案。否则转第三步。

第三步：改变原来的去线和破圈方式，转第二步。含有回路的调运方案如图7-3所示。

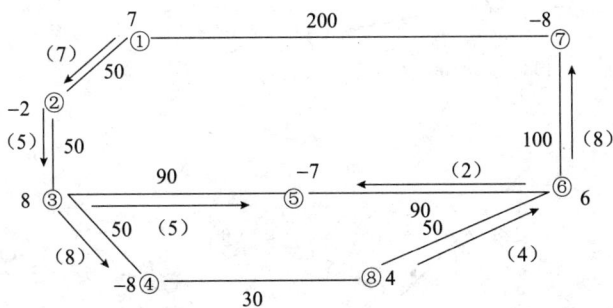

图7-3　含有回路的调运方案

在图7-3中，在由①、②、③、⑤、⑥、⑦组成的回路中，去掉①到⑦的路线，在由④、⑧、⑥、⑤、③组成的回路中，去掉④到⑧的路线后，便与图7-2的情况类似了。这样就可以得出类似的调运方案。图7-3中，各路线旁不带括号的数字表示两点间的距离。

在图7-3的上部回路中，总长度为580，调运方案外圈总长度为290（50+50+90+100），内圈总长度为90，均不超过回路总长度的一半。而在图中下部的回路中，回路总长度为310，而外圈总长度为190（50+90+50），大于回路总长度的一半，所以，此方案不是最优方案，应进行调整。调整方法是：去掉①到⑦以及⑤到⑥之间的路线，运输路线也不含回路了，再按前面同样的方法，作出新的调运方案，如图7-4所示。

对各回路进行检查。对各回路的内圈和外圈分别进行计算，如都不超过回路总长度的一半，也就是说已经不存在迂回情况，则该调运方案为最优方案。需要说明的是，上述方法没

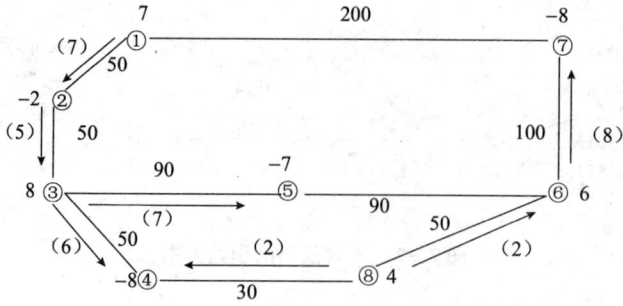

图 7-4 最优调运方案

有考虑各条路线的运行质量，故只有对运行时间和距离都设定权数时，才能得出比较具有实际意义的运输路线。

三、最小值法

这是解决分离的、单个始发地和终端地的网络运输路线选择问题的方法。网络由路线和节点组成，线路代表节点与节点间的运行成本，可以是距离、时间、或时间和距离的加权组合。节点代表运输路线的起讫点。

以图 7-5 所示网络线路图为例，计算方法如下。

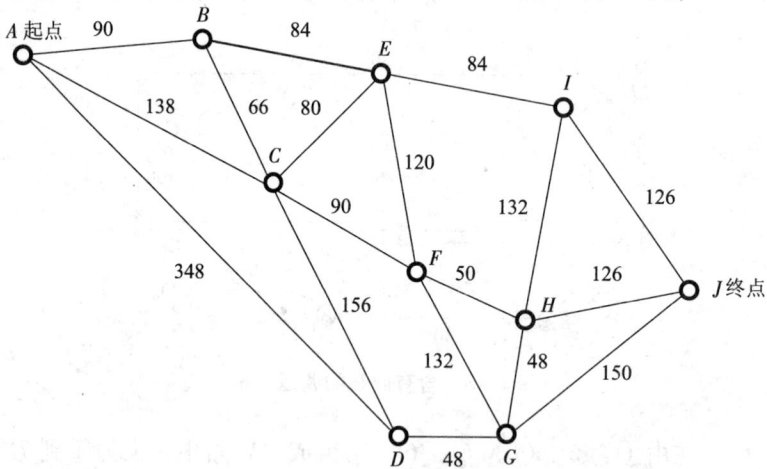

图 7-5 网络线路图

A 为起点，J 为终点，计算方向为 A 到 J。后节点的计算值应该是前节点的连续累计值（距离或成本）。如果节点有多个方向，应分别计算各方向的距离或成本值并取其中的最小值作为该节点的计算值，并用方框标记在节点上。注意，计算过程中不允许出现不合理运输现象。

第一步，计算与起点 A 点相邻的各节点 B、C、E 的最小距离或成本。例如，B 为单方向节点，故 A 到 B 为 90，且其为该节点唯一的节点计算值，也是最小节点值。C 为多方向节点，共有两个节点值，即 A 到 C 间为 138，A 到 B 到 C 间为 156（90+66），取该两个节

点的最小值为 A 到 C 间 138。138 就是 C 节点的最小计算值。E 为两个方向的节点，即 B 到 E 和 C 到 E。B 到 E 节点值为 B 节点最小计算值 90 加上 B 到 E 间的 84，为 174（90 + 84）。C 到 E 节点值为 C 点最小计算值 138 加上 C 到 E 间的 80，为 218（138 + 80）。则 E 节点最小计算值为 174。

第二步，计算与已经确定最小计算值节点相邻的其他节点的最小计算值。即计算 D、F、I、G、H 节点的最小计算值。D 为有两个方向的节点，即 A 到 D 和 C 到 D。计算 C 到 D 这个节点值时，取 C 节点的最小计算值 138，再加上 C 到 D 间的 156，为 294（138 + 156）。A 到 D 间为 348，故 D 节点的最小计算值为 C 到 D 的计算值 294。F 为两个方向的节点，即 C 到 F 和 E 到 F。C 到 F 节点值为 C 点最小计算值 138 加上 C 到 F 间的 90，为 228（138 + 90）。E 到 F 节点值为 E 节点最小计算值 174 加上 E 到 F 间的 120，为 294（174 + 120）。则 F 节点的最小计算值为 228。I 为单方向的节点，故 I 节点为 E 节点最小计算值 174 加上 E 到 I 间的 84，为 258（174 + 84）。H 为有两个方向的节点，即 I 到 H 和 F 到 H。I 到 H 节点值为 I 最小计算值 258 加上 I 到 H 间的 132，为 390（258 + 132）。F 到 H 节点值为 F 最小计算值 228 加上 F 到 H 间的 50，为 278（228 + 50），故 H 节点的最小计算值为 278。G 为有两个方向的节点，即 D 到 G 和 F 到 G。D 到 G 节点值为 D 节点最小计算值 294 加上 D 到 G 间的 48，为 342（294 + 48）。F 到 G 节点值为 F 节点最小值 228 加上 F 到 G 间的 132，为 360（228 + 132）。故 G 节点最小计算值为 342。

第三步，计算到达终点的最小计算值。J 终点为有三个方向的节点，即 I 到 J、H 到 J 和 G 到 J。I 到 J 节点值为 I 节点的最小计算值 258 加上 I 到 J 间的 126，为 384（258 + 126）。H 到 J 节点值为 H 节点的最小计算值 278 加上 H 到 J 间的 126，为 404（278 + 126）。G 到 J 节点值为 G 节点最小计算值 342 加上 G 到 J 间的 150，为 492（342 + 150）。故 J 节点的最小计算值为 I 到 J 的 384。

最后，确定最短路线或最合理成本。把网络路线图中计算出来的最小计算值的所在节点连接起来，即从起点 A 开始，接着为 B 节点、E 节点、I 节点和 J 节点。也就是 $A - B - E - I - J$ 为最短或最合理成本路径。

工作任务六　运输车辆管理信息化认知

一、运输路线决策信息化

当运量大、客户响应程度比较重要时，运输对企业发展战略的成功影响非常大，企业应拥有自己的运输车队，企业内部的自行运输体现了组织的总体采购战略，以便于控制。但是实施低成本高效率的自营运输需要企业内部各部门之间广泛的合作和沟通。通常企业有自己的车队的原因是：服务的可靠性较高；订货提前期较短；意外事件反应能力强；与客户的合作关系较深。

运输路线决策作为第一层的决策，依赖于具体的货物流动，决策者一定要掌握和管理各种实时信息，在设施位置已知的前提下安排最佳的车辆出发时间，确定车辆在各个客户间的行程路线，使得运输路线最短或运输成本最低。路线的决策主要取决于信息技术，依靠对信息的获得来对物流进行整合。

首先是车辆运输的双向整合。利用信息技术及时获得所运输货物目的地的货运信息，确保车辆不是空载返回。

其次是站点的整合。承运人将不同站点下的同一活动同地处理，从而使该组活动完成所需的成本得到节约。由于货物的分布比较分散，承运商可以建立几个临时用来整合货物的站点。将不同地方的货物先运送到临时站点，然后进行整合，整合成一整车来运送货物。采取这种方式获得的收益要大于整合货物时库存货物的费用。

第三是车辆整合。承运人将同一状况下的连续两个或几个活动同时处理，从而使该组活动完成的成本得到节约。具体做法是将不同的货物装到一辆货车中以达到车辆满载。

第四是车辆与站点进行组合。承运人将同一状况下的不同活动，或者不同状况下不同或相同活动进行处理，依靠公司在某一时间段内的特殊运力配置，使运输成本减少，从而使物流运输可以获得成本的节约。

利用信息技术整合物流过程是路线决策的最突出特点，利用信息技术来确定运输路线是当前物流管理的一种趋势。应用智能运输系统（ITS），通过信息技术、车辆定位技术、车辆识别技术、通信与网络等技术来规划物流运输路径。

运输计划信息系统中主要有物料需求计划（MRP）、配送需求计划（DRP），对于整合的供应链来说，通常运用企业资源计划（ERP）以帮助决策者做出路线决策所需要的信息。

运输网络设计完成后，利用计算机技术与定量分析相结合的 C－W 算法来优化运输路径，同时运用 0－1 规划、线性规划、专家系统等来进行运输路线的优化。在物流运输规划的 GIS 环境中，应用 MAS（Multi Agents Systems，MAS）进行物流路径动态规划，使得运输的时间最少、路线最短、成本最低。

二、委托运输

自己组织运输可以充分利用公司内部的设备资源，有效地保持与客户间的良好联系，但过于分散的投资会使公司无法有效地致力于核心竞争领域，服务水平难以达到客户要求。而委托运输则减轻了企业的压力，可以使企业集中精力于新产品的开发和生产，但另一方面委托运输需要处理与企业内部的承运商之间的关系，增加了交易成本，也增加了对运输控制的难度。此外，关于委托运输还是自营运输的决策，不仅是运输决策更是实物决策。因而自营运输和委托运输的选择，不同的制造商需要根据各自的实际情况作出适合自己的决策。

1. 委托运输的形式

委托运输的形式包括交由承运人、外包给第三方物流以及外包给第四方物流。近些年越来越多的企业为了降低其作业成本致力于核心业务的发展，纷纷把企业的所有或部分物流功能外包，利用物流公司技术的灵活性，减少企业在某些领域的投资进而重新整合其供应链，专注于核心竞争力，提高服务水平。第三方物流是指生产经营企业为集中精力搞好主业，把原来属于自己处理的物流活动，以合同方式委托给专业物流服务企业，同时通过信息系统与物流服务企业保持密切联系，以达到对物流全程的管理和控制的一种物流运作与管理方式。因此第三方物流又叫合同制物流。对非物流企业而言，物流能力往往是辅助能力；对物流企业而言，其核心能力必定与物流有关。这样物流企业与非物流企业相比在物流方面有了比较优势。为降低物流成本应采用第三方物流运输模式来增加企业的竞争能力。

2. 运输方式及承运人选择

运输对于客户服务水平、送货时间、服务的连续性、库存、包装、能源消耗等都有重要影响。此外，资源限制、竞争压力、客户需求都要求企业作出最有效的运输方式和承运人选择。运输方式及承运人选择可分为以下 4 步。

（1）问题识别。要考虑客户要求、现有模式的不足以及企业的分销模式的改变，通常最重要的是与服务相关的一些因素。

（2）承运人分析。分析中要考虑过去的经验、企业的运输记录、客户意见等。

（3）选择决策。选择过程中要做的工作是在已知可行的运输方式和承运人中作出决策。

（4）选择后评价。企业作出选择之后，还必须制定评估机制来评价运输方式及承运人的表现，并进行综合评价。

三、车辆管理调度信息化

1. 需求分析

物流管理的最终目标是降低成本、提高服务水平，这需要物流企业能够及时、准确、全面地掌握运输车辆的信息，对运输车辆实现实时监控调度。现代科技、通信技术的发展，GPS/GIS 技术的成熟和 GSM 无线通信技术的广泛应用，为现代物流管理提供了强大而有效的工具。3G（GPS/GIS/GSM）对物流企业优化资源配置、提高市场竞争力，将会起到积极的促进作用。

物流行业的需求的特点如下：业务覆盖地域广；车辆众多，信息量大；区域与线路监控要求突出；与货运单据配合紧密；对货物安全保障要求高；对系统响应要求灵活、及时；需要位置服务信息的用户多；数据共享程度要求高；需要完善车辆统一信息管理。

1）物流车辆管理调度系统的概念

物流车辆管理调度系统是集全球卫星定位系统（GPS）、地理信息系统（GIS）以及无线通信技术于一体的软、硬件综合系统。主要由三部分组成：车载终端、无线数据链路和监控中心软件系统。系统可对移动车辆进行统一集中管理和实时监控调度指挥。

2）物流车辆管理调度系统的特点

（1）强大的车辆准确定位、实时监控、高效调度功能。

（2）提供标准的数据接口，可实现与企业管理信息系统、决策支持系统的无缝对接。

（3）兼容多种车载终端，赋予用户在硬件选择上的高度灵活性。

（4）可同时支持多种通信方式，包括 GSM/CDMA 短消息、GPRS、集群。

（5）超大容量，每个监控中心支持车辆总数达 50 万辆。

（6）支持多级架构，多中心级连、分布式互联，支持移动中心。

（7）系统具有完整、安全以及自动灾难恢复机制，保证安全稳定，降低系统维护成本。

（8）精确的数字地图及专业的地图服务支持，拥有全国至地级市的精确电子地图。

（9）业界领先的高速 2DGIS 及 3DGIS 引擎，特别适合实时监控系统。

2. 系统功能

1）车辆跟踪调度

监控中心可以随时跟踪车辆当前所处的位置、移动速度、移动方向、车辆状态、里程信息等情况，对车辆进行定位时可以按照定时、定距等多种方式监控，并能够在系统界面上显示车辆的各项监控指标。

2）运力资源的合理调配

系统根据货物派送单产生地点，自动查询可供调用车辆，向用户推荐与目的地较近的车辆，同时将货单派送到距离客户位置最近的物流基地。保证了客户订单快速、准确地得到处理。同时 GIS 的地理分析功能可以快速地为用户选择合理的运输路线，从而达到合理配置运力资源的目的。

3）敏感区域监控

物流涵盖的地理范围如此之广，随时随地需要知道在各个区域内车辆的运行状况、任务的执行情况、任务安排情况，让所辖范围的运输状况在眼前一览无余。在运输过程中，有某些区域经常发生货物丢失、运输事故，在运输车辆进入该区域后，可以给予车辆提示信息。

4）客户服务功能

客户在运输过程中需要随时了解货物的状态，客户可以通过两种途径得到需要的信息：一是通过 WebGIS 系统查询，二是通过拨打呼叫中心电话查询。通过这两种途径客户可以获得如车辆定位、路线规划、货物状态等信息。

5）车辆统一信息化管理

由于车辆众多，需要对车辆进行集中统一的信息化管理。管理内容涵盖车辆的基本信息（如车牌号、车辆类型、吨位、颜色等）、保险信息（盗险、自然险等）、安全记录、事故信息等。系统对车辆的所有这些信息进行采集、录入，而后向用户提供修改、删除以及查询功能。

3. 系统效益

（1）货物和司机的安全有了更高程度的保证。

（2）货主可以主动、随时了解到货物的运行状态信息及货物运达目的地的整个过程。

（3）增强物流企业和货主之间的相互信任。

（4）物流企业可以充分了解车辆信息，通过配货、调度等途径提高企业的经济效益和管理水平。

小结

（1）凡具有以下条件的货物运输容器，都可称为集装箱：能长期反复使用、具有足够的强度；各种运输方式联运或中途中转时，途中不需进行倒装；可以进行机械装卸，并可从一种运输形式较方便地直接换装到另一种运输形式（如从公路运输可转为铁路或河运、海运输送）；便于货物的装卸作业和充分利用容积；内部几何容积在 1 立方米以上。

（2）国际标准化组织规定的集装箱标记有必备标记和自选标记两类，每一类标记中又分识别标记和作业标记。具体来说，集装箱上有箱主代号、箱号或顺序号、核对数字、集装箱尺寸及类型代号。

（3）大陆桥运输（Land Bridge Transport）是指使用横贯大陆的铁路（公路）运输系统作为中间桥梁，把大陆两端海洋连起来的运输方式。从形式上看，是海—陆—海的连贯运输，但实际在做法上已在世界集装箱运输和多式联运的实践中发展成多种多样。

小陆桥运输从运输组织方式上看与大陆桥运输并无大的区别，只是其运送的货物的目的地为沿海港口。目前北美小陆桥运送的主要是日本经北美太平洋沿岸到大西洋沿岸和墨西哥湾地区港口的集装箱货物，当然也承运从欧洲到美洲及海湾地区各港的大西洋航线的转运货物。

微桥运输与小陆桥运输基本相似，只是其交货地点在内陆地区。北美微桥运输是指经北美东、西海岸及墨西哥湾沿岸港口到美国、加拿大内陆地区的联运服务。

（4）国际多式联运指由多式联运经营人按照多式联运合同，以至少两种不同的运输方式，将货物从一国境内接管货物的地点运至另一国境内指定地点交货的运输方式。

（5）运输生产计划是运输企业经营计划的重要组成部分。它是运输企业计划期内应完成运输工作量的计划，是对计划期内应完成的客货运输量、运输车辆构成和车辆利用程度等方面进行的必要部署和具体安排。

（6）在一定货流条件下，货运车辆的行驶路线可分为以下三种类型。

① 往复式行驶路线。是指车辆在两个作业点之间的线路上，做一次或多次重复运行的行驶路线。可分为单程有载往复式、回程部分有载往复式和双程有载往复式三种。

② 环形式行驶路线。是指车辆在由若干个装卸作业点组成的封闭回路上做连续单向运行的行驶路线。由于运输方向的相互位置不同，又可分为简单环形式、交叉或三角形式、复合环形式三种。

③ 汇集式行驶路线。是指车辆沿分布于运行路线上各装卸作业点，依次完成相应的装卸作业，且每次货物装（卸）量均小于该车额定装载质量，直到整个车辆装满（或卸空）后返回出发点的行驶路线。可分为分送式、收集式和分送—收集式三种。

（7）物流外包是指生产企业将物流业务剥离出来交给第三方物流企业，而集中精力开展核心业务、发挥竞争优势。

复习思考题

（1）集装箱运输具有什么特点和优点？
（2）集装箱的标记有哪些？
（3）集装箱水路进出口业务流程是怎样的？
（4）简述目前的大陆桥线路。
（5）简述国际多式联运的优越性及经营人的责任范围。
（6）物流车辆管理调度系统有何功能和效益？
（7）生产企业选择物流外包的利弊有哪些？
（8）生产企业选择自营物流的利弊有哪些？

实训

1. 案例分析

多式联运货损责任

2002年7月4日，广西合浦公馆出口烟花厂（下称合浦烟花厂）与德国埃托夫威科烟花企业有限公司（下称威科公司）签订了烟花销售合同，合浦烟花厂将货号3286-108/60

"东方明珠"烟花1 858箱售与威科公司，交货方式为FOB北海，目的港汉堡，允许分批装运、转船；由卖方投保一切险；买方委托卖方办理烟花的运输、运费支付及保险事宜，由此而发生的有关运杂费及保险费由威科公司负担。

2002年9月10日，卖方合浦烟花厂与安通国际货运代理有限公司北海分公司（下称安通北海分公司）签订出口货物委托单，合浦烟花厂为托运人，发货人安利达贸易有限公司（下称安利达公司），通知人威科公司，收货人凭指示，目的港汉堡；北海头程船"桂海102"号，提单号BFGA020149；货物为16 000箱烟花，装入5个40 ft加高货柜和3个40 ft货柜（其中有编号为EISU 1475464的货柜）；在货名一栏中特别载明"Fireworks（烟花）1.4GUN0336"字样，合浦烟花厂支付安通北海分公司自北海中转香港到汉堡港的运价共29 750美元，该运价含北海市内/清水江拖柜、报关、码头费、港杂费、理货费、卸车装货费等，运费从仓库装完柜即开始计算。

2002年9月17日，北海市城东运输有限公司受安通北海分公司委托，派汽车将已装入货柜的烟花从合浦清水江基地仓库运至北海港装船。其中，在当日17：43时许，由司机范谦明驾驶的装载40 ft货柜（柜号EISU1475464）的东风牌桂E00692号平板车，在通过北海港铁路专用线M1-1号、M2-2号平交过道时，被0012号顶送38辆重车的机车撞上，造成铁路车辆P64 3411247、P62（N）3326741损坏，线路两钢轨扭曲变形，汽车平板车报废、平板车上的EISU 1475464号货柜及货柜内所装1 858箱烟花燃烧报废，中断行车1小时17分。在受损货柜的表面、货柜箱号之下贴有"1.4G"、"UN0336"字样的黄色标签。造成此事故的原因是：汽车司机范谦明驾驶机动车辆通过铁路平交过道时，未遵守"一停、二看、三通过"规定，抢越过道，且运输烟花易燃危险品通过铁路不按规定申报。由汽车司机承担完全责任。出口货物委托单所载的其余货物，已按约定经香港转运至目的港交由威科公司收受。

2. 技能训练

以小组为单位，分别讨论本案是如何认定国际货物多式联运经营人的。安通北海分公司应对货物的损失承担赔偿责任吗？为什么？与其他小组成员进行交流。

3. 运输软件仿真实训

项目八

运输纠纷的产生及其解决

教学目标

1. 知识目标

（1）掌握运输纠纷的种类。

（2）掌握承运人、托运人的责任及免责范围。

（3）掌握争议与索赔的解决途径。

2. 技能目标

（1）能够对各种运输方式产生的纠纷进行正确的分析。

（2）能够正确采用解决运输纠纷的措施。

案例

1. 案例介绍

运输费用纠纷

1998 年 6 月，杭州某国际货运有限公司宁波分公司（下称委托人）委托宁波某货运代理公司出运一票货物从宁波港至巴尔的摩港。委托人和货运代理双方约定货配"韩进"航线，由委托人支付海运费 2 170 美元、包干费 150 元人民币，共计 18 161 元人民币。在海上货运代理合同履行期间，经委托人同意，货运代理将货物改配"DSR"航线。货物起运后，货运代理垫付了全部费用，并于 1998 年 6 月 18 日及 7 月 28 日两次通知委托人支付海运费及包干费。9 月 17 日另通知委托人支付因改配航线增加的费用 200 美元。但委托人只同意支付原约定的运费款项，拒绝支付增加费用。货运代理（下称原告）遂诉至某海事法院，要求委托人支付海运费 2 370 美元、150 元人民币及逾期付款滞纳金 1 705 元人民币。

2. 案例分析

这个案例告诉人们，一个称职的国际货运代理应始终清醒地意识到，代理人的权限是有限的。

3. 思考·讨论·训练

针对上述案例，谈谈你对下列问题的看法。

（1）双方海上货运代理合同是否有效？

（2）货运代理公司走的是解决纠纷的什么途径？它的哪些要求是不合理的？

教学内容

工作任务一　运输纠纷认知

托运人把货物交给承运人后，承运人会根据双方之间的合同和行业的惯例履行运输的义务，把货物安全、及时地送交收货人。无论是海运、公路运输、铁路运输还是航空运输，承运人都深刻地意识到货运质量对于业务发展的重要性。虽然加强货运质量管理在一定程度上可以防止运输纠纷的发生，但由于各种危险的存在及货物处在长途的运输过程中和其间多环节作业的情况下，货运事故、运输纠纷的发生难以完全避免。因而纠纷的及时、妥善解决也是运输服务的延伸，更是整个物流链不可缺少的一部分。

运输纠纷可能由承运人因经营管理不善、意外、过失等原因造成对货方的损失，也可能因货方的原因造成对承运人的损失。概括起来，运输纠纷可分为以下几大类。

1. 货物灭失纠纷

造成货物灭失的原因很多，但其后果均是货方受到损失。绝大多数情况是收货人未能收到货物，也有的是托运人在未转移货物所有权的情况下，无法取回货物。

1）交通事故造成货物灭失

货物交付承运人后装上指定的运载工具进行运输，可能由于承运人的运输工具发生事故，如船舶沉没、触礁，飞机失事，车辆发生交通事故等，使得货物连同运输工具一起灭失。而上述交通事故既可能是由于无法避免的风险，如突如其来的恶劣气候、其他车辆的过失等所造成的；也有可能是由于承运人的过失造成的，如车辆或船舶等在未出行前就存在不安全因素、不适航状况等导致在途事故的发生；或是因为承运人所雇佣的驾驶人员的过失引起碰撞倾覆或飞机失事。因此，对交通事故引起的货物灭失，承运人承担的责任往往根据实际情况不同而大小不一。

另外，还有因为货物本身的原因导致运输工具发生事故，从而造成货物的全部灭失。

2）因政府法令禁运、没收、战争行为造成货物灭失

目前，世界局部地区战争还时有发生，战争的突发会造成民用运输工具被误伤而导致货物的灭失。另外，有些国家为保护本国的动植物和人类的卫生状况而对到境的货物实施没收或禁运。

在 2004 年年初时，有些国家发生了禽流感，为了防止疫情的扩散、传播，未发现疫情的国家就通过政府法令形式没收有关货物，造成货物的全部灭失。

一名波黑内战中亲眼目睹了震惊世界的种族屠杀的重要证人藏匿于一艘美国籍货船上，美国政府于是要求该船立即靠岸停船，并马上交出证人，该船迫于政府压力，前往最近港口将人送上岸，结果不慎搁浅致货损。

1989 年某艘前往澳大利亚的货船于途中被伊拉克火箭摧毁，船货尽失。某货船自高雄前往日本，因高雄港刚发生过霍乱而成为疫地，日本政府遂对来自高雄的所有船舶进行熏

蒸，结果一熏就是 8 天，船上所载香蕉全部变坏，货主索赔。

3）因盗窃造成灭失

货物处于承运人掌控时，因涉及的环节较多，其间可能遭受偷盗致损。

【案例 8－1】 2005 年 11 月份，吉林长春市某珠宝公司从北京订购一批价值 49 万元的狗年贺岁金条，为把金条安全运到长春，该公司选择航空货运。但长春某公司接货时，发现原来装有金条的包裹箱竟是空箱子，10 根金条不翼而飞。"这批贺岁金条前天晚上被送到首都国际机场，从北京发货到长春接货，其中间隔时间还不到 24 小时。价值近 50 万元的金条通过航空运输被盗，对我们来说也是罕见的。"长春市公安局刑警大队二大队大队长李志刚说。从 11 月 13 日晚到次日，10 根金条经历了发货公司—物流公司—首都国际机场货场—长春龙嘉机场—珠宝公司。整个物流过程中间环节很多，但发货公司和珠宝公司一直密切联系，盗窃发生在哪个环节？谁盗窃了金条？经调查，在包裹箱底部发现了一个被拉开的 U 字形缺口，过后已用黄色胶带给粘好。警方分析认为，如果犯罪嫌疑人以这种方式盗走箱内金条，必须具备充足的作案时间，而能够提供这个时间的仅运送金条的物流公司、北京机场、龙嘉机场三个地方。警方调查发现包裹箱在物流公司送到首都国际机场空港地面服务公司（首都国际机场和新加坡终站服务有限公司的合资公司）工作处后，安检机对包裹箱的 X 光记录显示，安检时金条还在箱子里面。长春龙嘉机场一位南航货运部经理分析，犯罪嫌疑人能在短时间内躲开机场等监控装置将包裹箱内货物盗走后，又用胶带纸恢复原状，这种作案手法给人感觉很有可能是物流公司或机场内部工作人员或者雇佣的临时工作人员所为。而通过对有关工作人员的了解，重达 10 千克的货物运抵长春时已经轻了很多，目标进一步缩小在首都机场。而留在包裹箱黄色胶袋内部的指纹成为破案关键。据北京、长春两地警方对两地机场有机会接触该货箱的 91 人进行指纹比较，发现首都国际机场临时工作人员李立指纹与胶袋内指纹吻合。铁证如山，李立最终交代了伙同机场员工偷盗金条的犯罪事实，原来犯罪嫌疑人首都机场正式员工张文博在当天晚上值班时，发现有一个托运的包裹箱特别沉，就指示两位机场临时雇工李立和许大伟割开箱子，当发现是金条时，三人就私下瓜分了。

4）承运人的管货过失造成灭失

由于装运积载不当，货物毁损、集装箱落海也是货物灭失的重要原因之一。另外，由于管货的过失，如相关手续混乱造成错装错卸，使一部分货物无法交给正确的收货人也视为灭失。

【案例 8－2】 "三江口"轮货损、货差纠纷案。该案过程是，货物在装船过程中和装船后，船长发现装船货物有破包、理货员理货不准确，并提出声明和抗议，但没有在提单上批注。在目的港卸货后，经理算和检验，发现货物短少。货物保险人赔偿收货人损失后，依据代位求偿权向承运人提起诉讼。海事法院判决，承运人应负赔偿责任，且不能限制赔偿责任。

5）恶意行为

由于承运人故意、恶意毁坏运输工具以骗取保险，从而造成所运输的货物全部灭失。而目前更多发生的，则是利用运输进行诈骗活动，或是利用单证骗取货物，令货主受损或令承运人承担货物灭失的责任。

【案例 8－3】 2006 年 3 月，犯罪嫌疑人柏某（男，32 岁，山东梁山县人）、韩某（男，

34 岁，山东梁山县人）经事先密谋，到山东省济宁市台前县办理了鲁 H76786 大货车的行驶证、牌照和以本人照片冒用他人虚假名字的驾驶证（均系假证照），并购买了手机卡及小灵通，同时高价雇佣了素不相识人员接打电话，做好了犯罪准备。两人于 2006 年 3 月 20 日来到济宁市郓城县，经郓城县黄安镇某物流中心中介，与郓城县某公司签订了运往江苏昆山价值 87 200 元的建筑板材承运合同。当晚运走货物后，即让雇佣人员持作案专用手机坐火车南下江苏，以便于麻痹货主，争取销赃时间。该车货物则被直接运往济南销售，两日后即失去联系。后货主到公安机关报案，3 月 26 日，该案告破。

【案例 8-4】 2005 年 7 月 6 日，一自称何战军（河南省许昌市人）的人，开一辆车牌号为豫 K-12023 的解放牌货车，与淄博成功运输公司签订货物运输协议，从淄博力天不锈钢有限公司拉走不锈钢平板 47 块、卷板 2 卷，总价值 56.7 万元。双方约定 7 月 7 日运送到河南省洛河市西平县，但到期后货并未到达目的地。7 月 7 日夜，打何战军所留的联系电话无人接听。经查，何战军所提供的身份证号码和车辆手续均系伪造。后在公安人员的周密侦察后，该案告破。

2. 货损、货差纠纷

货损包括货物破损、水湿、汗湿、污染、锈蚀、腐烂变质、焦损、混票和虫蛀鼠咬等。货物运输的承运人所承运的货物种类繁多（特别是大宗散货运输），各类货物都有自己独立的特性，其内在的分子结构亦不尽相同。有些货物经过远距离运输会蒸发水分，有些货物会吸收水分，其中，蒸发水分的货物在目的地肯定会发生短少现象。在运输过程中发现的货损的原因极多，归纳起来有以下几种。

1）货物的固有瑕疵或潜在缺陷

所谓固有瑕疵，是指货物本身具有的经一段时间可能使货物变质或毁坏的性质。例如，水果腐烂、牛皮变质、谷物虫蛀、面粉发热、酒类发酸、煤炭自燃等。所谓潜在缺陷，是指凭肉眼无法辨别的货物的毁损，如面粉、谷物中已有虫卵，咸鱼中有细菌等。另外，还因某些货物的特性（如散装面粉、食糖、水泥等在装卸过程中避免不了遗漏或随风飘散）而引起容积或重量的亏损。

例如，据 UK 船东保赔协会专家们研究，玉米的水分含量高于安全运输的限度则会先发热后发霉，而不论在运输途中通风或不通风。货损的主要原因是散谷原先含水量过高，而不是不通风。散谷装入筒仓时如已除尘去湿，在海运过程中很难发生因不通风而引起的货损。这说明干燥的散谷是无须通风的，散谷的货损往往是因为其本身的原因所致。

2）装卸作业中受损

1989 年 9 月，某收货人在检验运抵火车站的货物时，发现有 5 箱外包装严重破损，内货外露，39 号锡林筒脱位，34 号锡林筒被刮伤，29 号锡林筒筒体变形，降轴、左手轮轴、变速箱弯曲变形，并有不少缺件。经查，货损原因系在运输过程中，粗鲁装卸碰撞挤压所致。同时多方当事人也认识到鉴于卖方包装标记不清，使野蛮装卸成为可能，托运人（卖方）也应对货损负一定责任。

3）受载场所不符合要求

受载场所不仅包括船舶、汽车、火车和飞机等运输工具，还包括由承运人提供的积载工具，如目前较为常用的集装箱。集装箱空箱交接标准是箱体完好、水密、无漏光、清洁、干燥、无味，箱号及装载规范清晰，且有合格的检验证书。如果承运人供箱不适货，所致货损应由承运人负责。

【案例 8-5】 发货人（中国土产畜产进出口公司浙江茶叶分公司）于 1987 年委托浙江省钱塘对外贸易运输公司将 750 箱红茶从上海出口运往汉堡港。钱塘外运公司又转而委托被告中国对外贸易运输总公司上海分公司（以下称上海分公司）代理出口。上海分公司接受委托后，通过上海外轮代理公司申请舱位。作为被告广州远洋运输公司（以下称广州公司）代理人的上海外轮代理公司指派了三个集装箱。由于运输条件是 FCL，因此，上海分公司作为发货人的代理人全权负责对货物的点数、积载，对集装箱的检查、铅封。当年 10 月 15 日，上海外轮代理公司收到三个满载集装箱后代船方签发了清洁提单。货物运抵汉堡港，收货人拆箱后发现部分茶叶串味变质，即请原告在汉堡的代理人申请查勘。检验表明，250 箱红茶受精萘污染。

案件诉至上海海事法院后，经查明，被告广州公司提供的集装箱中的一只前一航次从法国到上海装载的是精萘，而本航次装载在该集装箱内的正好是 250 箱红茶，应认定该集装箱前一航次残留的精萘气味是本航次 250 箱红茶串味污染的唯一污染源。法院判决广州公司违背有关规定和国际惯例，疏忽大意，提供了不适载的集装箱，致使茶叶污染，上海分公司本能按照常规认真检查箱体，过于自信或疏忽大意致使茶叶的污染成为事实，广州公司应承担较大的赔偿责任，上海分公司相应承担一定的赔偿责任。

4) 积载不当

妥善和谨慎地积载是货物运输承运人必须尽的一项基本义务之一。承运人必须按货物本身的特性，使用不同的积载方法，将货物按其状态（指液体、固体、气体）、重量、价格和禁忌等要求放置在运输工具内的适当部位上。例如，重件货先装，轻泡货后装；易串味的货物分开装；仪器与有毒品分开装等。否则，由于积载不当而造成的货损，应由承运人负全部责任。例如，某船运载一批厚铁板，其中一块由于恶劣天气而脱捆，滚到船的一侧，以致发生沉船事故。法庭判决，本案属于积载不当，责任由承运人承担。

【案例 8-6】 1982 年 1 月 8 日，"樱桃花"号轮由美国装载纤维棉和地毯编织机械设备 30 箱，运往上海、天津。2 月抵上海卸下部分纤维棉，剩余部分连同地毯织机设备于 3 月 1 日抵天津新港。根据船方签具的清洁提单，这些货物在美国装船是完好无损的，但卸货过程中发现地毯织机设备有 22 箱严重残损。3 月 20 日中国外轮理货公司制作 22 箱货物残损清单，船方也予以签认。卸货后，收货人北京燕山石油化工总公司请天津进出口商品检验局鉴定。鉴定结果，货损原因系由于"樱桃花"号轮货舱没有分层隔板，货箱不适当地装载于货垛中层，货箱遭受上层货物重压所致，属积载不当。

5) 运输途中保管不当

承运人有义务尽快地、直接地、安全地将货物运至目的地。承运人从接管货物时开始，必须对货物妥善保管和谨慎照料，以防货物被窃或损毁。如在运输粮食时，必须保持通风，以防其发热受损；在运输冷冻物品时，必须使冷冻工具的温度适合该有关物品等。

某船在航行途中遇到暴雨，船员将舱盖关闭，雨后，船员忘记打开舱盖，结果因舱内通风不善而造成货损。货主以承运人未能妥善和谨慎地保管和照料货物导致货损为由，要求赔偿。

6) 自然灾害造成货损

是指由于自然灾害，如台风、海啸、泥石流等人力无法控制和预测的灾害造成的运输货物受到损失。

【案例8-7】 **集装箱租赁合同纠纷案例**

原告：上海中海物流有限公司（以下简称中海物流）

被告：上海品圆贸易有限公司（以下简称品圆公司）

被告：上海科宁油脂化学品有限公司（以下简称科宁公司）

被告：南京林通水运有限责任公司（以下简称林通公司）

2001年8月，品圆公司受科宁公司的委托，为科宁公司运输24只20 ft的集装箱货物，从上海至汕头。因该货物装在原告的集装箱内，为桶装液体助剂，故品圆公司向原告续租这24只集装箱，并约定：每只集装箱用箱费为人民币500元，还箱至上海洋泾码头，使用时间为25天，超期使用费为每只集装箱3.50美元/天。品圆公司将24只集装箱装载在林通公司所有的"苏林立18"轮上。同年8月29日，"苏林立18"轮从上海港出发，开航当时船舶并无不适航的情况。次日19时30分，船舶航行至浙江温州洞头沿海海面，遇到了雷雨大风，19时50分，船舶开始下沉，直至船舶及货物、集装箱一同沉没，其中包括涉案的24只集装箱。事故发生后，品圆公司将集装箱灭失的消息及时通知了原告，并称等海事报告出来之后再商处理意见。

2001年12月18日，温州海事局制作《"苏林立18"轮沉船事故调查报告书》，对事故原因作出了分析，认为造成本次事故的主要原因是天气海况恶劣。次要原因是船员应变能力差、操作不当。由于涉案的24只集装箱是原告向中集公司租赁的，2002年10月8日，原告向中集公司赔付了集装箱（按照干货箱的标准）灭失损失71 700.00美元及租金247.80美元。

7）其他原因

除上述原因以外，还有其他的导致货损的因素，如装卸过程中飞扬和承运人疏于确定装船数量或卸货数量造成的损耗。由于提单上记载的货物重量是根据过磅和做水尺而得出的，而过磅计重和水尺计重本身就有误差，故提单上记载的重量与实际装卸的重量也有差异。同时，货物在装卸过程中由于天气和机械作业的原因，散装货物因飞扬等原因或多或少地会发生一些撒漏情况。另外，在交付承运人之前货物的数量就与运输凭证不符，而承运人因无法计数只能按照托运人所报数据开具相关单证。

【案例8-8】 某厂家早上到货，原订货物箱数未能确定，而实际到货91箱，当货物要进仓时，厂家突然告知其中37箱改为海运，故重作标签，当要进仓时厂家又通知改为38箱走海运，又要重新作标签，而此票货物要赶走当天中午的航班，为赶时间就把要走海运的箱号告诉工人，让工人把货物分出来，又由于此票货物为买单出口，厂家的报关货物资料也刚传过来，急于去作报关资料，故作完标签到货站进仓时，只询问工人有没有分错就把货物进仓，结果货物分错一箱。

货损纠纷是各类运输中最为常见的，损失发现的时间和损失金额也根据不同的运输方式各有差异。

3. 货物迟延交付纠纷

货物延迟交付是指因承运货物的交通工具发生事故，或因承运人在接受托运时未考虑到本班次的载货能力而必须延误到下一班期才能发运，或在货物中转时因承运人的过失使货物在中转地滞留，或因承运人为自身的利益绕航而导致货物晚到卸货地。在航空货运中，经常会由于机械故障、天气原因和海关扣关等原因造成货物的延迟交付。

【案例8-9】西藏拉萨市甲电脑公司于1998年6月29日，从上海科迪电脑公司购得电脑整机、散件若干，购价120万元，用于装备拉萨市某大型公司的网络系统。1998年7月4日，甲电脑公司与上海A长江航运公司签订了从上海到拉萨的联运合同。合同约定：该批货物由上海A长江航运公司负责全程运输，其路线为从上海装船，经长江航运到重庆，然后从重庆经铁路运抵成都，再从成都改由公路运至拉萨，直到拉萨甲电脑公司仓库卸货。约定的到货时期为1998年9月1日。后因长江发生洪水，部分航道封航，直至1998年9月25日甲电脑公司才收到这批货物。由于货物延迟送到，甲电脑公司将要承担对其客户的违约金6万元，于是甲电脑公司要求A长江航运公司承担这些损失。

4. 单证纠纷

承运人未及时签发提单，或托运人未要求签发提单而造成托运人受损的，承运人应托运人的要求倒签、预借提单，从而影响到收货人的利益，收货人在得知后向承运人提出索赔，继而承运人与托运人之间发生纠纷；或因承运人（或其代理人）在单证签发时的失误引起承托双方的纠纷；此外，也有因货物托运过程中的某一方伪造单证引起的单证纠纷。

【案例8-10】1991年7月，中国丰和贸易公司与美国威克特贸易有限公司签订了一项出口货物的合同，合同中，双方约定货物的装船日期为1991年11月，以信用证方式结算货款。合同签订后，中国丰和贸易公司委托我国宏盛海上运输公司运送货物到目的港美国纽约。但是，由于丰和贸易公司没能够很好地组织货源，直到1992年2月才将货物全部备妥，于1992年2月15日装船。中国丰和贸易公司为了能够如期结汇取得货款，要求宏盛海上运输公司按1991年11月的日期签发提单，并凭借提单和其他单据向银行办理了议付手续，收清了全部货款。但是，当货物运抵纽约港时，美国收货人威克特贸易有限公司对装船日期发生了怀疑，威克特公司遂要求查阅航海日志，运输公司的船方被迫交出航海日志。威克特公司在审查航海日志之后，发现了该批货物真正的装船日期是1992年2月15日，比合同约定的装船日期要迟延达三个多月，于是，威克特公司向当地法院起诉，控告我国丰和贸易公司和宏盛海上运输公司串谋伪造提单，进行欺诈，既违背了双方合同约定，也违反法律规定，要求法院扣留宏盛海上运输公司的运货船只。美国当地法院受理了威克特贸易公司的起诉，并扣留了该运货船舶。在法院的审理过程中，丰和贸易公司承认了其违约行为，宏盛海上运输公司亦意识到其失理之处，遂经多方努力，争取庭外和解，最后，我方终于和美国威克特公司达成了协议，由丰和贸易公司和宏盛海上运输公司支付美方威克特公司赔偿金，威克特公司方撤销了起诉。

5. 其他纠纷

运输中，除了与货物直接相关的纠纷以外，还会有运费、租金等纠纷，如因承租人或货方的过失或故意，未能及时或全额交付运费或租金；承租的运输工具的技术规范达不到原合同的要求而产生的纠纷；由于运输市场行情变化，导致交易一方认为原先订立的合同使其在新的市场情况下受损，故毁约而产生的纠纷；因双方在履行合同过程中对其他费用如滞期费、装卸费等发生纠纷；因托运人的过失，造成对承运人的运输工具，如船舶、集装箱、汽车、火车及航空器等的损害引发的纠纷等。

【案例8-11】　　　　　　　　　**归还承租的船队案**

申请人（原告）：山东华海船务有限公司

被申请人（被告）：江苏省建湖航运公司

被申请人（被告）：江苏省建湖县交通系统企业贷款联保集团

2000年2月23日，原告山东华海船务有限公司向青岛海事法院提起光船租赁合同纠纷之诉，2月26日，原告以二被申请人欠租金47万元，并疏于管理致使承租船舶中一艘驳船灭失造成经济损失近20万元为由，提出海事强制令申请，要求被申请人立即归还承租船队。申请人称：申请人与被申请人江苏省建湖航运公司，于1996年7月1日签订了《鲁拖601船队光船租赁合同》，合同约定租期3年，每年租金40万元人民币，一季一付，于每季1日前预付租金10万元。后双方于1998年10月达成《补充协议》，协议中申请人考虑到被申请人实际困难，同意自1998年11月起每月租金2.5万元，此前的租金仍然按照原协议执行。但是截至2000年2月15日，被申请人仍然欠付租金达47万元，并造成一艘驳船灭失，经济损失近20万元。为避免损失进一步扩大，保证及时、有效地收回船队，申请人申请海事法院采取强制措施，责令被申请人立即还船。申请人就海事强制令申请提供了由担保人山东省青岛海运总公司提供的财产担保（一艘价值275.5万元的船舶）。海事法院经审查认为：原告的海事强制令申请符合法律规定，2000年2月26日裁定准予原告的海事强制令申请，责令被告向原告归还基于《鲁拖601船队光船租赁合同》承租的船舶（鲁拖601、鲁驳601、602、603、604、605、606、607、608船）。同日，制发了海事强制令，责令被告向原告归还上述船舶。被告于收到海事强制令后第二天即在青岛海事法院法官的主持下将所承租船队交还原告。

工作任务二　正确判断承运人、托运人的责任及免责

工作任务：

某年10月，澳大利亚达通贸易有限公司向我国华东某有限责任公司订购饲料用玉米10 000公吨。货船在厦门装船以后直接驶向达尔文港。途中船舶货舱起火，大火蔓延到机舱。船长为了船货的共同安全，命令采取紧急措施，往舱中灌水灭火。火虽然被扑灭，但由于主机受损，无法继续航行。为使货轮继续航行，船长发出求救信号，船被拖至就近的维佳港口修理，检修后重新将货物运往达尔文港。事后经过统计，事故总共造成如下损失：2 500吨玉米被火烧毁；1 300吨玉米由于灌水不能食用；主机和部分甲板被火烧坏；雇用拖船支付费用若干；因为船舶维修，延误船期，额外增加了船员工资以及船舶的燃料。请正确判断案例中5项损失的责任或免责。

一、承运人的责任期间及免责

责任期间是货物运输合同的一个特殊概念。在一般合同中没有责任期间的规定，合同存续的期间就是合同双方应根据合同约定负责的期间。而在货物运输合同中引入这个特殊概念主要是为了适应《海上货物运输法》、《航空运输公约》等法规的强制性，它不是合同双方应该负责的期间，而是双方必须承担货物运输法规中规定的强制性责任的期间。

1. 海运运输承运人的责任期间及免责

1）海运运输承运人的责任期间

我国《海商法》第四十六条规定了承运人的责任期间。集装箱装运的货物的责任期间

是从装货港接收货物起至卸货港交付货物时止，货物在承运人掌管之下的全部期间。非集装箱装运的货物的责任期间是从货物装上船时起至卸下船时止，货物处于承运人掌管之下的全部期间。

首先，对于集装箱货物运输中承运人的责任期间，是自装货港接收货物时起至卸货港交付货物时止，货物处于承运人掌管的全部期间。一是在时间上，明确从装货港接收货物时起，经过整个运输，到卸货港交付货物时止的一段时间过程。二是要求货物必须处于承运人掌管状态之下，即无论货物是否已经装船，只要处于承运人的掌管之下，承运人就算是接收货物了。集装箱货物运输的责任期间大于传统件杂货运输的责任期间。

其次，对非集装箱货物运输中承运人的责任期间，是指从货物装上船时起至卸下船时止，货物处于承运人掌管之下的全部期间。如果使用船上吊杆装卸货物，则以吊钩挂起货物为标志，确认"装船"和"卸船"，即"钩至钩"原则；如果使用岸吊，则以货物越过船舷为标志，确认"装船"和"卸船"，即"舷至舷"原则；如果使用管道装卸，则以货物通过船中接管口处为标志，确认"装船"和"卸船"，即"管至管"原则。

虽然航行和货物运输都是承运人负责的事情，但考虑到海上运输具有一定的危险性，我国《海商法》中又规定了以下一系列承运人对于货物在其责任期间发生的灭失或者损坏可以免责的事项，这些事项是法定的，可以减少或放弃，但不能增加。

2）海运运期承运人的免责事项

（1）航海过失免责。航海过失是指船长、船员、引航员或者承运人的其他受雇人在驾驶船舶或者管理船舶中的过失。这种过失包括了"驾驶船舶过失"和"管理船舶过失"。其中，"驾驶船舶过失"是指船舶开航后，船长、船员、引航员在驾驶船舶中出现判断和操作上的错误，如测定船位错误导致船舶触礁；忽视瞭望导致船舶碰撞；驾驶员、引航员认错浮标使船舶搁浅等。因这些事故致使船上货物受损，承运人可以免责。所谓"管理船舶过失"，是指船长、船员在管理船舶方面缺乏应有的注意，如压舱水管理不当；注排压舱水时忘记关阀门造成水满，进入货舱；修通水管不慎将其弄破使水进入货舱等。因这类过失造成货损，承运人可以免责。

实务中承运人的管船和管货义务难以区分，根据法律规定，承运人在管船中的过失是可以免责的，但在管货中发生的过失则不能免责。

例如，某轮在鹿特丹港外抛锚，遇上大风浪，轮上三副没有开动引擎逆风对抗，而是任由风浪袭击，当船舶跟随风浪同步滚动时，甲板上的舱面货被扫掉下海。货主认为货损属承运人管货过失。承运人则以管船过失而主张免责。法院最后判该案货损属三副在驾驶船舶上的疏忽或过失所致，应免责。

某船备有冷气设备，装运黄油，在运输途中，由于船员没有注意船舱内的适当温度，以致黄油受损。判属管货过失，应当赔偿。

（2）火灾免责。根据我国法律的规定，承运人主张火灾免责时不负举证责任，所以这一免责是对承运人特殊保险的一条规定。但如果索赔方能够证明火灾是由于承运人本人的过失或私谋的存在而引起的，则不能免责。承运人本人一般指参与公司经营管理的主要人员，当然也有观点认为仅指公司的董事会成员或拥有所有权的经理人才是承运人本人。

（3）"不可抗力"免责。

① 天灾、海难或者其他可航水域的危险或者意外事故。天灾指来自于空中的灾难，如

暴雨、雷电等；而海难指来自于海面的灾难，如海水、海浪、触礁、撞到冰山等。

②战争或者武装冲突。战争包括正式宣战的战争、没有正式宣战的战争、两国间的战争及内战。

③政府或者主管部门的行为、检疫限制或者司法扣押。政府或主管部门的行为是指因为政府命令、禁止或限制货物的输出或卸载、禁运、封锁港口、检疫、拒捕、管制、征用、没收等行为而导致货物的损害后果，司法扣押限于政府通过高压手段进行干预的情况，不包括通过正常的司法程序而对船舶进行的扣押。因此，承运人和托运人之间由于发生纠纷进行诉讼而导致船物被扣押不属于免责事项。

④罢工、停工或者劳动受到限制。包括因劳资纠纷而发起的罢工或同情罢工或其他不能正常进行工作的情形。在海上救助或者企图救助人命或者财产。

某船驶抵目的港后，遇到港口码头工人罢工，一时无法卸货，长达 20 天，导致货损。货主以罢工期间船员未能继续开放舱门通风，致使舱内所装香蕉全部变坏为由提出索赔。承运人则以罢工导致不能及时卸货，而由此所致的货损根据《海商法》免责条款的规定，理应不予赔偿。

（4）由于货方原因的免责。

①托运人、货物所有人或者他们的代理人的行为。

②货物的自然特性或者固有缺陷。

③货物包装不良或者标志欠缺、不清。

2. 公路运输承运人的责任期间及免责

1）公路运输承运人的责任期间

根据我国《汽车货物运输规则》的规定，承运人的责任期间，是指承运人自接收货物时起至将货物交付收货人（包括按照国家有关规定移交给有关部门）时止，货物处于承运人掌管之下的全部时间。但承运人与托运人还可就货物在装车前和卸车后对承担的责任达成协议。

对于集装箱货物，我国《集装箱汽车运输规则》规定，承运人的集装箱整箱货物运输责任期间，从收到整箱货物时起，到运达目的地，整箱货物交付收货人时止；集装箱拼箱货物运输责任期间，从收到拼箱货物时起，到运达目的地，拼箱货物交付收货人时止。

2）公路运输承运人的免责事项

根据我国《汽车货物运输规则》的规定，货物在承运责任期间和站、场存放期间发生毁损或灭失，承运人、站场经营人应该负赔偿责任。但有下列情况之一者，承运人、站场经营人举证后可不负赔偿责任。

（1）不可抗力。

（2）货物本身的自然性质变化或者合理损耗。

（3）包装内在缺陷造成货物受损。

（4）包装体外表面完好而内装货物毁损或灭失。

（5）托运人违反国家有关法令，致使货物被有关部门查扣。

（6）押运人员责任造成的货物毁损或灭失。

（7）托运人或收货人过错造成的货物毁损或灭失。

3. 铁路运输承运人的责任期间及免责

1）铁路运输承运人的责任期间

按国际货协运单承运货物的铁路，应负责完成货物的全程运送，直到在到站交付货物时为止。如向非参加国际货协的国家铁路办理货物转发送时，则直到按另一种国际协定的运单办完运送手续时为止。因此，发送铁路和每一继续运送的铁路，自接收附有运单的货物时起，即认为参加了这项运送契约，并由此承担义务。

参加运送国际联运货物的铁路，从承运货物时起至到站交付货物时为止，对货物运到逾期，以及因货物全部或部分灭失、重量不足、毁损、腐坏或其他原因降低质量所发生的损失负责。如由于铁路过失而使发货人或海关在运单上已做记载的添附文件遗失，以及由于铁路过失未能执行运送契约变更申请书，则铁路应对其后果负责。

2）铁路运输承运人的免责事项

如因下列原因造成铁路运输承运人所承运的货物发生全部或部分灭失、重量不足、毁损、腐坏或质量降低，铁路不负赔偿责任。

（1）由于铁路不能预防和不能消除的情况而造成的后果。

（2）由于货物在发站承运时质量不符合要求或由于货物的特殊自然性质，以致引起自燃、损坏、生锈、内部腐坏和类似的后果。

（3）由于发货人或收货人的过失或由于其要求而造成的后果。

（4）由于发货人或收货人装车或卸车的原因而造成的后果。

（5）由于发送铁路规章允许使用敞车类货车运送货物而造成的后果。

（6）由于发货人或收货人或他们委派的货物押运人未采取保证货物完整的必要措施而造成的后果。

（7）由于容器或包装的缺陷，在承运货物时无法从其外表发现而造成的后果。

（8）由于发货人用不正确、不确切或不完全的名称托运不准运送的物品而造成的后果。

（9）由于发货人在托运应按特定条件承运的货物时，使用不正确、不确切或不完全的名称，或未遵守《国际货协》的规定而造成的后果。

（10）由于《国际货协》规定的标准范围内的货物自然减量，以及由于运送中水分减少，或货物的其他自然性质，以致货物减量超过规定标准。

此外，在下列情况下，对未履行货物运到期限，铁路也不负责任：发生雪（沙）害、水灾、崩塌和其他自然灾害，按有关铁路中央机关的指示期限在 15 天以内；发生其他致使行车中断或限制的情况，可按有关国家政府的指示执行。

4. 航空运输承运人的责任期间及免责

1）航空运输承运人的责任期间

根据我国于 1958 年和 1975 年参加的《华沙公约》和《海牙议定书》的规定，航空运输承运人的责任期间，是指货物交由承运人保管的全部期间，"不论在航空站内、在航空器上或在航空站外降停的任何地点"。但对于在机场外陆运、海运或者河运过程中发生的货物的灭失或损坏，只有当这种运输是为了履行航空运输合同，或者是为了装货、交货或转运时，承运人才予以负责。

2）航空运输承运人的免责事项

由于航空运输在发展初期时，技术水平有限，因此，规范航空运输的《华沙公约》采用了不完全的过失责任制，其在第二十条规定，"承运人如果证明自己和他的代理人为了避免损失的发生，已经采取一切必要的措施，或不可能采取这种措施时，就不负责任；在运输货物和行李时，如果承运人证明损失的发生是由于驾驶上、航空器的操作上或领航上的过失，而在其他一切方面承运人和他的代理人已经采取一切必要的措施以避免损失时，就不负责任。"即在一般问题上采用推定过失原则，一旦出现货物损失，首先假定承运人有过失，但如果承运人能够举证说明自己无过失，则不必负责。但当承运人的过失是发生在驾驶中、飞机操作中或者在领航时，则承运人虽有过失，也可要求免责。

但《海牙议定书》却取消了驾驶、飞机操作和领航免责的规定，即删除了原《华沙公约》第二十条的规定，将其改为"在旅客和行李运输中，以及在货物运输中因延误造成损失时，承运人如果证明他及其受雇人为避免损失的发生，已经采取一切必要的措施，或者不可能采取这种措施时，则不承担责任。"

我国的《民用航空法》也删除了承运人的驾驶过失免责，它规定：因发生在航空运输期间的事件，造成货物毁灭、遗失或者损坏的，承运人应当承担责任；但是承运人证明货物的毁灭、遗失或者损坏完全是由于下列原因之一造成的，不承担责任，即航空运输承运人的免责事项如下。

（1）货物本身的自然属性、质量或者缺陷。

（2）承运人或者其受雇人、代理人以外的人包装货物的，货物包装不良的。

（3）战争或者武装冲突。

（4）政府有关部门实施的与货物入境、出境或者过境有关的行为。

由此可见，我国的航空运输承运人承担的是严格责任制。

5. 多式联运经营人的责任期间

我国《海商法》规定，多式联运经营人对多式联运货物的责任期间，是从接收货物时起至交付货物时止。《联合国国际货物多式联运公约》对多式联运经营人的责任期间的规定也是一样的。

二、托运人的责任

1. 海运托运人的责任

我国《海商法》第四章第三节规定了托运人的责任，主要有以下几条。

1）妥善包装货物并正确申报货物资料

包装货物是托运人的基本义务。良好的包装应该是正常的或习惯的包装，在通常的照管和运输条件下，能够保护货物避免绝大多数轻微的损害。如果货物包装不良或者标志欠缺、不清，由此引起的货物本身的灭失或损坏，承运人可免除对托运人的赔偿责任。但如果货物的这些不良状况引起其他货主的损失，承运人在赔偿后可向托运人追偿。

托运人在交付货物时，还应将货物的品名、标志、包装或者件数、重量或者体积等相关资料申报给承运人。托运人必须保证其申报的资料正确无误，托运人对申报不实造成的承运人的损失要负赔偿责任。

2）办理货物运输手续

托运人应当及时向港口、海关、检疫、检验和其他主管机关办理货物运输所需要的各项手续，并将已办理各项手续的单证送交承运人；因办理各项手续的有关单证送交不及时、不完备或者不正确，使承运人的利益受到损害的，托运人应当负赔偿责任。

3）托运危险品的责任

托运人托运危险货物，应当依照有关危险货物运输的规定，妥善包装，做出危险品标志和标签，并将正式名称和性质，以及应当采取的预防危害措施书面通知承运人。没有通知会导致两项严重后果。

首先，承运人不对任何灭失或损坏负责，这种免责不仅可以对托运人主张，对无辜的第三方收货人也同样可以主张。

其次，托运人对承运人因此而遭受的损失还应负责赔偿，且这样的后果不要求托运人有过失。因此，这是过失原则的一个例外。

此外，即便托运人尽到了通知义务，而且承运人明确同意装运危险品，但承运人所承运的危险货物对于船舶、人员或者其他货物构成实际危险时，仍然可以将货物卸下、销毁或者使之不能为害，承运人的如此行为可不对该危险货物的损失负赔偿责任。

4）支付运费

支付运费是海上货物运输合同下托运人最基本的义务。班轮运输和航次租船合同中都有运费，但定期租船合同中货方支付的不是运费而是租金。运费的支付时间一般有两种：预付和到付。如果合同没有明确约定运费的支付时间，则英国普通法认为运费应在承运人到达目的地将货物交付给收货人时支付。

如果货物到达港口时处于受损状态，或发生了短卸，仍然应该支付全额运费，收货人无权扣减。

运费支付也有例外情况，主要表现在以下三方面。

首先是解除合同，即船舶在装货港开航前，如果是托运人要求解除合同的，除非合同另有约定，托运人应当向承运人支付约定运费的一半。如果是因不可抗力或者其他不能归责于承运人和托运人的原因致使合同不能履行的，双方均可解除合同，托运人无须支付运费，对于已经支付的运费，承运人应当将其退还给托运人。

其次是发生绕航后，有人主张绕航使原合同终止，托运人支付运费的义务也就解除了。但如果货物仍然被运到了目的港，托运人仍应付合同约定的费用。

再次是合同不能履行。如果货物在运输途中已经全部灭失，则合同不能继续履行，运费也就不用支付。

5）托运人对共同海损的分摊

共同海损是海上货物运输中的一项特别制度，它是指在同一海上航程中，船舶、货物和其他财产遭遇共同危险，为了共同安全，有意地、合理地采取措施所直接造成的特殊牺牲及支付的特殊费用，应该由受益的各方进行分摊。如果货物由于共同海损行为得到了保全，货主应该参与共同海损牺牲和费用的分摊。当然，如果货物由于共同海损行为而牺牲，货主也可以要求将损失列入共同海损牺牲而得到补偿。

未申报或者谎报的货物也应该参加共同海损分摊，但其遭受的牺牲不得列入共同海损。不正当地以低于实际价值作为申报值的，按照实际价值分摊共同海损，但却以申报价值计算牺牲金额。

6）托运人对承运人的赔偿责任

由于托运人或者托运人的受雇人、代理人的过失造成对承运人、实际承运人的损失以及对船舶的损失，由托运人承担赔偿责任。例如，在装货和卸货过程中，由托运人雇佣的装卸工人对船舶和货物所造成的损害，有缺陷的货物对船舶和其他货物造成的损害，危险货物对船舶、货物、船员及其他第三方造成的损害等，由托运人承担赔偿责任。此外，托运人由于装卸迟延导致承运人承受高额滞期费也是损失的一种形式。

2. 公路运输托运人的责任

公路运输托运人应负的责任基本与铁路运输、海上运输相同，主要包括：按时提供规定数量的货载；提供准确的货物详细说明；货物唛头标志清楚；包装完整，适于运输；按规定支付运费。

中华人民共和国交通部 1999 年第 5 号令发布的《汽车货物运输规则》规定如下。

第六十九条　托运人未按合同规定的时间和要求备好货物和提供装卸条件，以及货物运达后无人收货或拒绝收货，而造成承运人车辆放空、延滞及其他损失，托运人应负赔偿责任。

第七十条　因托运人下列过错，造成承运人、站场经营人、搬运装卸经营人的车辆、机具、设备等损坏、污染或人身伤亡，以及因此而引起的第三方的损失，由托运人负责赔偿：

第一，在托运的货物中有故意夹带危险货物和其他易腐蚀、易污染货物，以及禁、限运货物等行为；

第二，错报、匿报货物的重量、规格、性质；

第三，货物包装不符合标准，包装、容器不良而从外部无法发现；

第四，错用包装、储运图示标志。

第七十一条　托运人不如实填写运单，错报、误填货物名称或装卸地点，造成承运人错装、送货落空，以及由此引起的其他损失，托运人应负赔偿责任。

3. 铁路运输托运人的责任

托运人在向铁路承运人托运货物时，应相应地承担如下责任。

（1）在货物运单和物品清单内所填记事项的真实性由托运人完全负责，如托运零担货物时，应在每件货物上标明清晰明显的标记。如托运人、发货人伪报、捏报货物品名、重量，应负违约责任。除按违章处理外，造成铁路运输设备的损坏或第三者财产损失的，还应赔偿损失。例如，某单位自装一车生铁，伪报重 50 吨，承运后，列车在运行中该车车轴发生燃轴事故，经检查系超重所致，因而该单位要负责赔偿铁路修理车辆的损失。

（2）对托运的货物，托运人应根据货物的性质、重量、运输要求，以及装载等条件，使用便于运输、装卸，并能保证货物质量的包装。对有国家包装标准或专业包装标准的，应按其规定进行包装。对没有统一规定包装标准的，托运人应会同车站研究制定货物运输包装暂行标准。由于包装不良，铁路承运部门无法从外部发现的，造成货损货差的，责任自负。如果给铁路或他人造成损失，还应依法负责赔偿。

（3）凡在铁路车站装车的货物，托运人应在铁路指定的日期将货物运至车站，车站在接收货物时，应对货名、件数、运输包装、标记等进行检查。对整车运输的货物，如托运人未能在铁路指定的日期内将货物全部运至车站，则自指定运至车站的次日起再次指定装车之日或将货物全部运出车站之日止。

（4）及时支付运费。如托运人、发货人无故不缴纳运送费用，铁路部门有权拒绝承运，或按规定核收延期付款费。

4. 航空运输托运人的责任

货物托运人在航空运输中应承担的责任如下。

（1）支付运费。

（2）填写航空货运单，提交必要的单证。同时应对航空货运单中有关货物的各项说明、声明的正确性负责。如因填写不当使承运人或其他任何有关方遭受损失的，托运人应予以赔偿。如托运政府限制托运的货物，以及需要办理公安和检疫等各项手续的货物，均应附有效证明文件。

（3）托运的货物中不准夹带禁止运输和限制运输的物品、危险品、贵重物品、现钞和证券等。

（4）货物托运人对货物的包装应保证在运输途中货物不致散失、渗漏、损坏或污染飞机设备和其他物件。凡国家主管机关规定有标准包装的货物，则应按国家标准包装。

在公路运输、铁路运输和航空运输中，由于货运单系由货方填写，故其填写的正确性直接影响到其利益。

工作任务三　正确采用争议与索赔的解决途径

一、争议解决的方法

在货物运输中产生纠纷以致引起诉讼是常有的事。如前文所述，一方面，货主可能会因为货物在运输途中发生的各种损失而向承运人索赔；另一方面，承运人也可能会因为未支付的运费或其他应付款项而向货主索赔。这些索赔并不一定都是承运人的过失引起的。以短量索赔为例，它可能是承运人在运输途中对货物照管不周的过错引起的，也可能是在装卸港口由于其他人的过错而引起的，如托运人交付了错误的重量而理货人员没有发现，或者是理货人员自己计算错误；装货过程中装卸工人或其他人员偷货是货物短量的另一常见原因；装卸不当引起的货物泄漏等又是一个原因。正确解决这些纠纷不仅要找到真正的过失方，还要清楚承运人或托运人谁应对过失负责。这是一个复杂的任务，其中不仅牵扯到货物运输法，还往往会涉及代理法、合同法等其他许多法律规范。所以对于货物利益方来说，特别是物流经营人整合各种运输方式提供服务时，一旦物流经营人违反合同，他可能采取的补救措施有以下几种。

1. 解决纠纷的措施

（1）造成货损或货物灭失的，先向保险公司索赔，再由保险公司行使代位求偿权向责任人追偿。考虑到物流经营人或直接承运人的责任期间比较复杂，且有各种免责、责任限制的可能，这是在运输货物投保的情况下货物利益方最适宜采用的方式。

（2）如所涉货物未投保、未足额投保，或货损在免赔额以内，或货物利益人认为货损远超过保险赔偿额，则可以依物流合同向物流经营人提出赔偿请求，再由物流经营人向责任人追偿。因为货方一旦把货物交付给物流经营人，他很难了解货损、货差发生在哪个实际承运人的责任期间内，故只能向物流经营人先行索赔。

（3）如果货方直接订立物流作业分合同的，而且也知道货损、货差发生的确切责任期间，则可依分合同向实际履行人追偿。

（4）以侵权为由向没有合同关系的责任人提出赔偿请求。

2. 解决运输纠纷的途径

目前，我国解决运输纠纷、索赔一般有 4 种途径：当事人自行协商解决、调解、仲裁和诉讼。其中，诉讼和仲裁是司法和准司法的解决途径。运输纠纷出现后，大多数情况下，纠纷双方会考虑到多年的或良好的合作关系和商业因素，互相退一步，争取友好协商解决，同时为以后的进一步合作打下基础。但也有的纠纷因双方之间产生的分歧比较大，无法友好协商解决，双方可以寻求信赖的行业协会或组织进行调解，在此基础上达成和解协议，解决纠纷。但还会有一部分纠纷经过双方较长时间的协商，甚至在行业协会或其他组织介入调解的情况下还是无法解决，双方只能寻求司法或准司法的途径。

1）仲裁

仲裁是一种重要的纠纷解决手段，如果纠纷双方在纠纷发生后一致同意就该纠纷寻求仲裁，或在双方订立运输合同时已选择仲裁作为纠纷解决机制时，可以就该纠纷申请仲裁。仲裁申请人向约定的仲裁机构提出仲裁申请，并按仲裁规则指定一名或多名仲裁员，仲裁员通常是与该行业有关的商业人士或专业人士，仲裁员根据仲裁规则对该纠纷做出的裁决对双方都具有约束力，而且只要该仲裁过程符合仲裁规则，则该裁决是终局的。用仲裁解决纠纷，由于仲裁员具有该行业的专业知识、经验和相应的法律知识，因此所做出的裁决通常符合商业精神，而且仲裁速度较快，费用也较法院诉讼少。

仲裁的主要问题包括仲裁协议的有效性、仲裁程序的合法性、仲裁的司法监督等。目前，我国调整仲裁的法律主要有 1995 年颁布的《仲裁法》。

1959 年，我国成立了中国国际贸易促进委员会海事仲裁委员会，隶属于贸易促进委员会，作为一个民间机构处理海事仲裁案件。该机构 1988 年更名为中国海事仲裁委员会，是我国目前唯一的海事仲裁常设机构。

由于仲裁的裁决是终局的，因此，根据仲裁裁决执行是解决纠纷的最后一步。在我国进行的仲裁做出的仲裁裁决的执行相对容易，比较复杂的是我国仲裁裁决在国外的执行和外国仲裁裁决在我国的执行。目前关于仲裁裁决的国外执行有一个国际公约，即 1958 年颁布的《承认与执行外国仲裁裁决的公约》（纽约公约），我国 1986 年 12 月 2 日参加了该公约。这样，在我国和公约其他参加国之间的仲裁裁决的相互执行应依据该公约的规定进行。

2）诉讼

如双方未对纠纷的解决方法进行约定，或事后无法达成一致的解决方法，则通过法院进行诉讼是解决纠纷最终的途径。各种运输纠纷可以按照我国的诉讼程序由一方或双方向有管辖权的法院起诉，然后由法院根据适用法律和事实进行审理，最后做出判决。当然，如果某一方乃至双方对一审判决不服，还可以根据诉讼法进行上诉、申诉等。通过法院诉讼解决纠纷，耗时且费用高。

为了更好地处理水上运输类纠纷，我国设立了专门受理海事纠纷的法院——海事法院，还颁布了专门适用于海事案件审理的程序法——《中华人民共和国海事诉讼特别程序法》。铁路运输的纠纷在我国也有专门的铁路运输法院受理和管辖。因此，在物流作业过程中发生法律纠纷时，以下法院可以有管辖权。

（1）普通法院。在物流作业过程中，纠纷发生的原因不在海运、铁路运输期间产生的，一般由普通法院管辖。

（2）海事法院。如果物流作业过程中货损或货物灭失发生于国际海上货物运输过程中，则根据《海事诉讼特别程序法》由海事法院管辖。

（3）铁路法院。如果货损或货物灭失发生于铁路企业作业过程中，则可由铁路法院进行管辖。

考虑到物流过程的国际性，物流合同的法律适用直接影响到我国货方的利益。同时，一个合同适用于哪一国的法律很大程度上取决于连接点。因此，在物流合同中，确定合同适用法律的因素有合同订立地点、合同履行地点、货损或货物灭失的发生地点及当事人的选择等。在上述诸因素中，货损或货物灭失地点很难通过法律上的技术性处理而予以改变。要让物流合同尽可能适用我国法律，最好让合同在我国签订，履行地点可以约定时最好约定在中国，当然最直接有效的方法是在合同中约定适用中国法律，由中国法院管辖。这样对于中国的利益方来说可以避免因跨国诉讼而费时费力、经济效果不理想等问题。

【案例8-12】1999年6月22日，温州市轻工工艺品对外贸易公司（下称工艺品公司）委托法国达飞轮船有限公司（下称达飞公司）将一批价值为77 910美元的童装从厦门运往康斯坦萨（CONSTANZA），达飞公司向工艺品公司签发了海运提单（下称CMA提单），提单正面用有别于其他蓝色字体的红色文字写明："All claims and disputes arising under or in connection with this bill of lading shall be determined by the courts of MARSEILLES at the exclusion of the courts of any other country"（因本提单引起或与本提单有关的所有索赔和纠纷，应由马赛的法院管辖，排除其他国家的法院管辖）。2000年7月6日，工艺品公司以货物在运输途中灭失为由，向厦门海事法院提起诉讼。

达飞公司在答辩期内提出管辖权异议，理由是：提单中已明确约定管辖法院为法国马赛的法院，根据中国民事诉讼法的有关规定，已排除了厦门海事法院的管辖权，请求法院驳回原告的起诉。

工艺品公司则认为，提单上的管辖权条款是承运人为保护自己的利益而单方制定的格式条款，事先双方并未协商过，且该条款实际上剥夺了原告的诉权（选择管辖法院和适用法律），有失公平、合理，该管辖权条款应认定为无效。厦门是该批货物的起运地，根据《民事诉讼法》第二十八条的规定，厦门海事法院对该案依法具有管辖权。

厦门海事法院经审理认为，提单是运输合同的证明，一经合法成立，合同的各个当事人即受合同约定约束。本案作为托运人的原告在接受被告即承运人签发的提单时，未对提单格式中已列明的协议管辖条款提出异议，则可认定提单中的协议管辖条款是原、被告双方合意的结果。被告是在提单正面以区别于其他条款的醒目的红色字体印刷出管辖权条款，可认定被告已采取合理的方式提示原告，原告不宜以格式条款单方印制为由抗辩。法国马赛市是被告的登记注册地，合同双方对提单项下的争议选择马赛的法院管辖，符合我国法律的规定，被告的管辖权异议成立，裁定驳回原告的起诉。工艺品公司不服，向福建省高级人民法院提出上诉，福建省高级人民法院最终裁定维持厦门海事法院的裁定。

二、索赔时效和诉讼时效

各种纠纷如果必须诉之于司法或准司法机构，则索赔时效和诉讼时效是一对重要的概念。时效是为了促进当事人及时行使自己的权利，早日消除不确定的法律关系，而由法律规定的一段特定的时间。如果一方当事人超过时效才行使自己的索赔和诉讼请求权，则通常会丧失胜诉权。索赔时效指的是一项有效的索赔必须在规定的期限内提出。诉讼时效指的是权利人自己不行使权力，依法规定其胜诉权归于消灭的一种时效制度。

我国《海商法》规定，就海上货物运输向承运人要求赔偿的请求权，时效期间为一年，自承运人交付或者应当交付货物之日起计算；在时效期间内或者时效期间届满后，被认为负有责任的人向第三人提起追偿请求的，时效期间为 90 日，自追偿请求人解决原赔偿请求之日起计算。

有关航次租船合同的请求权，时效期间为 2 年，自知道或者应当知道权利被侵害之日起计算。

因公路运输的纠纷要求赔偿的有效期限，从货物开票之日起，不得超过 6 个月，从提出赔偿要求之日起，责任方应在两个月内做出处理。

发货人或收货人根据铁路运输合同向铁路提出赔偿请求，以及铁路对发货人或收货人关于支付运送费用、罚款和赔偿损失的要求，可在 9 个月期间内提出；货物运到逾期的赔偿请求，应在两个月期间内提出。上述期限按如下方法计算。

（1）关于货物部分灭失、毁损、重量不足、腐坏或由于其他原因降低质量，以及运到逾期的赔偿请求，自货物交付之日起计算。

（2）关于货物全部灭失的赔偿请求，自货物运到期限期满后 30 天起计算。

（3）关于补充支付运费、杂费、罚款的赔偿请求，或关于退还上述款额的赔偿请求，或由于运价适用不当，以及费用计算错误所发生的订正清算的赔偿请求，自付款之日起计算。如未付款时，从货物交付之日起计算。

（4）关于支付变卖货物的余款的赔偿请求，自变卖货物之日起计算。

目前，调整国际航空货物运输关系的国际公约主要有三个，分别是《华沙公约》、《海牙议定书》和《瓜达拉哈拉公约》。

《华沙公约》将货物损害和货物延迟的情况区别对待，前者索赔时效是 7 天，后者索赔时效是 14 天。其第十三条第三款规定："如果承运人承认货物已经遗失或货物在应该到达的日期 7 天后尚未到达，收货人有权向承运人行使运输合同所赋予的权利。"其第二十六条第一款和第二款规定："除非有相反的证据，如果收件人在收受货物时没有异议，就被认为行李或货物已经完好地交付，并和运输凭证相符。如果有损坏情况，收件人应在发现损坏后，立即向承运人提起异议，最迟应在货物收到后 7 天内提出，如果有延误，最迟应该在货物交由收件人支配之日起 14 天内提出异议。"

但《海牙议定书》对此做了全面的修改，将货物损害索赔时效延长至 14 天，将货物延迟的索赔时效延长至 21 天。在公约第二十六条内删去第二款，改用下文："关于损坏事件，收件人应于发现损坏后，立即向承运人提出异议，如系行李，最迟应在收到行李后 7 天内提出，如系货物，最迟应在收到货物后 14 天内提出。关于延误事件，最迟应在行李或货物交付收件人自由处置之日起 21 天内提出异议。"

由此，按照《华沙公约》和《海牙议定书》的规定，由 IATA 统一制定并印在航空运单的运输契约第二十条指出："运单中指明的收货人遇到货损、货差和延误时必须在规定的时间内向承运人做出书面投诉，超过规定期限未做出书面投诉，即被视为是自动放弃了应享有的权利"。另外，由谁提出投诉也关系到诉讼索赔时效的问题，《海牙议定书》第十二条第四款及第十三条规定："收货人一旦接受航空运单并提取货物后，托运人对货物的处置权即告终止"，此时，只能由收货人行使向承运人投诉，提出索赔的要求的权利。"但是如果收货人拒绝接受货运单或货物，或无法同收货人取得联系，托运人就恢复他对货物的处置权"，即只有在此种情况下托运人才有权向承运人提出投诉与索赔。而目前在实际情况中往往是收货人提取货物后再由托运人向航空承运人转达口头或书面投诉，在这种情况下，航空承运人可以根据条约拒绝受理，而收货人由此会延误规定的索赔期限。

至于诉讼时效，为自航空器到达目的地之日起，或应该到达之日起 2 年。

小结

（1）运输纠纷可分为以下几大类：货物灭失纠纷；货损、货差纠纷；货物迟延交付纠纷；单证纠纷和其他纠纷。

（2）我国《海商法》第四十六条规定了承运人的责任期间。集装箱装运的货物的责任期间是从装货港接收货物起至卸货港交付货物时止，货物在承运人掌管之下的全部期间。非集装箱装运的货物的责任期间是从货物装上船时起至卸下船时止，货物处于承运人掌管之下的全部期间。

（3）根据我国《汽车货物运输规则》的规定，承运人的责任期间，是指承运人自接收货物时起至将货物交付收货人（包括按照国家有关规定移交给有关部门）时止，货物处于承运人掌管之下的全部时间。但承运人与托运人还可就货物在装车前和卸车后对承担的责任达成协议。

对于集装箱货物，我国《集装箱汽车运输规则》规定，承运人的集装箱整箱货物运输责任期间，从收到整箱货物时起，到运达目的地，整箱货物交付收货人时止；集装箱拼箱货物运输责任期间，从收到拼箱货物时起，到运达目的地，拼箱货物交付收货人时止。

（4）按国际货协运单承运货物的铁路，应负责完成货物的全程运送，直到在到站交付货物时为止。如向非参加国际货协的国家铁路办理货物转发送时，则直到按另一种国际协定的运单办完运送手续时为止。因此，发送铁路和每一继续运送的铁路，自接收附有运单的货物时起，即认为参加了这项运送契约，并由此承担义务。

参加运送国际联运货物的铁路，从承运货物时起至到站交付货物时为止，对货物运到逾期，以及因货物全部或部分灭失、重量不足、毁损、腐坏或其他原因降低质量所发生的损失负责。如由于铁路过失而使发货人或海关在运单上已做记载的添附文件遗失，以及由于铁路过失未能执行运送契约变更申请书，则铁路应对其后果负责。

（5）根据我国于 1958 年和 1975 年参加的《华沙公约》和《海牙议定书》的规定，航空运输承运人的责任期间，是指货物交由承运人保管的全部期间，"不论在航空站内、在航空器上或在航空站外降停的任何地点"。但对于在机场外陆运、海运或者河运过程中发生的货物的灭失或损坏，只有当这种运输是为了履行航空运输合同，或者是为了装货、交货或转运时，承运人才予以负责。

（6）我国《海商法》规定，多式联运经营人对多式联运货物的责任期间，是从接收货物时起至交付货物时止。《联合国国际货物多式联运公约》对多式联运经营人的责任期间的规定也是一样的。

（7）我国解决运输纠纷、索赔一般有 4 种途径：当事人自行协商解决、调解、仲裁和诉讼。其中，诉讼和仲裁是司法和准司法的解决途径。

复习思考题

（1）运输纠纷有哪些类型？其包括哪些内容？
（2）各种运输方式的承运人其责任和免责是如何规定的？
（3）托运人在选择各种运输方式托运货物时的责任分别是什么？
（4）什么情况称为共同海损？
（5）什么是索赔时效？什么是诉讼时效？

实训

1. 案例分析

国际多式联运货物灭失

1994 年 10 月，匈牙利雁荡山贸易公司作为买方与温州市进出口公司签订一份售货确认书，购买一批童装，数量 500 箱，总价为 68 180 美元。1995 年 2 月 11 日，温州市进出口公司以托运人身份将该批童装装于一 40 ft 标箱内，交由富天公司所属"金泉"轮（M/V JinQuan）承运。富天公司加铅封，箱号为 SCXU5028957，铅封号 11021，并签发了号码为 RS–95040 的一式三份正本全程多式联运提单。该份清洁记名提单载明：收货地厦门，装货港香港，卸货港布达佩斯，收货人为雁荡山贸易公司。提单正面管辖权条款载明：提单项下的纠纷应适用香港法律并由香港法院裁决。提单背面条款 6（1）A 载明：应适用海牙规则及海牙维斯比规则处理纠纷。

1995 年 2 月 23 日，货抵香港后，富天公司将其转至以星公司所属"海发"轮（M/V ZIMHAlFA）承运。以星公司在香港的代理新兴行船务公司（SUN–HINGSHIPPING CO.，LTD）签发了号码为 ZIMUHKG166376 的提单，并加号码为 ZZZ4488593 的箱封。提单上载明副本不得流转，并载明装货港香港，目的港科波尔，最后目的地布达佩斯；托运人为富天公司，收货人为富天公司签发的正本提单持有人及本份正本提单持有人，通知人为匈牙利雁荡山贸易公司，并注明该箱从厦门运至布达佩斯，中途经香港。

1995 年 3 月 22 日，以星公司另一代理 R·福切斯（R. FUCHS）传真雁荡山贸易公司，告知集装箱预计于 3 月 28 日抵斯洛文尼亚的科波尔港，用铁路运至目的地布达佩斯有两个堆场，让其择一。雁荡山贸易公司明确选择马哈特为集装箱终点站。3 月 29 日，以星公司将集装箱运抵科波尔，博雷蒂诺（BOLLETINO）铁路运输公司出具运单，该运单载明箱号、铅封号及集装箱货物与以星公司代理新兴行船务有限公司出具给富天公司的提单内容相同。4 月 12 日，R·福切斯依照原告雁荡山贸易公司指示，将箱经铁路运至目的地布达佩斯马哈特集装箱终点站。4 月 15 日，雁荡山贸易公司向 R·福切斯提交富天公司签发的一份正本提单并在背面盖章。6 月 6 日，雁荡山贸易公司提货时打开箱子发现是空的。同日，匈牙利铁路公司布达佩斯港口出具证明，集装箱封铅及门锁在 4 月 15 日箱抵布达佩斯寿洛科沙里路时已被替换。

2. 技能训练

以小组为单位，分别讨论该批货物的承运区段及其承运人是谁。哪些公司应该对货物灭失负赔偿义务？为什么？与其他小组成员进行交流。

3. 运输软件仿真实训

参考文献

[1] 中华人民共和国铁道部. 铁路货物运输规程. 北京：中国铁道出版社，1991.

[2] 王庆功. 铁路货运规章教程. 北京：中国铁道出版社，2001.

[3] 陈宜吉. 铁路货运组织. 北京：中国铁道出版社，2006.

[4] 黄家城. 水路交通管理. 北京：人民交通出版社，2003.

[5] 胡思继. 交通运输学. 北京：人民交通出版社，2001.

[6] 鲁丹萍. 国际货物运输与管理. 杭州：浙江大学出版社，2004.

[7] http：//www.12306.cn/mormhweb/hyfw/.

[8] 严启明，韩艺萌. 国际货物运输. 北京：对外贸易教育出版社，1994.

[9] 中华人民共和国交通部. 2001—2010年公路水路交通行业政策蓝皮书. 北京：人民交通出版社，2001.

[10] 现代交通远程教育教材编委会. 运输经济学. 北京：清华大学出版社，2004.

[11] 季永青. 运输管理实务. 北京：高等教育出版社，2000.

[12] 姜宏. 物流运输技术与管理实务. 北京：人民交通出版社，2002.

[13] 米志强，邓子云. 物流信息技术与应用. 北京：电子工业出版社，2010 .

[14] 2011年中国公路运输行业分析及投资咨询报告：上、中、下卷. 中国投资咨询网，2012.

[15] 张敏，黄中鼎. 物流运输管理. 上海：上海财经大学出版社，2004.

[16] 韩景丰. 运输与运输管理. 重庆：重庆大学出版社，2006.

[17] 翟光明. 运输作业实务. 北京：中国物资出版社，2006.

[18] 刘晓卉. 运输管理学. 上海：复旦大学出版社，2005.

[19] 马保松，曾聪. 世界管道运输的发展趋势及关键技术分析. 综合运输，2004（9）.

[20] 刘小卉，陈琳. 运输管理学. 上海：复旦大学出版社，2005.

[21] 王国华. 中国现代物流大全. 北京：中国铁道出版社，2004.

[22] 2011年中国管道运输行业分析及投资咨询报告. 中国投资咨询网，2012.

[23] 管道运输技术. 中国物流与运输网，2006.

[24] 黄福华，袁世军. 现代企业物流运作管理案例选评. 长沙：湖南科技出版社，2003.

[25] 骆温平. 第三方物流理论、操作与案例. 上海：上海社会科学出版社，2001.

[26] 中国货代协会. 国际货运代理理论与实务. 北京：气象出版社，2001.

[27] Ronald H. Ballou. Business Logistics Management. Prentice-Hall, 1999.

[28] 张元昌. 物流运输与配送管理. 北京：中国纺织出版社，2004.

[29] 佩帕德，罗兰. 业务流程重组. 北京：中信出版社，1999.